WAAROM COLA DUURDER IS DAN MELK

Van Bas Haring verschenen eerder:

Kaas en de evolutietheorie
De ijzeren wil
Voor een echt succesvol leven
Vallende kwartjes (met Ionica Smeets)
Plastic panda's
Doe dit vooral thuis
Kunstgebitten, machines en stof

BAS HARING

Waarom cola duurder is dan melk

Een filosoof over economische zaken

Nijgh & Van Ditmar
Amsterdam

MIX
Papier van verantwoorde herkomst
FSC® C004472
FSC www.fsc.org

www.basharing.com
www.nijghenvanditmar.nl
www.economischezaken.nl

Eerste druk mei 2016
Tweede druk (e-book) mei 2016
Derde druk juni 2016
Vierde druk juni 2016
Vijfde druk juli 2016
Zesde druk juli 2016
Zevende druk augustus 2016
Achtste druk september 2016
Negende druk september 2016
Tiende druk januari 2017

Omslag Circus Engelbregt
Foto auteur Heidi de Gier
Illustraties binnenwerk Studio Mosgroen
Typografie Zeno Carpentier Alting
NUR 320 / ISBN 978 90 388 0192 6

Inhoud

Een lijst met vragen

Een paar jaar geleden gaf toenmalig minister van Financiën Jan Kees de Jager een les economie op een middelbare school. De pers was erbij, dus is bekend wat hij tijdens die les gezegd heeft: 'Misschien leren jullie op school dat de regering in tijden van crisis moet investeren in plaats van bezuinigen. Maar dat idee is achterhaald. Dat is een oude, linkse theorie.' Wie moesten de leerlingen geloven? De minister van Financiën zal toch wel het een en ander over economie weten. Maar hun schoolboeken en de leraar hadden ook een zekere autoriteit.

Het vertwijfelde gevoel van die leerlingen kan ik me goed voorstellen en het is typerend voor economische onderwerpen. Wat moet ik ervan vinden wanneer de Europese Centrale Bank besloten heeft om de rente te verlagen? In de media komen dergelijke berichten voorbij, commentatoren reageren erop en het is blijkbaar belangrijk. Maar ik begrijp er weinig van.

Toch word ik wel geacht er iets van te begrijpen. Wanneer ik stem, bijvoorbeeld. Verschillende politieke partijen hebben verschillende ideeën over economie: de staatsschuld moet lager, of de staatsschuld mag best nog wat hoger. Wie heeft er gelijk? Ik heb geen flauw benul. En toch stem ik. Onwetend.

Feitelijk gaat economie over ons dagelijks leven: over ons werk, tegenslagen, de verdeling van rijkdom, geluk, de toekomst. Dat zijn toch belangrijke onderwerpen en het is eigenlijk zaak dat ik er iets meer van begrijp. Vandaar dus dat ik me in economie ben gaan verdiepen. Als uitgangspunt heb ik een rij met vragen genomen. Vragen waar ik al lang mee rondloop en die thuis lijken te horen in dat domein. Vragen als:

– Wat is een markt? En moet-ie vrij zijn?
– Moet groei? En wat groeit er dan eigenlijk?
– Zijn wij rijk dankzij de armoe van anderen?
– Proberen bedrijven werkelijk zoveel mogelijk winst te maken?
– Wat is geld? En waar komt 't vandaan?
– Kunnen economen zo'n recessie nou echt niet voorspellen?
– En waarom is cola duurder dan melk?

De lijst is wat langer, onderweg zijn er bovendien enkele vragen bij gekomen, en hij is niet netjes uitgebalanceerd. Het is geenszins mijn bedoeling geweest om het vakgebied van de economie mooi af te dekken. Het is een lijst met naïeve vragen van iemand die helemaal niets van economie weet. Of wist.

Ik ben simpelweg begonnen met het aflopen van de lijst en het zoeken naar antwoorden. Door colleges te volgen aan universiteiten en door boeken te lezen. Nu, een paar jaar nadat ik die lijst gemaakt heb, moet ik tot mijn verbazing en bevrediging vaststellen dat ik op al die vragen een soort-van-antwoord heb. Voldoende antwoord om tevreden mee te zijn.

Er wordt een boel onzin over economie gezegd en geschreven. Daar kun je makkelijk achter komen zonder iets van economie te weten. Als de een zegt dat de gezondheidszorg veel beter en goedkoper was geweest zonder marktwerking, 'Marktwerking is een ramp', en de ander zegt dat marktwerking juist een zegen is, dan weet je, zelfs als je niet eens weet wat marktwerking ís, dat een van tweeën vermoedelijk onzin spreekt. En dan heb ik het niet over onzin door economen zelf. De meeste economen zijn intelligente mensen en de economie is een serieuze wetenschap. Ik bedoel de onzin van mensen op feestjes, in de wandelgangen en bij de koffiemachine. Er is veel onwetendheid. Ook bij mij. Dat is niet erg. Sterker nog, het is haast onoverkomelijk. Maar het is wel erg als je niet weet dat je onwetend bent. Ook daarom ben ik een boek over economie gaan schrijven.

Dit boek komt niet alleen voort uit nieuwsgierige onwetendheid, maar ook uit een zekere arrogantie: als ík het antwoord op al die vragen niet weet, dan zullen het wel goede vragen zijn. Vragen waarop het antwoord niet een-twee-drie te vinden is. Ik hoop dat ik geen last heb van hoogmoed.

1 Wat betekent 'economie' eigenlijk?

Zelfs het woord 'economie' is problematisch. Niet zo lang geleden, ik was al bezig met dit boek, suggereerde vakbond FNV dat 1 mei een vakantiedag moest zijn. De dag van de arbeid. Een woordvoerder van de werkgeversorganisatie reageerde met de uitspraak dat 'extra vakantiedagen niet goed zijn voor de economie'. Dat klinkt verontrustend, maar wat kan er mogelijkerwijs met die uitspraak bedoeld worden?

De uitspraak dat extra vakantiedagen niet goed zijn voor Bas Haring kan ik begrijpen. Alleen is hij niet waar: ik had graag wat extra vakantiedagen gehad, zelfs als ik ze zelf moest betalen. Niet een hele maand, dat zou ik niet kunnen opbrengen, maar een extra dagje lijkt me prima. En ik zal niet de enige zijn. Maar als iets goed is voor mij, en naast mij voor vele anderen, hoe kan iets dan níét goed zijn?

De oplossing zit 'm in de betekenis van het woord 'economie'. Dat kunnen er meerdere zijn. Economie is een studie, een wetenschap, maar economie kan ook zoiets als bedrijvigheid betekenen, of sterker nog, de omvang van de bedrijvigheid: het totaal van alle dingen die we doen. En als we meer vakantie vieren dan doen we inderdaad minder. We wandelen of liggen op het strand te niksen. Toch klinkt het zinnetje 'als we vakantie vieren, dan doen we minder' onschuldiger dan 'vakantie vieren is niet goed voor de economie'. In het tweede geval lijkt het alsof er een wezen in het geding is. Een groot wezen en als iets niet goed is voor hem, kijk dan maar uit. Maar 'de economie' is helemaal geen wezen.

Voor mij is economie een studie. De studie naar de vraag hoe we de samenleving kunnen inrichten, gegeven het feit dat we niet in de hemel leven waar alles in overvloed is en iedereen altijd voor honderd procent gelukkig is. Niet álles kan; hoe moeten we het er met z'n allen zo mooi mogelijk op maken?

Maar in aansluiting op die andere betekenis van economie, die van bedrijvigheid, wil ik voordat ik antwoorden ga zoeken naar die eerder genoemde vragen eerst stilstaan bij onze bedrijvigheid. Bij de dingen die we doen.

Hoeveel tijd van mijn leven werk ik voor ondergoed?

Ik schrijf boeken. Dat is mijn bedrijvigheid. En ik geef college en lezingen. In ruil voor het geld dat ik met die boeken verdien koop ik weer andere zaken. Mijn bedrijvigheid is eigenlijk best opvallend wanneer ik die vergelijk met die van mijn varkentjes of de wilde konijnen in mijn tuin. Die konijnen eten een groot deel van de dag gras, zijn af en toe wat tijd kwijt met het graven van een hol, verder hebben ze regelmatig seks en als ze niet met een van deze drie zaken bezig zijn liggen ze rustig in het gras te niksen. Voor mijn varkentjes geldt ongeveer hetzelfde, ware het niet dat die niet eens voor hun eigen hol of eten hoeven te zorgen: dat doe ik voor ze. Ik bouw niet mijn eigen huis, verbouw niet mijn eigen voedsel maar schrijf, in plaats daarvan, boeken.

Hoelang moet ik eigenlijk boeken schrijven zodat ik van de opbrengst een huis kan kopen? En hoeveel uur per week ben ik aan het werk voor mijn eten? Om met dat laatste te beginnen: ongeveer vier uur. Dat is niet weinig. Minder tijd dan mijn varkens en konijnen besteden aan het vergaren van hun voedsel maar toch meer dan ik had gedacht. Bovendien komt daar de tijd nog bij die ik nodig heb voor koken, het doen van de boodschappen en het opeten zelf.

Het is opvallend eenvoudig om achter dat gemiddelde van die vier uur te komen. Daar heb je in Nederland het Centraal Bureau voor de Statistiek voor. Met een druk op de knop kun je de meest uiteenlopende gegevens oprakelen: de hoeveelheid spruitjes die we naar Nigeria exporteren (jaarlijks 6000 ton); de gemiddelde duur van een huwelijk vóór een scheiding (vijftien jaar); en het aantal paardrijritjes dat jaarlijks wordt gemaakt (ongeveer een miljoen).

Hoeveel jaarsalarissen kost een huis? Voor een doorsnee-Nederlander en een doorsneehuis zijn dat er tien. Iemand die veertig jaar werkt – een redelijke schatting – werkt dus een kwart van zijn tijd om te wonen. Dat is niet helemaal eerlijk: in de meeste huizen wonen meerdere mensen die werken, maar het is toch dermate veel tijd dat ik me afvraag of het niet handiger is om zelf een huis te bouwen. Ik moet het toch voor elkaar krijgen om binnen een jaar of twee een huis in elkaar te zetten? Aan de andere kant moet ik dan nog wel de materialen betalen; dat is een flink bedrag. En dan is er nog zoiets als de grondprijs; een heel onduidelijk begrip. Bovendien zal het toch niet zomaar zijn dat ik tien jaar voor mijn huis werk in plaats van dat ik zelf mijn huis bouw? Dat zal toch op de een of andere manier wel handig of voordelig zijn.

Hoeveel tijd ben ik kwijt aan ondergoed? – om maar een willekeurige volgende vraag te stellen. Acht maanden! Al het ondergoed dat ik in mijn leven verslijt, onderbroeken, hemden en sokken, kosten bij elkaar meer dan de helft van een gemiddeld netto jaarsalaris. Slechts vijftien keer minder dan dat een huis kost. Nu zal ik vast duur ondergoed kopen, maar dat ik zo lang werk voor zoiets stoms als ondergoed had ik niet gedacht.

Gedurende mijn leven verdien ik het equivalent van vier huizen, vijftig auto's of veertigduizend dure onderbroeken. Zoveel boks ik in mijn eentje dus voor elkaar in de totale tachtig jaar die mijn leven ongeveer zal duren. Is dat veel of weinig?

Naast dat mensen verdienen en weer uitgeven houden de meesten ook wat over. Een doorsneepersoon heeft een vermogen bij elkaar gesprokkeld van in totaal één jaarsalaris. Vaak in de vorm van de overwaarde van een huis, overigens. Allicht is dat bedrag voor jonge mensen lager dan voor ouderen, die hebben immers langer kunnen sparen. Dat betekent dus dat zo iemand één jaar niet hoeft te werken en gewoon door kan gaan met geld uitgeven. Pas na dat ene jaar ontstaat er een probleem. In die zin lijkt een doorsneepersoon meer op de varkens in mijn tuin dan op de konijnen. Varkens hebben een dikke laag spek en kunnen maanden niksen voordat ze in de problemen beginnen te komen. Terwijl konijntjes amper een dag zonder eten kunnen.

Dankzij die CBS-gegevens heb ik een ruw beeld van de bedrijvigheden van een gemiddeld persoon. Maar hoe zit het met de bedrijvigheden van een boel personen bij elkaar? Wat doet men allemaal in Nederland?

Hoeveel mensen zijn er werkloos als je Nederland inkrimpt tot het formaat van een klas?

Nederland telt veel mensen. Onoverzichtelijk veel. Ik kan me niks voorstellen bij 17 miljoen inwoners, en nog minder bij een begrotingstekort van 20 miljard of een staatsschuld van een half biljoen euro. Maar hoe ziet Nederland eruit als ik die bevolking inkrimp tot het formaat van een klas? Dertig mensen. Dat kan ik overzien. Als je van 17 miljoen naar dertig mensen gaat verlies je nogal wat details, maar het wordt er wel overzichtelijker op.

Van die dertig mensen werken er acht nog niet – ze zitten nog op school of zijn zelfs daar te jong voor. Zes zijn al klaar met werken en vijftien mensen werken er. En één iemand van die dertig is werkloos. Zo ziet Nederland er dus uit: de helft van de mensen werkt, en de niet-werkende helft is vooral óf te jong óf te oud.

Van die vijftien zijn er twee ambtenaar. Eén is er leraar (die zijn in Nederland ook ambtenaar) en die andere is gelijktijdig soldaat, agent, rechter en verantwoordelijk voor het beleid en het bestuur van de klas. Tweeënhalf werken er in de zorg, maar geen van hen is arts. Daar zijn er zo weinig van dat ze verdwijnen als je Nederland inkrimpt tot het formaat van een klas. Twee hebben een baan 'voor de leuk': in de horeca of de cultuursector. Vreemd genoeg werkt er niemand in de landbouw terwijl die dertig klasgenoten met elkaar wel een boel voedsel produceren. Sterker nog: drie keer meer dan ze nodig hebben. Het is alsof het eten in Nederland vanzelf groeit en zelfs in zulke hoeveelheden dat het merendeel aan het buitenland verkocht kan worden.

Het is overigens niet zo dat we al het voedsel dat we nodig hebben zelf in Nederland verbouwen. Dat zou nogal dom zijn. Ananassen doen het hier nogal slecht, net als avocado's en sinaasappels. Kaas, daarentegen, daar zijn we goed in en daarvan verkopen we zoveel dat we er met gemak voldoende ananassen, avocado's en sinaasappels voor terug kunnen kopen en nog ruim overhouden ook.

Eén iemand werkt in de bouw; om de tien jaar ongeveer heeft-ie een huis af en ondertussen onderhoudt hij ook de wegen en bouwt-ie kantoren. Naast die bouwvakker is er nog anderhalve persoon die iets anders maakt – fietsen, ijskasten, rubber, papier – en wát hij maakt is om en nabij voldoende voor de hele klas. Hier geldt weer hetzelfde als bij de landbouw: die anderhalve persoon maakt wat-ie goed kan maken; verkoopt het overschot aan een andere klas en koopt dingen terug die hij niet zo goed kan maken. Maar in totaal is het ongeveer in balans. Dat had ik overigens niet gedacht. Ik heb regelmatig gehoord en gelezen dat we in Nederland geen 'maak-economie' hebben; dat hier niks wordt gemaakt. Maar dat valt dus mee. Er wordt in Nederland ongeveer evenveel gemaakt, als er aan gemaakte spullen gebruikt wordt.

Dan werkt er nog anderhalf in een winkel; is er een halve die aan logistiek doet – het vervoeren en opslaan van spullen; en ééntje zit er in de handel. Ten slotte missen we er nog drie en die zitten in verschillende vormen van dienstverlening: een halve van die drie werkt bij een bank of een andere financiële instelling, een andere halve zit in de IT. Niemand van die vijftien is onderzoeker, filosoof of schrijft boeken.

Zo ziet Nederland in het klein er dus uit: vijftien van de dertig zijn aan het werk. Er wordt een boel verdiend met landbouw maar daar werkt niemand. Een zesde van die vijftien maakt iets. En evenveel mensen zitten er in de zorg. Dan zijn er nog twee ambtenaren en de overige acht mensen verlenen een of andere dienst.

Oké, dit doen die mensen, maar wat verdienen ze en wat hebben ze? Degene van de vijftien werkenden die het minst verdient kan net zijn hoofd boven water houden maar dan moet-ie wel een beetje geholpen worden met zijn huur want die kan-ie eigenlijk niet betalen. De meestverdienende van die vijftien verdient acht keer meer. (Overigens staat die minstverdienende

Nederland als klas

Te jong om te werken

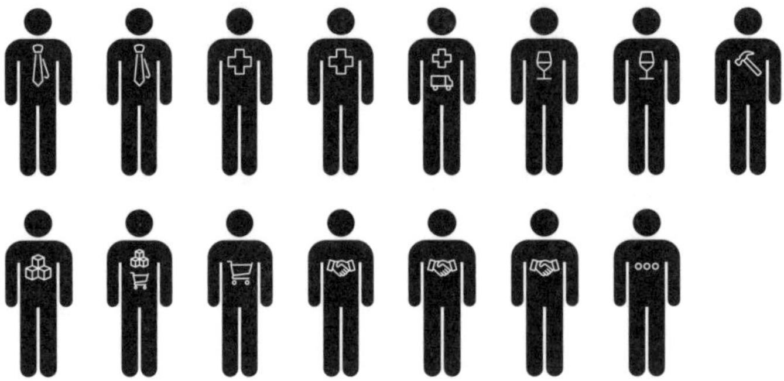

Met een baan

Werkloos

Te oud om te werken

Verdeling van de inkomens per stel in de klas

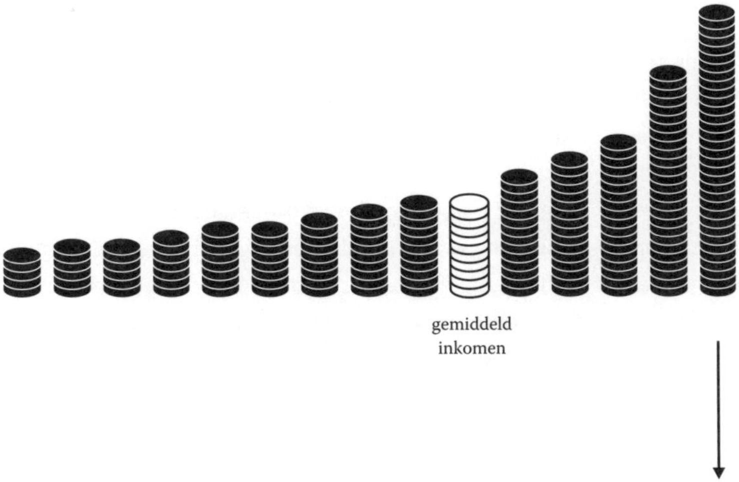

Vermogen van het rijkste stel

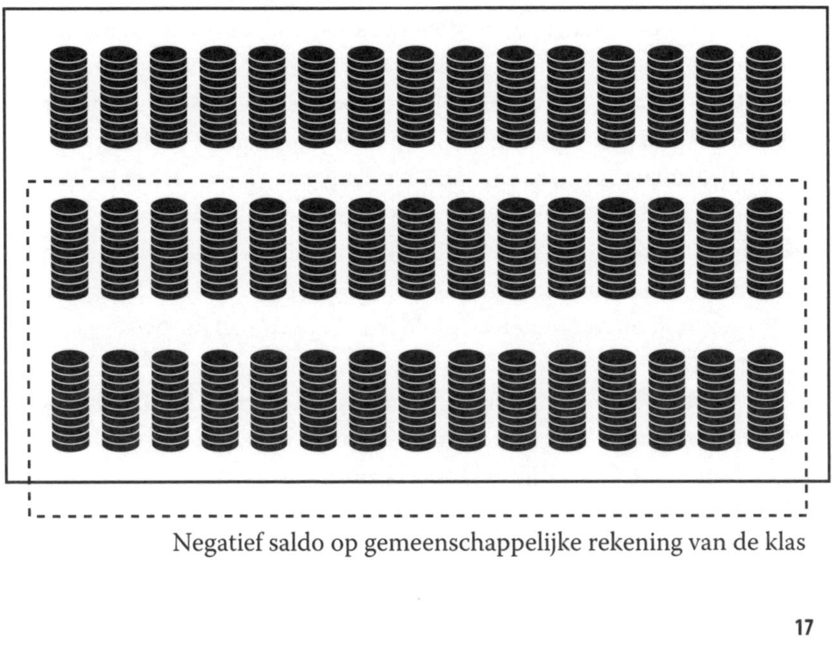

Negatief saldo op gemeenschappelijke rekening van de klas

voor de 1/15de van de Nederlanders die het minst verdienen en de meestverdienende voor de 1/15de met het hoogste inkomen.) Gemiddeld verdient iemand tweeënhalf keer wat de minst verdienende krijgt.

De armste van de klas heeft geen spaargeld en eigenlijk alleen maar schulden terwijl de rijkste dertig keer een gemiddeld jaarinkomen als vermogen heeft. De rijkste van de klas heeft meer spaargeld dan dat de hele klas in een jaar verdient.

Ten slotte heeft de klas ook nog een gemeenschappelijke rekening. Daar storten ze regelmatig een bedrag op (belasting) en daarvan worden gemeenschappelijke uitgaven gedaan onder leiding van die ene ambtenaar. En op die gemeenschappelijke rekening staan ze rood. Dat is op zich niks vreemds. In het studentenhuis waar ik ooit woonde hadden we ook een gemeenschappelijke rekening en daar stonden we ook soms rood. Dan lapte iedereen wat bij en dan stonden we weer in de plus. De gemeenschappelijke rekening van die klas staat echter zo'n twintig jaarsalarissen rood. Dat lap je niet zomaar bij.

Als ik van die klas weer even uitzoom naar Nederland en toch een concreet bedrag noem, dan is de Nederlandse staatsschuld per Nederlander bijna dertigduizend euro. Dat klinkt als een boel geld, en terug naar die klas vraag ik me af *bij wie* de rekening in het rood staat? Wie heeft die dertig mensen dat geld geleend? Ik kan me op dit moment maar twee antwoorden voorstellen: óf het is een andere klas die dat gedaan heeft, óf het is die ene rijkaard. Want, laten we wel wezen, die schuld op de gemeenschappelijke rekening is misschien hoog maar de rijkste van de klas heeft meer vermogen dan dat de gemeenschappelijke rekening in het rood staat. Maar misschien vergis ik me volkomen en blijkt het allemaal veel ingewikkelder in elkaar te zitten.

Ten slotte hebben die dertig mensen niet alleen een schuld, ze hebben ook nog bezittingen. Een kantoor voor de ambtenaar, wat wegen en olie en gas in de grond. Uiteindelijk evenveel bezittingen als dat ze rood staan. Dan valt 't allemaal misschien toch wel mee. Daarover later meer. Ik wilde alleen een ruw beeld schetsen van wat bedrijvigheden. Wat doen individuele personen? Hoeveel tijd zijn zij kwijt voor hun huis, hun eten en dergelijke? En hoeveel sparen ze? En wat doen 17 miljoen Nederlanders ongeveer? Welke bezittingen hebben ze gemeenschappelijk of welke schulden?

Dit was allemaal heel ruw en schetsmatig, maar u heeft nu tenminste een beeld. En dan is het nu tijd voor vragen.

2 Waarom is cola duurder dan melk?

Bij mijn supermarkt kost een liter cola €1,48 terwijl een liter volle melk nog geen euro kost. Dat kunt u normaal vinden maar ik vind het raadselachtig. Melk is namelijk geweldig spul. Melk is een ideale mix van vet, suiker, eiwitten en water; je kunt maanden overleven op een dieet van alleen maar melk. Bovendien kun je van melk nog allerlei andere dingen maken: kaas, boter en slagroom. Melk is veel bijzonderder dan cola. Je houdt 't maar kort vol op een dieet van cola en ik ken geen producten die van cola worden gemaakt – colakaas of zo. Toch is cola duurder. Hoe kan dat? Dat voelt een beetje onterecht.

De bekende tv-kok Jamie Oliver heeft ooit een ingezonden brief naar *The Times* gestuurd waarin-ie zich beklaagde over de lage prijs van melk. De waardevolle eigenschappen van melk worden niet weerspiegeld in de prijs die we ervoor betalen. Er is iets fundamenteel mis met onze economie, vond hij. Of dat zo is laat ik even in het midden maar het is een mooie vraag om mee te beginnen: Hoe komen dingen eigenlijk aan hun prijs? En is die prijs terecht?

Kosten

De eigenschappen van een product – zoals de ingrediënten, de kleur, de houdbaarheid – bepalen blijkbaar niet de prijs. In dat geval zou melk namelijk duurder zijn dan cola. Cola is immers weinig meer dan suikerwater met een smaakje.

'De kosten!' hoor ik steevast wanneer ik mensen, vrienden en familie, de vraag voorleg waarom cola duurder is dan melk. 'Cola is zo duur vanwege de kosten voor reclame. Terwijl voor melk nauwelijks reclame wordt gemaakt.' Dat klink misschien logisch maar dat is het niet. Waarom zou ik betalen voor reclame? Ik wil heus betalen voor melk, cola of wat dan ook maar niet voor filmpjes waarin men mij probeert over te halen om cola te kopen. Bovendien zijn de kosten voor het maken van melk bijzonder hoog. Vermoedelijk hoger dan die voor het maken van cola. Ruim een kwart van het oppervlak van Nederland is weiland voor koeien. Nederland is feitelijk één groot industrieterrein voor de productie van melk. Dat kost nogal wat.

Maar er zijn nog meer redenen om te twijfelen aan het antwoord dat kosten de prijs van iets verklaren. Wat nou als een boer op een heel dure manier melk maakt? Kan hij dan een hogere prijs rekenen? 'Mijn melk kost twee euro per liter, omdat mijn koeien in stallen van marmer staan. Dat vinden ze mooi.' Dat gaat niet werken.

Het is niet zo dat kosten helemaal niets met prijzen te maken hebben. Als iemand overweegt iets te gaan maken, wat dan ook, met als doel het te gaan verkopen en de prijs die hij of zij verwacht ervoor te krijgen is lager dan de te maken kosten, dan maakt hij of zij het niet. In die zin hebben kosten te maken met prijs. Maar de kosten bepalen niet de prijs.

Er is nog een antwoord mogelijk: de prijs van iets wordt verklaard door de hoeveelheid tijd die is gaan zitten in het maken van het betreffende product. Dat lijkt op het eerste gezicht aannemelijk. Waarom heeft u voor dit boek betaald? Omdat ik er tijd in heb gestoken. En waarom is een dikker boek duurder? Omdat het meer tijd kost om een dik boek te schrijven. Heel logisch.

Toch kleeft er ook aan dit antwoord een aantal bezwaren. Als iemand heel langzaam schrijft, schrijft-ie dan ook duurdere boeken? Nee toch zeker?! Dit antwoord kan ook niet verklaren waarom tweedehands boeken goedkoper zijn dan nieuwe. Het kost niet minder tijd om een tweedehands boek te maken.

Het idee dat dingen waar veel tijd in is gestoken dure dingen zouden moeten zijn lijkt op een misverstand waar ik op de middelbare school last van had; het misverstand dat je een hoog cijfer voor een opstel verdient als je er uren aan gewerkt hebt. Maar zo werkt het niet. Een leraar beoordeelt zo'n opstel op de inhoud. De hoeveelheid tijd die erin is gaan zitten is hem als het goed is om het even. Zo zit 't toch ook met prijzen? Als u iets te duur vindt, dan koopt u het niet. Ook niet als iemand er heel veel tijd in heeft gestoken.

Tijd of werktijd kunnen prijzen niet verklaren, kosten kunnen het niet, en de eigenschappen van een product bepalen prijzen ook niet. Wat dan wel?

Vraag en aanbod

Het uiteindelijke antwoord is 'vraag en aanbod'. Ik kende die kreet natuurlijk wel. Maar wat hij precies betekent wist ik niet: hoe werken vraag en aanbod dan?

Cruciaal is dat je het idee van een 'terechte prijs' moet laten varen. Volgens het uiteindelijke antwoord zijn prijzen het gevolg van een proces – iets wat simpelweg gebeurt – en is er niks terechts of onterechts aan.

Wat zou er gebeuren als melk honderd euro per liter zou kosten? Let wel, er is niks terechts of onterechts aan een prijs van honderd euro per liter melk. Hoeveel melk zou u dan kopen? Heel weinig. Vermoedelijk zelfs helemaal geen enkel pak. Toch zijn er waarschijnlijk wel een paar rijke melkliefhebbers die die honderd euro willen betalen, maar de bereidheid om melk te kopen van honderd euro per liter zal laag zijn. Bij een tientje per pak zal er al wat meer melk worden verkocht, maar nog steeds minder dan nu. De situatie van ongeveer één euro per pak kennen we en als melk goedkoper wordt dan een eurodubbeltje per liter, dan gaan mensen vermoedelijk de raarste dingen met melk doen. Ik heb ooit bronwater gebruikt voor het maken van beton. Onnadenkend had ik de waterleiding afgesloten voordat ik het beton had aangemaakt, en omdat ik de waterleiding niet weer kon aansluiten voordat ik een betonnen vloertje had gestort heb ik maar bronwater gebruikt. Van dertig cent per liter. Als melk een dubbeltje per liter had gekost, dan had ik dat gebruikt.

Laten we voor het gemak even veronderstellen dat er één koeienboer is in Nederland. Eén boer die iedereen van melk voorziet. Als het een zakelijke boer is dan doet-ie een simpel rekensommetje. Hij rekent uit hoeveel geld hij verdient door honderd euro voor een liter melk te vragen – in de veronderstelling dat-ie een inschatting kan maken van de hoeveelheid melk die hij voor die prijs kan verkopen. Hij doet hetzelfde voor tien euro enzovoort, en hij kiest uiteindelijk de prijs waarbij hij het meest verdient. Die prijs is waarschijnlijk een ander bedrag dan de optelsom van de kosten die de boer per liter maakt, plus een zekere opslag van, laten we zeggen, tien procent.

Dat dit inderdaad niet zo werkt wordt wel duidelijk als we nóg een boer veronderstellen. Een klein boertje met maar weinig koeien dat op de een of andere manier in staat is om melk te maken voor nog geen cent per liter. Die boer gaat niet denken: 'Ach, het kost me slechts een cent per liter om die melk te maken, ik vraag er twee eurocent voor.' Die boer rekent gewoon een euro per liter – hetgeen men nou eenmaal betaalt voor een pak melk – en hij lacht in zijn vuistje. De prijs die deze boer rekent is dus niet afhankelijk van de kosten die hij maakt.

Zo'n boer is overigens niet volkomen fictief. Het kost oliebedrijven in Saoedi-Arabië zo'n drie euro om een vat ruwe olie omhoog te pompen. Dat verkopen ze echt niet met een mooie winst van één euro per vat voor vier euro. Zo'n vat Arabische olie kost gewoon vijftig euro – of wat het ook moge kosten; de olieprijs schommelt nogal. En de prijs die Apple voor zijn smartphones rekent is ook niet de optelsom van de kosten plus een marge. Die prijs is het resultaat van precies eenzelfde rekensommetje als daarnet. Apple maakt een inschatting van het aantal telefoons dat ze kunnen verkopen als ze duizend euro rekenen voor zo'n ding, negenhonderd, achthonderd enzovoort. En ze kiezen het bedrag waarbij ze het meest verdienen. Voor uw beeldvorming: de kosten voor het maken van een smartphone zijn zo'n tweehonderd euro (exclusief kosten voor marketing en overhead) terwijl er zevenhonderd euro voor betaald wordt.

Maar ik heb nog steeds geen echt antwoord op de vraag hoe melk aan zijn prijs komt. In werkelijkheid is er immers niet één boer die bij machte is een prijs te kiezen. Er zijn er meerdere en geen van hen bepaalt in zijn eentje de melkprijs. Bovendien is er nog iets aan de hand wat 't nog wat ingewikkelder maakt: het gaat op een gegeven moment meer kosten om nog meer melk te maken. Dat klinkt misschien wat vreemd, maar het is eigenlijk vrij logisch. Een heel kleine boer met één koe heeft relatief hoge kosten en het zal voor zo'n boer goedkoper worden naarmate hij meer koeien heeft. Maar op een gegeven moment wordt het weer duurder. Wanneer de melkmarkt booming is en een grote boer nóg meer melk wil produceren dan hij al produceert, dan zal hij weilanden moeten aanleggen op plekken waar nu nog geen gras groeit: op industrieterreinen en in de bebouwde kom. Hij zal huiseigenaren moeten uitkopen, opdat hun huizen wijken voor weiland. Dat gaat dure melk worden. Twee subtiele veranderingen dus ten opzichte van het verhaal van daarnet: (I) er zijn meerdere boeren die met elkaar concurreren; en (II) de kosten voor het maken van nóg meer melk stijgen op een gegeven moment.

Het uiteindelijke verhaal begint met de situatie van daarnet: er is één boer en hij kan zelf bepalen wat-ie voor zijn melk vraagt. Laten we zeggen dat zijn melk een tientje per liter kost en slechts gekocht wordt door melkconnaisseurs. Het kost allicht minder dan een tientje om melk te maken en met mooie winsten in het vooruitzicht gaan meer boeren melk produceren. Er komt meer melk in de verkoop en al die melk kan slechts verkocht worden bij een lagere prijs. Van laten we zeggen, drie euro. Geen probleem, die boeren maken nog steeds winst. Meer boeren volgen omdat ook zij nog winst denken te kunnen maken bij een melkprijs van drie euro. Wel minder winst omdat (I) de prijs nog weer wat verder gaat zakken als er meerdere boeren melk gaan maken; en (II) het steeds duurder wordt om nóg meer melk te produceren.

Uiteindelijk stopt het allemaal als het laatste beetje melk dat mogelijkerwijs nog geproduceerd kan worden duurder wordt om te maken, dan dat het oplevert bij de verkoop. Die laatste melk wordt niet meer gemaakt, omdat er verlies op geleden wordt. De conclusie is dat er zoveel melk wordt gemaakt dat bij nóg meer melk de stijgende productiekosten hoger worden dan de dalende verkoopprijs. Bij deze productie hoort een prijs zodanig dat alle melk nog net verkocht kan worden. En dat is de prijs van melk.

Een antwoord! De prijs die uiteindelijk betaald wordt is niet het bedrag dat men overheeft voor het eerste pak melk. Dat is namelijk honderd euro, of meer nog. De prijs die melk krijgt is wat men overheeft voor het allerlaatste pak melk; het pak melk dat nog net verkocht kan worden. En dat gaat niet alleen op voor melk. Het eerste vaatje haring kostte de afgelopen jaren steeds enkele tienduizenden euro's – een paar honderd euro per haring. Dat is een symbolisch bedrag bedoeld voor een goed doel, maar stel je eens voor dat dat eerste vaatje het enige vaatje zou zijn. Dan zou zo'n vaatje echt wel dat bedrag opleveren. De prijs van haring wordt niet bepaald door de eerste haringen die verkocht kunnen worden, maar door de laatste haringen die men nog weet te slijten.

Cola is niet duurder dan melk omdat cola gaver spul is dan melk, want dat is niet zo. Ook niet omdat het vreselijk veel moeite kost – in termen van tijd, landbouwoppervlak, machines, fabrieken, ruwe materialen – om cola te maken. Maar simpelweg omdat er nogal veel melk wordt gemaakt en men meer overheeft voor de laatste flessen cola dan voor de laatste pakken melk.

In het echt

Da's allemaal leuk en aardig; van die boekjeseconomie. Maar hoe gaat 't in het echt? Dat verhaal achter de totstandkoming van prijzen komt op mij over als een prachtig gedachte-experiment, maar hoe komt melk echt aan zijn prijs?

'Nou, toch wel ongeveer zoals je het opgeschreven hebt,' aldus mijn achterbuurman, die honderd koeien heeft. 'Tot voor kort was het allemaal iets anders. Toen hadden we in Europa nog een melkquotum. Dat zorgde ervoor dat een beperkte hoeveelheid melk geproduceerd werd. Als gevolg daarvan bleven de prijzen relatief hoog en stabiel. Maar sinds een paar maanden zijn die quota afgeschaft. Ik heb direct land bijgekocht van een collega die ermee wilde stoppen. Een paar hectare waar hij vooral schapen en paarden had rondlopen. Het was dure grond en ik moet flink bijmesten, maar vanwege de groeiende vraag naar melk en de prijs die ik voor mijn melk verwachtte te krijgen leek het me een verantwoorde investering. Nu, een paar maanden later, valt het allemaal wat tegen. De verwachte export naar China blijft uit en er zijn een boel boeren die net als ik extra zijn gaan produceren en de melkprijs is flink gezakt. Gelukkig heb ik wat reserves en denk ik dat die melkprijs wel weer aan zal trekken. Maar anders heb ik een probleem.'

'Cola is een bijzonder product,' aldus Leonard Vereecken, die zijn eigen frisdrankmerk heeft: Veri Soda. 'Het kost ongeveer acht cent om er een liter van te maken terwijl de consument er meer dan een euro voor overheeft. Voor een premium merk als Coca-Cola dan. En dat is echt niet vanwege het geheime recept. Dat kun je namelijk gewoon op internet vinden. Iedereen kan cola maken. Concurrenten als 3Es en River-cola zijn net zo lekker als Coca-Cola, dat blijkt wel als je mensen blind laat proeven, maar ondanks het feit dat ze een stuk goedkoper zijn is hun marktaandeel maar klein.

De kosten van Coca-Cola zitten 'm hoofdzakelijk in het creëren van het merk via allerlei commercials en sponsoring. En het is lastig voor eventuele concurrenten om dát na te doen. Dus het lijkt wel alsof er concurrentie is, maar feitelijk is die er nauwelijks en als gevolg daarvan kan Coca-Cola een relatief hoge prijs vragen. Niet dat dat voor exorbitante winsten zorgt: het verschil tussen de productiekosten van cola en de verkoopprijs wordt voor een groot deel gestoken in het opbouwen en beschermen van dat merk. Maar het zou een vergissing zijn om te stellen dat die hoge marketingkosten de prijs rechtvaardigen. Bij Coca-Cola hóéven ze geen hoge prijs te rekenen vanwege de marketingkosten, ze kúnnen een hoge prijs rekenen vanwege hun marketing.

Mijn cola is overigens nog duurder. Enerzijds omdat ik slechts biologische, duurdere ingrediënten gebruik, maar vooral om consumenten te laten zien dat mijn cola een bijzonder product is. Gezonder vooral, met minder suiker. Door met de prijs te spelen kun je de voorkeur van consumenten beïnvloeden. Misschien denken mensen wel dat ze iets waarderen en dat ze er daarom een zeker bedrag voor willen betalen. In de frisdrankbusiness werkt het tevens andersom: de prijs bepaalt de voorkeur.

Uiteindelijk denk ik dat de maatschappelijke kosten van cola, reguliere cola bedoel ik dan, veel hoger zijn dan slechts de productiekosten en de kosten voor marketing en distributie. De gezondheidskosten zijn gigantisch, vanwege al die mensen met diabetes en overgewicht door cola en andere frisdranken. En dan heb je nog de kosten voor het milieu. Dat soort kosten zitten allemaal niet in de prijs van cola. Als we Coca-Cola en Pepsicola zouden laten opdraaien voor al die extra kosten, dan zouden ze vermoedelijk geen winst meer maken.'

Grappig genoeg is Coca-Cola niet zo lang geleden in de melk gegaan: Fairlife milk. Ze begrijpen daar ook wel dat iedereen weet dat cola ongezond is. Het zou zomaar kunnen dat de vraag naar cola binnenkort instort en wat moeten ze dan? Vandaar dus melk. Maar wel heel dure melk, van ruim twee euro per liter. Da's twee keer zo duur als normaal. Maar daar krijg je dan wel melk met extra eiwitten voor terug. Talloze mensen schijnen extra proteïnen te eten of te drinken. Vooral na het sporten. Vaak zijn dat melkeiwitten; in prijzige sportdranken en -poeders. 'Waarom geen melk maken met extra van die eiwitten?' zullen ze bij Coca-Cola hebben gedacht.

Het is gewoon weer vraag en aanbod. Het aanbod van met extra eiwit gepimpte melk is laag, de vraag is ook niet bijzonder hoog, maar toch zodanig dat die Fairlife melk voor een flink bedrag in de supermarkten kan staan. In de VS dan. Hier is men nog niet zo gek.

3 Zijn prijsverschillen terecht?

Is het nu terecht of onterecht dat melk goedkoper is dan cola? Dat vind ik lastig. Er is nu eenmaal een mechanisme dat ervoor zorgt dat er zekere prijzen tot stand komen, en cola een hogere prijs krijgt dan melk. Zo werkt het. Mensen hebben blijkbaar meer over voor cola dan voor melk.

Het woord 'prijzen' heeft twee betekenissen: de prijs vaststellen, en waarderen. Zoals in: 'Ik prijs uw daden.' Dat ik zevenhonderd euro overheb voor een smartphone getuigt van mijn waardering voor zo'n ding. Kan die waardering onterecht zijn? Dat lijkt me niet. Ik heb het er echt voor over. Natuurlijk had ik liever minder betaald voor zo'n telefoon, maar zevenhonderd euro vond ik uiteindelijk een goede prijs. Anders had ik hem niet gekocht. Die smartphone is in die zin niet te duur; duurder dan hij eigenlijk zou horen te zijn. En is melk eigenlijk te goedkoop? Ik had heus drie euro voor een liter melk overgehad. Of misschien wel zeven. Maar dan had ik er wel minder van gekocht. Daar is niets terechts of onterechts aan. Als melk flink duurder wordt, dan koop ik er minder van. En er wordt nu eenmaal heel veel melk geproduceerd. Wil al die melk verkocht kunnen worden, dan kan dat slechts bij een prijs van één euro per liter. De vraag of de prijs van melk terecht is, is feitelijk hetzelfde als de vraag: 'Is het terecht dat u minder melk koopt als melk duurder wordt?' Het antwoord op de laatste vraag is: 'Nee, dat is niet onterecht.' Dan moet het antwoord op die eerste vraag hetzelfde zijn.

Uiteindelijk moet ik Jamie Oliver toch ongelijk geven. De lage prijs van melk duidt niet op een misstand in onze samenleving. Ondanks het feit dat die lage prijs van melk misschien wrang of zelfs verkeerd overkomt. Allicht dat de boeren het niet prettig vinden. Die hadden liever gehad dat we twee keer zoveel voor melk betalen en er bovendien evenveel van kochten. Maar daar staat tegenover dat die lage prijs van melk wel plezierig is voor ons, de melkkopers. Dat is vaker zo met economische zaken. Dan is er één aanwijsbare partij die ergens een nadeel van ondervindt terwijl de onzichtbare meerderheid een voordeel heeft. Als je niet uitkijkt zie je slechts het nadeel.

Toch heb ik één 'maar'. Het idee is dat de prijs die je bereid bent ergens voor te betalen een uitdrukking is van de waardering ervoor. Ik denk dat dat niet altijd klopt. Mijn vader had vroeger een bijzondere snijmachine om foto's mee te snijden. Met een rolmes in plaats van een valmes. Hij was nogal zuinig met dat ding en om ervoor te zorgen dat ik voorzichtig met die snijmachine deed, deed mijn vader alsof het een heel duur apparaat was. Van honderden, misschien wel duizenden euro's. Ik weet niet of hij werkelijk een bedrag genoemd heeft, maar in mijn beleving was het ding ongeveer even duur als een racefiets.

Jaren later was ik toevallig in een fotozaak en zag ik zo'n snijmachine staan. Voor slechts een paar tientjes. Ik was werkelijk eventjes gechoqueerd. Ik realiseerde me ineens dat ik jarenlang een volkomen verkeerd beeld had gehad van de prijs van dergelijke machines. Had ik een dag eerder de keus gehad tussen zo'n snijmachine en een weekendje Parijs, dan had ik vermoedelijk voor de snijmachine gekozen. Ergo: mijn hoge waardering voor die snijmachine was een gevolg van zijn vermeende prijs, in plaats van andersom.

Als dit het geval is, dan is een prijs niet terecht. Dan is de prijs die je ergens voor wilt betalen geen blijk van waardering, maar dan ben je simpelweg voor de gek gehouden.

Nog een voorbeeld. Weer uit mijn eigen leven: de shampoo die ik koop. Dure shampoo van het merk Guhl. Ik weet eigenlijk niet waarom ik die gebruik. Omgerekend kost 't zo'n dertig euro per liter, terwijl Euroshoppershampoo tien keer zo goedkoop is. En dat is echt geen vreselijk slechte shampoo. Wanneer u mij in gedachten shampoo ziet kopen van dertig euro per liter terwijl één meter verderop in dezelfde supermarkt shampoo staat die tien keer goedkoper is, dan bekruipt u toch het gevoel dat ik een bedrag betaal dat niet overeenkomstig mijn waardering voor shampoo is? Dan gelooft u de econoom toch niet die zegt: 'Het feit dat iemand dat bedrag voor shampoo betaalt illustreert de waarde die shampoo voor die persoon heeft.'

Shampoo en snijmachines illustreren dat er een verschil kan bestaan tussen de prijs die iets heeft en onze waardering ervoor. Feitelijk suggereerde Leonard Vereecken dat al: 'In de frisdrankbusiness bepaalt de prijs de voorkeur.' Dat zou betekenen dat de prijs die mensen voor cola willen betalen geen uitdrukking is van hun waardering daarvoor, maar dat het andersom is: de waardering is het gevolg van de prijs.

Economen spreken zich liever niet uit over de terechtheid van zaken. Liever bestuderen ze wat er gebeurt, dan dat ze iets zeggen over wat er zou moeten gebeuren. Toch denk ik dat ze stiekem, tussen de regels door, wel degelijk iets vinden van de terechtheid van prijzen. Stel je voor dat de wereld anders in elkaar zou zitten; dat prijzen worden bepaald door een comité van wijze mannen en vrouwen, en dat de prijzen die zij vaststellen hardhandig worden gehandhaafd. Zouden economen dan ook vinden dat er geen verschil bestaat tussen werkelijke prijzen en terechte prijzen? Ik denk van niet. Ik denk dat economen dit een vreemde en onterechte manier van prijzen zullen vinden. Waarmee ze de werkelijke wijze waarop prijzen tot stand komen dus feitelijk terecht vinden. Of op zijn minst 'terechter' dan de manier met zo'n comité.

Economie is geen natuurkunde. Natuurkunde gaat over zaken waar wij niks aan kunnen veranderen: water is vloeibaar bij twintig graden en als je iets loslaat valt het naar beneden in plaats van naar boven. Daar kan niets terechts of onterechts aan zijn; dat zijn eenvoudigweg feiten. Maar economie gaat over mensen. Over de wereld die wij maken. En hoewel er een systematiek in die wereld zit die je kunt bestuderen – dat is wat economen doen – had die wereld er ook anders uit kunnen zien. Het is heel moeilijk om zonder enig waardeoordeel aan economie te doen. Zonder enige verwachting over hoe het idealiter zou moeten. Omdat economie over onszelf gaat, en omdat het ook anders kán.

Opvallende consequenties

Ik moet er nog steeds een beetje aan wennen dat prijzen bepaald worden door een proces van vraag en aanbod. Dat merkte ik bijvoorbeeld toen ik een vriend ging helpen bij het kopen van een huis. Af en toe ging ik mee om huizen te bekijken en dan was ik vaak verbaasd over de vraagprijs. De huizen waar hij naar keek waren half zo groot als het mijne en kostten steeds ruim twee ton. Ik rekende me al rijk en veronderstelde dat mijn huis minstens vier ton op zou leveren. Misschien moest ik het maar verkopen. Maar ik vergiste me. De prijs van een huis is helemaal geen logisch gevolg van vloeroppervlak, materiaalkosten, manuren of wat dan ook, maar is het gevolg van vraag en aanbod. Als er heel veel mensen zijn die maximaal twee ton voor een huis kunnen betalen en er zijn heel veel huizen van honderd vierkante meter, dan zal zo'n gemiddeld huis waarschijnlijk twee ton kosten. En als er bijna niemand is die zich een duurder huis kan permitteren, dan zal een huis dat twee keer zo groot is net iets meer dan twee ton kosten. Net genoeg méér zodat die anderen het niet kunnen betalen.

Er is geen gouden standaard die bepaalt wat een huis zou moeten kosten. Een te duur of te goedkoop huis bestaat in die zin dan ook niet. Hoogstens kun je een huis te duur *vinden*. Bijvoorbeeld omdat je verwacht dat het in de toekomst minder zal opbrengen dan wat ervoor gevraagd wordt. Maar er kan geen sprake zijn van 'te duur' in objectieve zin.

Precies daarom kunnen er bubbels, of zeepbellen, in de huizenmarkt bestaan. Een paar jaar geleden, in 2008, is zo'n woningzeepbel nog uit elkaar gespat. De prijs van woningen steeg jaar in jaar uit met een procent of zes en als gevolg daarvan was iedereen bereid om extra voor een huis te betalen. Wat maakte het immers uit? Je kon met een gerust hart twintigduizend euro meer voor een huis betalen, dan dat eenzelfde huis een jaar ervoor gekost had. De waarde van het huis zou immers over een tijdje met minstens twintigduizend euro stijgen. Maar er zat wel een addertje onder het gras: men was bereid meer voor huizen te betalen vanwege de stijgende prijs, en de prijs steeg omdat men bereid was meer voor huizen te betalen. Een selffulfilling prophecy die plots doorgeprikt kon worden. Dat gebeurde ook. Na 2008 zakte de gemiddelde huizenprijs in een korte tijd met twintig procent. Een heel begrijpelijk proces eigenlijk. Een proces dat kan bestaan omdat er geen houvast is bij die prijzen.

Dat gebrek aan houvast, het niet bestaan van terechte prijzen, heeft ook wel weer een mooie consequentie. Namelijk dat mooie, goede of handige dingen veel goedkoper kunnen zijn dan je misschien zou denken.

Schroefjes zijn een mooi voorbeeld. Tot in de middeleeuwen werden die met de hand gemaakt en één schroefje kostte vele uren werk. Vertaald naar huidig geld zou een schroef gemakkelijk een paar honderd euro kosten. In de zestiende eeuw vond ene Jaques Besson een schroefjesmachine uit en daardoor werden die dingen een stuk goedkoper – een paar euro. Tegenwoordig kost een goede schroef tien cent, terwijl goedkope schroefjes nog geen cent kosten. Als ik een schroef gebruik en hij valt op de grond, dan pak ik gewoon een nieuwe. Later veeg ik die andere schroef wel op om hem daarna weg te gooien. Een middeleeuwer zou zijn ogen hebben uitgekeken: 'Hoe kunnen deze mensen zich al deze dure schroeven veroorloven?' Maar dat kan dus makkelijk. Handige, mooie, goede dingen, zoals schroeven maar ook melk, kunnen best goedkoop zijn.

4 Is er iets mis met de consumptiemaatschappij?

Deze vraag staat niet in mijn lijstje en ik had hem in eerste instantie ook niet willen stellen. Het is een beetje een politieke vraag waar feitelijk al een antwoord in besloten ligt: natuurlijk is er wat mis met de consumptiemaatschappij. Daarom bestaat dat woord 'consumptiemaatschappij' überhaupt; dat is echt geen neutraal woord. Het wordt gebruikt om te laten zien dat er iets mis is in onze samenleving. Dat we veel te veel consumeren. Maar terwijl ik me verdiepte in dat vakgebied van de economie kwam ik erachter dat het woord 'consumeren' ook een diepe, mooie betekenis heeft.

Consumeren betekent 'opmaken' of 'verbruiken'. Maar ook 'nuttigen' en dat suggereert een iets abstractere betekenis. Nuttigen is het omzetten van een product naar iets nuttigs. Het consumeren of nuttigen van een boterham is het opeten van die boterham zodat je lekker aan het eten bent; een voldaan gevoel krijgt; en bovendien energie krijgt en gezond blijft. Door hem te consumeren wordt de materiële boterham vertaald naar iets immaterieels. Het consumeren van een fiets komt dan neer op het fietsen erop, opdat je van A naar B komt of gewoon lekker buiten bent. En het consumeren van een schilderij is het kijken ernaar. Aldus geïnterpreteerd is er helemaal niks mis met een consumptiemaatschappij. Dat is een maatschappij waarin het uiteindelijk draait om het hebben van waardevolle ervaringen. En dan moet u 'waardevolle ervaring' breed interpreteren: vriendschap, gezondheid, voldoening, mobiliteit, lekker eten – ze horen er allemaal bij. In een consumptiemaatschappij zijn een boterham, een fiets en een schilderij an sich betekenisloos; ze krijgen pas betekenis als ze geconsumeerd worden.

Feitelijk is dit een fundamenteel uitgangspunt voor economen. Daar zijn ze zich niet altijd van bewust, maar bijna elke econoom gaat er bijvoorbeeld van uit dat spaargeld op zichzelf nutteloos is. De enige positieve ervaring die je aan spaargeld kunt ontlenen is een gevoel van zekerheid. De optie om het ooit aan te kunnen breken. Maar spaargeld krijgt pas werkelijk betekenis als je het opmaakt en gebruikt.

'Consumeren' kan dus breder geïnterpreteerd worden; ik blijf 'consument' een vreselijk woord vinden. Ik ben lid van de Consumentenbond, maar met tegenzin want ik stel me er een club van veelvraten bij voor. Maar 'consument' kan dus ook betekenen: degene die uiteindelijk waarde en betekenis aan de dingen geeft.

De broodbusiness bestaat uit een hele keten van bedrijven. Met boeren die graan verbouwen, leveranciers van dorsmachines en professionele ovens, handelaars in graan en ten slotte een bakker die het brood verkoopt. Helemaal aan het einde van de keten zitten de consumenten. Zij vinden brood lekker, waarderen het en hebben er daarom geld voor over. En alleen daarom zijn professionele ovens en dorsmachines wat waard. Uiteindelijk is alles slechts van waarde omdat er consumenten zijn, mensen zoals u en ik, die iets waarderen; op prijs stellen.

Dat is niet voor iedereen gesneden koek. Ik heb weleens te maken gehad met een stel vastgoedbeleggers; eigenaars van grote kantoorpanden. Ze worstelden met de waarde van hun bezittingen. Die stonden voor miljoenen in de boeken, maar niemand was in hun kantoorpanden geïnteresseerd. Er waren huurders noch kopers. Toch waren hun bezittingen van waarde, dachten ze. Al die gebouwen met spiegelend glas en luxe entrees. Maar dat was een vergissing. Een kantoorpand heeft slechts waarde als er mensen zijn die er willen werken. Waarde komt uiteindelijk van mensen en niet van bakstenen en staal.

Verzonken kosten

Het is me nu ook in één keer helder waarom kosten de prijs van iets nooit kunnen rechtvaardigen. Kosten zijn gemaakt in het verleden, en het verleden kunnen we niet consumeren. Ik kan het verleden niet ervaren en dus wil ik niet betalen voor iets wat geschiedenis is.

Wat zou u willen betalen voor een oude stoel die u ooit naar de vuilstort heeft gebracht en die allang verbrand is of vergaan? Helemaal niets toch? Sterker nog, u zou het heel vreemd vinden wanneer het u serieus gevraagd zou worden. Die stoel is er niet meer, u kunt er niet meer op zitten, en voor dergelijke zaken heeft u geen geld over. En precies zo wilt u niet betalen voor kosten die in het verleden gemaakt zijn.

Kosten uit het verleden zouden niet van invloed moeten zijn op onze waardering van de toekomst. Die kosten zijn als het ware verzonken, hoewel 'afgezonken' feitelijk een betere term is, maar in het Nederlands heet het 'verzonken kosten'. Dat is een boeiende les van economen. Maar ook een lastige les.

Niet zo lang geleden moest mijn auto gerepareerd worden. Het is een oude auto en het was een beetje onduidelijk wat de reparatie me zou gaan kosten maar ik had me voorgenomen maximaal duizend euro voor de auto uit te trekken. Meer was de auto me niet waard. Gelukkig was de reparatie vijfhonderd euro en dus ging de reparatie door. Toen ik de auto echter ging ophalen kreeg ik een ellendige boodschap: de reparatie van vijfhonderd euro was uitgevoerd en dat geld was ik sowieso kwijt, maar de garage had nóg een mankement gevonden en de reparatie daarvan zou vijftienhonderd euro kosten. Wat nu?

Laat ik het maar doen, bedacht ik. Anders heb ik die vijfhonderd euro voor niks uitgegeven. En zo kwam het dat ik uiteindelijk tweeduizend euro reparatiekosten betaalde voor een auto die me maar duizend euro waard was.

Dat was dom van me. Ik had duizend euro te veel uitgegeven en als ik het bij die eerste reparatie had gelaten dan was ik slechts vijfhonderd euro kwijt geweest. De oorzaak van mijn domheid was de denkfout dat het verleden een rol zou spelen in het bedrag dat ik ergens in het heden voor overheb. Dat had ik niet moeten doen. Ik had het verleden moeten laten voor wat het was en me de vraag moeten stellen: Heb ik vijftienhonderd euro over voor de reparatie van mijn auto? Als ik beter had nagedacht en meer had begrepen van economie had ik 'nee' gezegd en had ik vijfhonderd euro verloren in plaats van duizend.

Ik ben niet de enige die worstelt met de rol van het verleden in het waarderen van de toekomst. Voor de aanleg van de Betuwelijn had men oorspronkelijk, in 1990, een miljard *gulden* over. Maar echt niet meer. Toen de teller in 2003 op 3,5 miljard *euro* stond en er nog 1,2 miljard euro bij moest werd van diverse kanten gesuggereerd het project te staken. Maar dat kon niet, aldus de toenmalige minister van Verkeer en Waterstaat Roelf de Boer (van wie ik overigens nooit meer wat gehoord heb): 'Stoppen met de aanleg is geen optie. Dat zou kapitaalvernietiging zijn.' Maar die 3,5 miljard euro wás al uitgegeven en verdwenen. Dat kon geen argument meer zijn. De Boer had zich moeten afvragen of hij 1,2 miljard wilde betalen voor iets waar men een aantal jaar eerder slechts een half miljard euro voor overhad.

Maar wat zijn kosten eigenlijk?

Als een nieuwe fiets tweehonderd euro kost, dan zijn die tweehonderd euro dus de kosten. Maar zo eenvoudig is het niet. Een fiets kost helemaal geen tweehonderd euro. Een fiets kost staal, rubber, olie en andere materialen waar een fiets van wordt gemaakt. Verder kost het tijd en energie om een fiets in elkaar te zetten. En kost het een fabriek van ook weer staal en andere materialen. Die tweehonderd euro is het prijskaartje dat we hangen aan al die kosten, maar de feitelijke kosten zijn iets anders dan die tweehonderd euro.

Maar toch: als ik een nieuwe fiets koop dan betaal ik geen rubber en staal, maar gewoon tweehonderd euro. Toch kost die fiets mij óók geen tweehonderd euro. Hij kost me wat ik ook met die tweehonderd euro had kunnen doen in plaats van het kopen van een fiets. Zo'n fiets kost me een avondje uit eten, een designlamp of alle andere dingen die ik voor hetzelfde geld had kunnen doen. En het produceren van een fiets kost rubber, staal en werktijd. Die tweehonderd euro is alleen maar een *maat* voor deze kosten. Maar de werkelijke kosten zijn iets anders dan een geldbedrag.

Dat is toch wel boeiend aan dat vakgebied. Economie gaat veel minder over geld dan ik dacht. En veel meer over de vraag hoe we zo verstandig mogelijk moeten omgaan met de beperkte middelen die er zijn – zodanig dat mensen zo prettig mogelijk leven, ten koste van zo min mogelijk moeite en ellende.

Hoe dat leven van mensen eruit zou moeten zien laten economen in het midden. Klassieke muziek is niet van zichzelf waardevoller dan popmuziek en een museumbezoek niet per se te verkiezen boven een middag in een voetbalstadion. Dat is aan mensen zelf. Als men liever drie hamburgers eet dan een maaltijd in een sterrenrestaurant, dan is dat economen om het even. Vandaar vermoedelijk de negatieve bijklank van 'consumptiemaatschappij'.

Ik word er niet aardiger op

Ik krijg de indruk dat ik wat meer van economie begin te begrijpen en ik merk dat het mijn visie op zaken verandert. Dankzij het kleine beetje dat ik nu weet over kosten en prijzen kijk ik bijvoorbeeld anders aan tegen een fenomeen als 'doordraaien'. Ik ken het van de tomaten. Als de tomatenoogst heel goed is en de supermarkten vol met tomaten liggen, dan worden ze waardeloos. In die zin dat niemand geld overheeft voor nóg meer tomaten. De tomaten worden dan weggegooid in plaats van verkocht. Dat voelt onterecht en zelfs verschrikkelijk: grote bergen rijpe tomaten worden direct op de composthoop gegooid. De eerste keer dat ik dit op het journaal zag, ik was een jaar of tien, dacht ik twee dingen: (I) kunnen die tomaten niet verstuurd worden naar een gebied waar men gebrek aan voedsel heeft? – Oost-Afrika of zo. En (II): dat het rationeel is om tomaten door te draaien zegt iets over het systeem waarin we leven. Daar is iets flink mis mee.

Intuïtie één: het verschepen van tomaten naar Afrika is echt niet gratis. Dat kost van alles: energie, tijd, mankracht. Het is niet waarschijnlijk dat we de mensen in Oost-Afrika het beste helpen door onze energie in een boot vol tomaten te stoppen; vermoedelijk helpen we ze meer door met diezelfde energie iets anders te doen. Bovendien suggereert de les over verzonken kosten dat we ons niet al te veel moeten laten beïnvloeden door de tomaten die er al zijn. Stel dat het tienduizend euro kost om een boot met tomaten naar Afrika te varen. En dat we voor vijfduizend euro die mensen net zoveel kunnen helpen, maar dat die tomaten dan hier op een composthoop belanden. Dan is het toch verstandiger om het laatste te doen? Het feit dat die tomaten er al zijn doet daar niets aan af. Het zou bijzonder stom zijn wanneer wij als gevolg van een overschot aan tomaten ineens onhandig hulp gingen verlenen.

Over naar intuïtie nummer twee: er is wat mis. Er is inderdaad wat mis. Er zijn veel te veel tomaten. Als er tomaten worden doorgedraaid, dan was de oogst een stuk beter dan verwacht. Dat is een probleem voor de boeren, maar niet voor de mensen die van tomaten houden. Er ís iets fout gegaan, dat is helder. Maar dat ligt niet zozeer aan het economische systeem. Er zijn te veel tomaten geplant, het was overdreven goed tomatenweer, of nog iets anders. Maar de fout is al gemaakt en het leed is al geschied. Dat wordt echt niet minder door mensen te dwingen tomaten te gaan kopen. Ik ben ook niet bereid voor tomaten te betalen als mijn koelkast er al vol mee ligt.

Uiteindelijk kijk ik nu, dankzij mijn nieuwe economische bril, wat anders tegen een fenomeen als doordraaien aan dan in het verleden. En mijn beide vroegere intuïties kloppen volgens mij niet: het is niet per se verstandig om ons overschot aan tomaten naar Afrika te sturen; en doordraaien is geen illustratie van een ziek economisch systeem, maar het logische gevolg van een veel betere dan verwachte tomatenoogst.

Het blijft wél frustrerend dat er hier sprake is van een overschot aan tomaten, terwijl er elders een tekort is. Zoals het ook frustrerend is dat het hier veel regent en in de Sahel niet. Het is niet ideaal verdeeld op de wereld, maar dat is niet noodzakelijk het gevolg van hoe wij zaken regelen; dat kan ook het gevolg zijn van het weer, toeval en andere omstandigheden waar wij buiten staan. Het is zaak wat aan die frustrerende verdeling te doen, maar het verschepen van tomaten is misschien niet het beste idee.

Ik ben door die economische bril wat helderder gaan kijken maar ik weet niet of ik er aardiger door geworden ben.

5 Heeft alles van waarde een prijs?

Economen hangen prijskaartjes aan van alles. Ik ken er een die vijftig euro rekent voor een uurtje met zijn vrienden, als een soort van vuistregel. Heeft-ie niks te doen, dan levert zo'n uur hem vijftig euro op, maar als-ie in datzelfde uur honderd euro kan verdienen door te werken, dan verkiest hij dat. Is dat niet overdreven zakelijk? En is het zelfs niet gewoon fout om waardevolle zaken als vriendschap te willen kwantificeren middels een bedrag? Heeft alles een prijs? Of zijn er zaken die niet te koop zijn, zoals vriendschap, gezondheid, aandacht, het leven an sich, schoonheid, natuur enzovoort?

Behalve aan hoorcolleges economie deed ik ook braaf mee aan werkcolleges. Een van de eerste sommetjes op zo'n werkcollege ging als volgt: 'Harry heeft een afspraak in de stad en gaat daar met de auto naartoe. Harry verwacht dat de afspraak twee uur duurt en parkeren kost drie euro per uur. Een parkeerboete kost vijftig euro en de kans een dergelijke boete te krijgen schat Harry op tien procent. Wat zal Harry doen?' Met de bril van een econoom is het verstandig om de boete te riskeren: parkeren kost met zekerheid zes euro, terwijl de verwachte boete vijf euro is (tien procent van vijftig).

Zonder morren maakte iedereen het sommetje. Ik ook. Maar er is toch iets vreemds aan de hand. Volgens economen is het blijkbaar helemaal niet verkeerd om een boete te riskeren. Alsof een boete slechts een prijs is. Gewoon een bedrag dat je ergens voor moet betalen. Maar een boete is natuurlijk ook nog heel iets anders. Het is een bedrag dat je moet betalen omdat je de wet overtreedt.

Wat nou als het sommetje niet over een parkeerboete was gegaan maar over door-rood-rijden. Daar staat een boete van 230 euro op. Ik zou het zeer onplezierig vinden wanneer mensen zonder mokken 230 euro zouden betalen om door te kunnen scheuren. Wanneer je gewend bent in termen van prijzen te denken en ze zonder nadenken optelt en aftrekt dan lijkt 't alsof alles te koop is. Maar dat is vermoedelijk niet zo. Je kunt toch niet aan alles een bedrag hangen?

Tegelijkertijd zijn concrete bedragen inzichtelijk. Ze maken duidelijk hoe belangrijk we bepaalde zaken écht vinden. Ik heb mijn konijn ooit voor vijfhonderd euro laten opereren door de dierenarts. Hoewel anderen dat vreemd veel geld vonden voor een konijn, vond ik dat heel logisch en hoefde ik er niet eens over na te denken. Blijkbaar heb ik minstens vijfhonderd euro over voor mijn konijn. Maar er zijn grenzen. Ik zou nooit mijn huis verkopen om de operatie van mijn konijn te financieren. Ik schat dat ik maximaal zo'n duizend euro overheb voor mijn konijn, terwijl ik onlangs nog mijn dakgoot heb laten repareren voor tweeduizend euro. Blijkbaar is mijn konijn me minder waard dan de dakgoot. Dat is het confronterende, maar ook handige van prijzen: ze maken helder hoe waardevol zaken écht voor ons zijn.

Een prijs is een bedrag om uit te drukken hoe waardevol iets is. Maar het gaat niet zozeer om dat geldbedrag zelf. Economie gaat niet zo over geld. Een bedrag is slechts een middel om de waarde van het ene te kunnen vergelijken met de waarde van het andere. Mijn dakgoot is mij meer waard dan mijn konijn. Dat laten die geldbedragen zien. De vraag is nu of er zaken bestaan waarvan de waarde onvergelijkbaar is met de waarde van andere zaken. Bestaan er dingen die zo belangrijk zijn dat ze altijd voorgaan en die nooit geruild kunnen worden tegen iets anders?

Gezondheid is een optie. Gezondheid prevaleert altijd en is in die zin 'prijsloos'. Mochten we het daar met z'n allen over eens zijn, dan zullen we ziekenhuizen moeten bijbouwen en dan komen er tientallen helikopterambulances in plaats van vier. De kosten en moeite voor die ziekenhuizen en helikopters wegen namelijk altijd op tegen de baten van een betere gezondheid. Gezondheid is immers prijsloos; oneindig waardevol.

Dit scenario is nog voorstelbaar en er zijn plekken op de wereld waar men veel meer geld aan de gezondheidszorg uitgeeft dan dat we in Nederland doen. Maar er ontstaat een probleem als er nóg iets bij komt wat we ook prijsloos vinden. Veiligheid bijvoorbeeld. Beschutting tegen de zee. Wat dan? Dan prevaleren veiligheid én gezondheid. Dan moeten we die ziekenhuizen bouwen én de dijken nog een flink stuk verhogen en versterken. Dat gaat vermoedelijk niet allemaal lukken. We zullen gedwongen worden om het ene waardevolle af te wegen tegen het andere. En precies daartoe bestaan er prijzen.

Een paar maanden geleden vond er onder biologen en andere natuurspecialisten een grote enquête plaats over de waarde van natuur. Om de een of andere reden kreeg ik hem ook. De natuur in Nederland zit in de verdrukking vanwege land- en stedenbouw en een van de argumenten ten gunste van de natuur is een economisch argument. De natuur doet van alles voor ons. Je kunt er wandelen, er groeien bijzondere planten en dieren, en bomen maken de lucht schoon. Gratis en voor niets. Deze diensten zijn toch geld waard? Niet iedereen voelt zich plezierig bij dit soort economische argumenten pro natuur en vandaar die enquête.

'Vindt u het terecht dat we de waarde van natuurgebieden uitdrukken in economische termen?' Dat was de centrale vraag die in verschillende vormen herhaald en gespecificeerd werd. Ietsje concreter zou de vraag lezen als: 'Vindt u het terecht dat we een prijskaartje hangen aan de Waddenzee?'

Mijn eerste reactie was 'nee'. Waarom zou je de waarde van de Waddenzee willen kwantificeren? Die zee kan toch ook waardevol zijn zonder een concreet bedrag te noemen? Maar waarschijnlijk was die reactie een gevolg van de vraagstelling. Wat als de vraag de volgende was geweest: 'Vindt u dat we de waarde van de Waddenzee mogen vergelijken met de waarde van andere belangrijke zaken? Zoals voedsel en gezondheid?' 'Natuurlijk!' had ik dan geantwoord. Waarom niet? Ik vind het onplezierig om een concreet bedrag te noemen bij de waarde van de Waddenzee, maar allicht mag je de Waddenzee vergelijken met andere dingen die ertoe doen. Feitelijk is die tweede vraag dezelfde als de eerste. Een prijskaartje dat aan de Waddenzee hangt is niets meer dan een manier om uit te drukken hoe belangrijk dat natuurgebied is ten opzichte van andere zaken.

Economen vergelijken appels met peren. Dat is hun werk. En om appels met peren te kunnen vergelijken zijn er prijzen. Dat kan overdreven zakelijk overkomen maar uiteindelijk is het, wat mij betreft, toch vooral handig.

Wat kost een mensenleven?

Het meest confronterende prijskaartje is dat wat aan een mensenleven hangt. Ook een mens heeft een prijs. Mijn eigen leven is oneindig duur en ik ben niet te koop. Maar mijn leven is u niet oneindig veel waard, en andersom. Ik heb veel voor u over, en misschien zelfs meer dan voor mijn konijn, maar niet oneindig veel. Het bedrag dat een mens ons waard is krijgen we zelden expliciet te zien maar impliciet is het er wel.

Er vallen jaarlijks in Nederland zo'n zevenhonderd doden in het verkeer. Dat is een voor ons acceptabele hoeveelheid. Niet dat het wenselijk is; liever waren het er minder, maar acceptabel is het blijkbaar wel gezien het feit dat de wegen nog steeds open zijn en we het verkeer niet hebben afgeschaft. Verkeersdoden worden voor een groot deel veroorzaakt door auto's. Vervang de auto's door fietsen en het aantal slachtoffers daalt. De reden om niet en masse over te stappen op de fiets is dat de auto ons zoveel oplevert. Blijkbaar meer dan dat zevenhonderd doden ons kost. Ergo: zevenhonderd doden kosten niet oneindig veel.

Toen in 2012 de maximumsnelheid op de Nederlandse snelwegen naar 130 kilometer per uur ging, had dat allemaal vermeende opbrengsten: mensen zouden sneller op hun werk zijn en langer kunnen werken; Nederland zou aantrekkelijker worden als 'transportland' et cetera. Kosten waren er ook: meer uitstoot van CO_2 en meer verkeersslachtoffers – naar schatting zeven extra doden per jaar. Blijkbaar wogen de kosten op tegen de baten, want we rijden nu 130. Ik ook. Maar de kosten kunnen slechts tegen de baten opwegen als er een prijs is voor iedere dode.

Dat betekent niet per se dat er een spreadsheet is waarin expliciet een bedrag per dode is opgenomen. Dat zou veel te hard en zakelijk voelen.

Maar tussen de regels of onbewust is een dergelijk bedrag er wel. Honderd extra doden per jaar om 130 te kunnen rijden had men vermoedelijk te veel gevonden. Het aantal doden dat men nog net acceptabel vindt om bepaalde baten te verkrijgen suggereert een zeker bedrag per dode. Vaak is het zo'n vijf miljoen euro. Dat is, al of niet bewust, de waarde van een mensenleven.

Dat betekent niet dat je voor vijf miljoen een mens kunt kopen; of dat je voor dat bedrag iemand dood mag schieten. Die vijf miljoen is het bedrag dat we – met z'n allen – ongeveer overhebben voor het behouden van een willekeurige persoon. Het is als het ware de maximale losprijs die we willen betalen voor een ons onbekende Nederlander die ergens gegijzeld is. Vrienden en familie hebben allicht meer geld over voor de gegijzelde. En die persoon zelf heeft natuurlijk alles wat-ie heeft over voor zichzelf.

Het is eigenlijk bijzonder onplezierig om zoiets waardevols als een leven plat te maken middels een bedrag. Ik wil helemaal niet dat mijn leven evenveel waard is als een berg sinaasappels van twintig meter hoog – zoveel is het ongeveer. Maar wil je de waarde van een mensenleven op de een of andere manier afzetten tegen andere waardevolle zaken, dan heb je een zekere maat nodig.

De prijs van een mens is misschien het meest extreme voorbeeld van een typerende eigenschap van het vakgebied economie: met een zakelijke, berekenende manier omgaan met zoiets ongrijpbaars als waarde en mensenlevens. Handig, misschien zelfs noodzakelijk, maar soms ook wrang.

De vraag 'Heeft alles van waarde een prijs?' betekent feitelijk 'Is de waarde van het ene altijd te vergelijken met de waarde van het andere?' Uiteindelijk komt het erop neer dat u deze en de volgende vraag moet beantwoorden: Vindt u dat we op een rationele manier moeten proberen om zoveel mogelijk waardevolle zaken te realiseren, ten koste van zo min mogelijk waardeloze narigheid. Als u twee keer 'ja' antwoordt, dan zit u in het kamp van de economen.

Ik neig naar dat kamp maar ik heb nog wel bedenkingen. De eerste bedenking zit 'm in de betekenis van prijzen. Een prijs is een uitdrukking van waardering, mits je bij je volle verstand bent en niet voor de gek gehouden wordt. Maar een prijskaartje van duizend euro aan mijn konijn betekent niet dat iemand voor dat bedrag mijn konijn kan kopen. Die duizend euro is een richtlijn voor het stellen van prioriteiten bij het *uitgeven* van mijn geld. Geld krijgen is heel iets anders. Voor nog geen ton mag u mijn konijn kopen. Dat is wel een beetje inconsequent: als ik maximaal duizend euro voor mijn konijn overheb, dan zou je verwachten dat ik liever duizend-en-één euro heb dan mijn konijn. Maar dat is blijkbaar niet zo. Ik voel een verschil tussen wat ik wil betalen om iets te kopen en het bedrag dat ik moet ontvangen om datzelfde te verkopen. Bij iets eenvoudigs als een boek is dat verschil niet zo merkbaar. Als ik maximaal twintig euro overheb voor een boek, dan heb ik er geen problemen mee dat boek voor eenentwintig euro te verkopen. Maar als ik maximaal honderd euro wil betalen aan de pedicure voor mooiere teennagels, dan betekent dat geenszins dat iemand in ruil voor honderd-en-één euro mijn teennagels mag verruïneren. Prijskaartjes zijn prima, om de waarde van iets te expliciteren, maar de vraag of alles van waarde een prijs heeft betekent mijns inziens niet 'Is alles te koop?' En wanneer we met z'n allen een miljard euro voor de Waddenzee overhebben, dan betekent dat dus niet dat een oliebedrijf, of wie dan ook, in ruil voor dat bedrag de Waddenzee mag omtoveren tot een industriecomplex.

Mijn tweede bedenking heeft te maken met de precisie van prijskaartjes. Prijzen zijn een kwantificering van waarde. Als ik ergens drie euro voor overheb, en voor iets anders dertig, dan waardeer ik het tweede meer. Het is handig om zo'n kwalitatief begrip als waarde te kunnen kwantificeren via een bedrag. Maar soms is zo'n prijs overdreven precies en past 't helemaal niet bij de vaagheid van de waarde waar het voor staat.

Als ik een half brood koop dan tel ik niet de sneetjes. Het kunnen er tien of elf zijn; dat maakt geen verschil. Maar tussen €1,19 en €1,26 zit wel een verschil. Terwijl dat bedrag feitelijk staat voor wat een brood me waard is: het aantal sneetjes, maar ook hoe lekker het brood is en hoe gezond. Ik kan toch niet met twee cijfers achter de komma aangeven hoe waardevol ik brood vind?

Uiteindelijk is dat ook het bezwaar dat ik heb tegen de econoom met wie ik dit hoofdstuk begon. Die vijftig euro rekent voor een uurtje met zijn vrienden. Het is niet verkeerd om waardevolle zaken tegen elkaar af te wegen, zoals vriendschap, gezondheid en vrije tijd. Onbewust doe ik zelf precies hetzelfde. Op vrijdagavond vraag ik me regelmatig af waar ik meer zin in heb: vriendschap of lekker eten. In het ene geval ga ik naar de kroeg en in het andere naar een restaurant. Maar ik kan niet zeggen dat het ene me vijf euro per uur meer waard is dan het andere. Dat zou overdreven precies zijn. Het risico van prijskaartjes is dat we de precieze nummertjes belangrijker gaan vinden dan datgene waar de nummertjes feitelijk voor staan.

6 Is het terecht dat we allemaal hetzelfde betalen?

Er is iets vreemds aan de hand met prijzen: we betalen allemaal hetzelfde. Niet altijd – er zijn mensen die kunnen afdingen of kortingen kunnen regelen – maar in de supermarkt, de boekhandel en bij de slager betaalt iedereen dezelfde prijs. Dat is helemaal niet vanzelfsprekend en misschien zelfs een beetje oneerlijk. Ik geef regelmatig lezingen en ik hanteer daarvoor drie prijzen: gratis, goedkoop en duur. Gratis lezingen geef ik aan studenten en kunstenaars; de goedkope lezingen zijn voor scholen en culturele instellingen; en de dure voor de rest. Daar heb ik helemaal niet lang over na hoeven denken en ik vond het vrij logisch.

Ik kan me voorstellen dat de supermarkt zoiets ook wel zou willen. Er zijn mensen die honderd euro overhebben voor een pak melk. Zij het niet zoveel. Toch betalen deze mensen gewoon één euro. Daar is niks aan te doen, al is het maar omdat supermarkten producten prijzen met een stickertje. Uiteindelijk zijn prijzen voor iedereen hetzelfde en dús betalen rijke melkliefhebbers minder voor melk dan ze ervoor overhebben. Maar feitelijk betalen we allemaal te weinig, namelijk minder dan we bereid zijn te betalen. Als producten duurder zijn kopen we ze immers niet.

Dat is best opvallend: telkens als er iets verkocht wordt is er sprake van winst. De koper wint omdat-ie meer had willen betalen en de verkoper wint ook. Bij verlies had-ie óf een hogere prijs gevraagd, óf de boel niet verkocht.

Rijkere mensen profiteren het meest. Die hebben meer over voor van alles, en wanen zich in de supermarkt als in een paradijs waar alles bijna gratis is. Ik was pas in een tuincentrum om wat plantjes te kopen en daar stond ook een grote buitenbarbecue tentoongesteld van roestvrij staal en met fancy toeters en bellen. Het was eigenlijk een complete 'buitenkeuken' en het ding kostte vele duizenden euro's. 'O, wat een mooi ding, Jan,' zei een mevrouw die voorbij het apparaat liep en in haar winkelwagentje net als ik wat plantjes had staan. 'Dan koop je 'm toch?' zei Jan. En even later zag ik het stel met een creditcard die hele buitenkeuken afrekenen.

Zou de producent van die buitenkeuken werkelijk willen dat zo'n ding zo makkelijk wordt aangeschaft? Het zal hem vermoedelijk niet veel uitmaken of mensen wel of niet dagen lopen dralen rondom zo'n apparaat, maar sowieso had-ie Jan en zijn vrouw wel een hogere prijs willen rekenen. Dat gaat echter niet omdat iedereen hetzelfde betaalt.

Toch kan het soms wel. Met een slimme truc kun je voor elkaar krijgen dat mensen die ergens meer voor overhebben ook daadwerkelijk meer betalen. Het is een tegenintuïtieve truc, illustratief voor hoe leken anders tegen zaken aankijken dan economen.

Stelt u zich voor dat u een prullenbakkenfabrikant bent, die heel goede, bijzondere prullenbakken maakt zoals niemand anders dat kan. Het kost u ongeveer vijftig euro om zo'n prullenbak te produceren en na wat proberen met verschillende prijzen besluit u ze voor honderd euro per stuk te verkopen. Er zijn weliswaar mensen die tweehonderd euro voor zo'n prullenbak overhebben, maar daar zijn er maar weinig van. En als u ze voor zestig euro verkoopt, dan verkoopt u er weliswaar een boel, maar verdient u uiteindelijk toch een stuk minder – zo heeft u uitgerekend of gemerkt. Helaas voor de mensen die maximaal zestig euro voor zo'n prullenbak overhebben – mensen met minder budget, of mensen die eenvoudigweg niet meer voor zo'n prullenbak willen betalen.

Maar toch: u heeft uw hart op de goede plek en wilt iets voor die mensen betekenen. U kunt doelgroepen speciale kortingen geven, maar dat is een boel gedoe en bovendien is het dan moeilijk om te voorkomen dat die goedkopere prullenbakken met een leuke winst weer worden doorverkocht. De oplossing is om gewoon nóg een versie van de prullenbak te maken. Een versie speciaal voor de mensen die er maar zestig euro voor overhebben. Dat kan natuurlijk niet precies dezelfde prullenbak zijn als de honderdeuro-prullenbak, maar het verschil doet niet zo ter zake. U zou ervoor kunnen kiezen om de goedkope prullenbak een andere kleur te geven. Een beetje een lelijke kleur zodat weinig mensen die zich een dure prullenbak kunnen permitteren de goedkope variant zullen aanschaffen. Of u zou een klein deukje kunnen schoppen in de goedkope prullenbak. Een deukje dat verder niets afdoet aan de werking van het ding.

Iedereen blij: u verkoopt wat extra prullenbakken, voor zestig euro per stuk weliswaar, maar daar verdient u nog steeds aan. En de mensen met minder budget zijn blij omdat ze toch zo'n mooie prullenbak kunnen kopen.

Voor economen is het zo klaar als een klontje dat de wereld er beter op wordt dankzij die gedeukte prullenbakken. U verdient meer en al die kopers verdienen bij elkaar opgeteld ook meer. Bij iedere koop is er namelijk sprake van winst; zowel bij de verkoper als bij de koper. Maar wanneer de truc van de gedeukte prullenbakken in werkelijkheid wordt uitgevoerd, dan worden we razend. Dan vinden we niet dat de wereld er beter op wordt maar slechter.

Een bekend voorbeeld zijn printers waarvan de goedkope versie precies hetzelfde doet als de dure versie, alleen een tikkeltje langzamer. In de regel vinden mensen het onplezierig dat printerfabrikanten dergelijke printers maken. Hetzelfde geldt voor dvd-spelers in drie verschillende versies met drie verschillende prijzen. Schroef je de goedkoopste uit elkaar, dan kom je tot de ontdekking dat-ie precies hetzelfde interieur heeft als de duurste en dat een aantal knopjes gewoon ontbreekt. Toen ik hier voor het eerst over hoorde, nadat ik een dure dvd-speler had gekocht, werd ik ziedend.

Je kunt op twee verschillende manieren aankijken tegen die prullenbakken, gemankeerde printers en dvd-spelers. Je kunt zeggen: die prullenbakken kosten zestig euro per stuk, maar voor mensen met meer budget zijn ze extra duur. Voor het ontbreken van een deukje of voor een iets mooiere kleur betalen rijkaards een premie van wel veertig euro. Als een soort van Robin Hood heeft u rijken extra laten betalen voor hetzelfde. Of je zou kunnen zeggen: die prullenbakken kosten een belachelijke honderd euro;

een prijs die u zo gekozen heeft om zoveel mogelijk te verdienen, en alsof dat nog niet genoeg is probeert u nog meer te verdienen – aan mensen met minder budget nota bene – door een gemankeerde prullenbak op de markt te brengen.

Er is wel een verschil tussen u als fictieve prullenbakkenproducent en reguliere fabrikanten van printers, dvd-spelers en dergelijke. U maakte die goedkope prullenbakken om de mensen met minder budget te helpen, terwijl printerfabrikanten simpelweg meer willen verdienen. Het effect is echter hetzelfde: mensen met minder budget worden geholpen. Zij worden in staat gesteld om dingen te kopen die ze anders niet hadden kunnen of willen kopen.

Dat vind ik nou echt grappig aan economie. Je kunt heel plausibel maken dat iedereen beter af is door die goedkopere, gemankeerde producten, en toch hebben velen de mening dat er iets mis is. Dat is vrij typerend voor het vakgebied. We hebben allerlei meningen en vooringenomenheden en in het bijzonder hebben we vaak het gevoel dat er zaken mis zijn en dat we voor de gek worden gehouden. Maar wanneer je er met een economenbril naar kijkt, dan zit 't vaak toch net iets subtieler.

7 Proberen bedrijven werkelijk om zoveel mogelijk winst te maken?

Koeienboeren, frisdrankproducenten en makers van prullenbakken proberen naar het schijnt stuk voor stuk hun winst te maximaliseren. Dat is een soort van gegeven, en als gevolg dáárvan kun je verklaren hoe zaken aan hun prijs komen. Maar proberen bedrijven dat echt? Het komt op mij een beetje onwerkelijk en vooral ook onsympatiek over. Een beetje winst is toch mooi genoeg; er zijn toch andere zaken in het leven? Vandaar dus twee vragen: Proberen bedrijven werkelijk om zoveel mogelijk winst te maken? En is dat goed of fout?

'Natuurlijk wil ik zoveel mogelijk winst,' aldus directeur Jeroen Veen van Veen Matrassen, 'dat is mijn taak. Ik ben deels eigenaar van het bedrijf en ik wil aan het eind van het jaar mooi verdiend hebben. Daar is toch niks mis mee? Ik heb jarenlang mijn ziel en zaligheid in dit bedrijf gestoken. Bovendien is het bedrijf maar deels van mij; ruim de helft is van een aantal investeerders. Die willen ook rendement. Eens in de drie maanden zitten ze me achter de broek en moet ik ze gegevens overleggen: de inkopen die we hebben gedaan, kosten voor personeel, verkopen, verwachtingen voor verkopen in de toekomst. En het is bijzonder helder dat zij in één ding geïnteresseerd zijn: geld verdienen met de investering die ze hebben gedaan. Feitelijk dwingen ze me om mijn winst te maximaliseren. Maar laat ik er eerlijk over zijn: dat wil ik zelf ook. Gelukkig helpen die investeerders me ook daarbij. In de eerste plaats natuurlijk met hun investering. Ik heb hun geld hard nodig om überhaupt deze zaak te kunnen draaien. Maar ze geven ook advies. En ze hebben connecties waar mijn inkopers korting kunnen krijgen. Maar het uitgangspunt is helder: zoveel mogelijk winst maken.'

'Dat is bij ons toch wel ietsje anders,' volgens Quincy van Wees. Quincy heeft een klein bedrijf dat gespecialiseerde deurdrangers maakt, op een industrieterrein niet ver van waar ik woon. 'Maar misschien is dat omdat wij geen externe investeerders hebben. Ons bedrijf is in handen van mijzelf plus een aantal mensen van het eerste uur. De meesten daarvan werken hier nog. Sommigen zelfs nog steeds in hun oorspronkelijke functie. En degenen die hier niet meer werken vallen ons niet lastig met winstdoelstellingen en dergelijke. Ze vinden dat we een mooi product maken en vinden het gewoon leuk mede-eigenaar te zijn van ons bedrijf. Kijk, we moeten geen verliezen gaan draaien. Dat vindt niemand fijn, maar gelukkig hebben we nog nooit een jaar met verlies gehad.

Ik zou overigens helemaal niet weten hoe ik de winst zou moeten maximaliseren. We kopen van alles in: stalen onderdelen, bijzondere schroefjes en af en toe huren we een specialist in om onze tekeningen te controleren, maar ik zou niet weten hoe ik daarop moet bezuinigen. En aan de verkoopkant kan ik ook niet veel. We hebben vaste klanten die heel tevreden zijn. Misschien dat ze wat meer voor ons product zouden kunnen en willen betalen maar daar heb ik het eerlijk gezegd nooit met ze over gehad. Dat is ook niet mijn sterkste punt, geloof ik. Ik reken gewoon een opslag op de kosten, ongeveer tien procent. En als we aan het eind van het jaar voldoende verdiend hebben – gewoon naar mijn persoonlijke mening – dan vind ik het mooi zat. Meer hoeft van mij niet.'

Niet ieder bedrijf probeert zoveel mogelijk winst te maken. Blijkbaar. Hoewel de vraag is of de bedrijven die dat niet doen dat niet doen omdat ze het niet kunnen, of omdat ze het niet willen. Maar het commentaar van wat *strategy consultants* die ik toevallig ken is helder: 'Grote, professioneel georganiseerde bedrijven worden allemaal door winst gedreven. Zo zitten ze in elkaar.'

Het schijnt niet altijd op te gaan: als een directie zichzelf een grote, dure kantoorruimte aanmeet, dan heeft dat vermoedelijk niets te maken met eventuele winst. Menselijke drijfveren verklaren óók waarom bedrijven bepaalde beslissingen nemen.

‘Maar bedrijven worden vooral begrijpelijk wanneer je ze als winstmaximaliserende organisaties beschouwt,’ aldus een van de consultants die ik sprak.

Ik wil ze wel geloven. Bedrijven willen vast ook nog andere zaken bereiken dan winst en zijn bijvoorbeeld bezig met hun maatschappelijke rol, maar dat bedrijven primair winst nastreven geloof ik uiteindelijk wel. De vraag blijft: wat moet ik daarvan vinden? Het klinkt zo hebberig en onsympathiek.

Ik klus regelmatig aan mijn huis maar ik denk niet dat het ooit af zal komen, daarvoor heb ik té weinig tijd en is er té veel te doen. Tot voor kort begon ik altijd met de klussen die ik het leukste vond. Ik heb weleens een hele zaterdag stoeptegels in de tuin gelegd, omdat ik daar zin in had, terwijl we nog geen warm water in huis hadden. Tegenwoordig klus ik samen met mijn vriendin en die is wat zakelijker dan ik: ‘Je kunt alleen in de weekends klussen en daar heb je er maar een paar per jaar van. En dus moet je de belangrijkste klussen eerst doen en niet de leukste.’ Er is wat voor te zeggen. Ik hield mezelf altijd voor dat ik zinvol geklust had. Ik had immers *iets* gedaan. Terwijl mijn vriendin daar dan tegen inbrengt dat je maar één keer je tijd kunt besteden en dat je in die tijd het zinvolste moet doen wat je op dat moment kunt doen. ‘Een tegelpad leggen lijkt misschien zinvol, maar een tegelpad leggen betekent ook dat je niet aan het warm water kunt werken. En dat is weer erg stom. Netto ben je dan stom bezig in plaats van zinvol.’ Ik ga mee met haar redenering hoewel ik eigenlijk anders in elkaar zit. Bovendien is een zaterdag een vrije dag: ik wil dat het weekend een beetje leuk is. Vandaar dat ik soms nog steeds de klussen doe die ik leuk vind in plaats van de klussen die belangrijk zijn. Maar over het algemeen luister ik naar mijn vriendin en doe ik tegenwoordig de belangrijkste klussen eerst.

In een zakelijke, bedrijfsmatige omgeving zal dit dilemma toch ook regelmatig spelen, alleen is het daar nooit weekend. Daar hoeven de dingen bovendien niet leuk te zijn. Ook daar – of misschien wel vooral daar – moet de tijd op een zo zinvol mogelijke manier besteed worden.

Een fietsenmaker die de hele dag heeft gedaan over het plakken van een band heeft wellicht een voldaan gevoel – toch weer een band geplakt – maar hij had vermoedelijk zijn tijd beter kunnen besteden. Maar hoe weet een fietsenmaker wat het meest zinvol is om te doen? Ik weet dat warm water in huis waardevoller is dan een tuinpad. Dat is gewoon een inschatting die ik persoonlijk kan maken. Maar hoe kan een fietsenmaker inschatten wat-ie het beste kan doen? Hoe kan een fietsenmaker kiezen tussen het plakken van een band en het opbouwen van een complete fiets?

Zo'n fietsenmaker doet er verstandig aan om naar zijn klanten te luisteren. Zij bepalen uiteindelijk wat zinvol is. En hoe spreken de klanten tot de fietsenmaker? Via het bedrag dat ze hem betalen. Datgene waar-ie het meeste aan verdient is wat de klanten van de fietsenmaker blijkbaar het waardevolst vinden. Ergo: wil de fietsenmaker zo zinvol mogelijk bezig zijn, dan moet-ie zijn verdiensten, of zijn winst, maximaliseren. Krijg nou wat.

Er zit wel een addertje onder het gras. Een addertje dat al eens eerder voorbij is gekomen: het is helemaal niet per se zo dat het bedrag dat men ergens voor overheeft een goede indicatie is voor hoe belangrijk of zinvol men iets vindt. Maar toch, die fictieve fietsenmaker heeft me doen realiseren dat winst niet slechts onaardig en inhalig is. Een bedrijf dat winst maakt is een bedrijf dat blijkbaar de zaakjes op orde heeft. Een winstgevend bedrijf is niets meer dan een bedrijf dat iets levert dat meer waard is dan dat het inkoopt. En een bedrijf dat méér winst maakt is een bedrijf dat dat beter doet. Tja, wat is daar mis mee?

Ik zag winst onbewust als het gevolg van winnen en verliezen. Bij winst hoort dan ook verlies. Als er één partij is met een heleboel winst, dan is er ook vast een partij met veel verlies, en daar heb ik dan medelijden mee. Maar het is al eerder gebleken dat ik me hierin vergis. Als ik een pak melk koop dan win ik iets, omdat de melk mij meer waard is dan wat ik ervoor betaal. Anders had ik het niet gekocht. En de supermarkt wint ook iets; omdat de supermarkt anders wel een hogere prijs had gerekend. We winnen alle twee: winst gaat niet per se ten koste van verlies.

Je kunt winst ook van een andere kant bekijken, niet vanuit degene die de winst maakt, maar vanuit degenen die de winst mogelijk maken. Stel, je geeft twee koks evenveel aardappels, eieren en kruiden, en je vraagt hun iets te koken. Daarna vraag je aan een panel van proevers hoeveel geld ze over zouden hebben voor wat die koks hebben gekookt. Dan zal een van beide koks een groter bedrag bijeen gekookt hebben dan die ander. Deze kok heeft, volgens het panel, beter gekookt. Hij heeft van dezelfde ingrediënten iets beters gemaakt; en dus heeft men meer voor zijn koken over; en dus maakt hij meer winst. Winst is nu helemaal niet vies of onaardig, winst is juist een teken van goed werk.

Wat zou er gebeuren als alle bedrijven zouden werken als Quincy van Wees? Die probeert niet om zoveel mogelijk winst te maken maar rekent simpelweg een opslag op de kosten. Kost het zijn bedrijf honderd euro om een deurdranger te maken, dan verkopen ze hem voor honderdtien. Een marge van tien procent vinden ze mooi genoeg. Dat kan prima werken en komt sympathieker over dan het maximaliseren van de winst.

Maar er is een keerzijde: Quincy heeft geen enkele reden om te proberen die deurdrangers goedkoper te produceren. Sterker nog, die reden is er juist niet. Als de verkoopprijs de kosten zijn plus een opslag, dan gaat 't Quincy geld kosten wanneer hij die deurdrangers goedkoper kan maken. Een bedrijf dat maximale winst nastreeft, daarentegen, heeft een reden om de kosten zo laag mogelijk te maken. En de kosten zijn niet een geldbedrag! Kosten zijn 'ellendige zaken' waarvan we er zo min mogelijk willen. Rotklusjes, energieverbruik, milieuvervuiling, het gebruik van ruimte en materialen. Als alle bedrijven zouden werken als Quincy van Wees, dan is dat bij nader inzien misschien toch minder handig dan ik dacht.

Ten slotte betekent het nastreven van zoveel mogelijk winst niet dat er daadwerkelijk ook veel winst gemaakt wordt. Dat illustreren de koeienboeren. Die doen echt wel hun best om een goede boterham te verdienen. Maar die krijgen ze niet. Boeren verdienen in de regel net genoeg om prima van te leven, maar meer ook niet.

Het lijkt erop dat ik mijn idee van winst wat moet aanpassen. Het is niet slechts hebberig en onsympathiek om te proberen zoveel mogelijk winst te maken, er zitten ook positieve kanten aan.

Maar toch... Als Porsche probeert de winst te vergroten door meer Cayennes en Panamera's in Afrika te gaan verkopen, omdat er daar een groeiende vraag naar luxewagens is, dan betekent dat allicht niet dat Porsche daar in Afrika het goede aan het doen is. Er is daar wel wat beters te doen dan dure auto's verkopen. En een ziekenhuis dat de winst opkrikt door heroïne te produceren doet geen beter of zinvoller werk dan een ziekenhuis dat geen heroïne maakt. Winst maken en zinvolle dingen doen gaan dus niet volledig hand in hand.

8 Zijn mensen net als bedrijven?

Bedrijven zijn blijkbaar te beschouwen als een soort rationele organisaties die zoveel mogelijk willen verdienen. Zelfs mijn buurman, die een groentekraam heeft, bevestigt dat beeld. 'Zakelijk ben ik heel anders dan privé. Privé ben ik een beetje een goedzak maar in mijn werk let ik op details en probeer ik zoveel mogelijk rationele beslissingen te nemen. Mijn kraam staat tegenover de Albert Heijn en ik weet van tevoren precies welke producten zij in de aanbieding hebben. Daar stem ik mijn inkoop dan op af. Hebben zij goedkope ananassen, dan koop ik die juist niet. Of juist nog goedkoper, dat heb ik ook weleens gedaan. Verder hou ik precies bij welke omzet ik draai bij welk assortiment en heb ik onlangs besloten de aardappels eruit te gooien. Die kunnen mensen elders ook wel kopen. In plaats daarvan verkoop ik nu geschild fruit en fruit in partjes. Dat levert me per vierkante meter veel meer op.'

Omdat bedrijven zakelijk en rationeel te werk gaan – althans vaak – kun je hun gedrag beschrijven en begrijpen middels wiskunde. Toen ik voor het eerst colleges economie ging volgen moest ik daar nogal aan wennen. Niet dat ik een hekel aan wiskunde heb, maar ik had het gewoon niet verwacht. Ik dacht dat economie een 'taalvak' zou zijn. Met heldere verhalen en hier en daar wat cijfers. Zoals biologie en psychologie. Dat zijn heus wel exacte vakken. Exacter dan bijvoorbeeld geschiedenis en literatuurwetenschap. Er staat wiskunde in biologie- en psychologieboeken, maar het staat er niet boordevol mee. Economieboeken wel.

Helemaal vreemd vond ik het feit dat die wiskunde ook werd toegepast op individuen in plaats van bedrijven. 'De volgende formule beschrijft hoe graag Kees appels en peren heeft.' Zo begon een sommetje en er stond een formule met A's en P's – voor respectievelijk appels en peren. Volgens de formule wilde Kees zoveel mogelijk appels en peren; meer was altijd beter. En als Kees al een boel appels had, dan gaf-ie de voorkeur aan peren boven appels en andersom. Bovendien was een appel twee keer zo duur als een peer en had Kees een zeker budget. Hoeveel appels en peren gaat Kees kopen? Dat was de vraag.

Feitelijk werd Kees als een iets maximaliserende robot beschouwd. Iemand die zoveel mogelijk van het goede – appels en peren – tegen zo min mogelijk kosten probeert te verkrijgen. Zou er werkelijk een Kees bestaan die zoveel appels en peren koopt als het formuletje suggereert? Sterker nog, zou er überhaupt iemand bestaan wiens keuzes met wat voor soort formuletje dan ook te voorspellen zijn? Ik denk eerlijk gezegd van niet: mensen zijn geen robots.

Lang geleden heb ik wat vakken gevolgd aan een technische universiteit. Daar moesten we ook sommetjes maken en uitrekenen hoe iets zich zou gedragen. Alleen ging het dan niet om mensen, zoals Kees, maar om dingen: voertuigen, apparaten, objecten. 'We hebben een schip dat zich gedraagt volgens de volgende formule' en dan kwam er een wiskundige vergelijking, 'reken uit waar het schip over tien minuten zal zijn als het roer tien graden met de klok mee gedraaid wordt'. Net zo'n sommetje als met Kees. Wanneer je dan later in een laboratorium zo'n schip nabootst, komt het precies uit op de plek die je eerder uitgerekend had. Dat is met Kees echter vermoedelijk níét het geval. De formuletjes die gebruikt worden om te beschrijven welke economische keuzes individuen maken zijn een stuk minder realistisch dan de formuletjes uit de technische wetenschap.

Dit is een veelgehoorde en fundamentele kritiek op de academische economie. Economie is een wetenschap over mensen en ze gaan er daar van uit dat mensen zich rationeel en consequent gedragen. Als een zogenaamde *homo economicus*. Maar de meeste mensen zijn niet als Mr. Spock (de hyperrationele wetenschapper uit *Star Trek*). Mijn buurman zei het eigenlijk vrij duidelijk: 'Zakelijk ben ik anders dan privé'. En het zal best dat bedrijven zich laten beschrijven middels wiskunde, bij individuele mensen ligt dat toch echt wel anders.

Dat is een flink probleem voor economen. Als een fundamenteel uitgangspunt van de economische wetenschap niet blijkt te kloppen, wat is dan nog de waarde van de rest van die tak van sport? Als in de natuurkunde blijkt dat dingen niet naar beneden vallen volgens de wet van de zwaartekracht, maar volgens een net iets andere wet, dan kan een flink deel van de natuurkunde op de schop. Moet de economische wetenschap ook op de schop?

Er zijn er die dat vinden, maar volgens mij valt het wel mee. Er is best wat voor te zeggen om individuen te beschouwen als rationele wezens die, evenals bedrijven, iets proberen te maximaliseren. Geen winst, maar je zou mensen kunnen zien als wezens die zoveel mogelijk van het plezierige willen en zo min mogelijk van het ellendige. Als ik een taart koop, om maar een dwarsstraat te noemen, dan wil ik een zo lekker mogelijke taart die zo goedkoop mogelijk is. Eigenlijk een soort winstmaximalisatie.

Niet zo lang geleden had ik een beetje een vreemde aanvaring met een serveerster in een restaurant. Ze was wat kortaf en er leek iets aan de hand te zijn, maar ik begreep niet wat. Even later zag ik dat ze haar jas aandeed en naar huis ging: haar shift zat erop. Ineens werd haar gedrag begrijpelijk. Blijkbaar wilde ze naar huis en hielden wij haar op. Je begint mensen te begrijpen wanneer je weet wat ze willen en weet wat ze proberen te vermijden. En dat is feitelijk wat die hele homo economicus suggereert: mensen zijn te begrijpen als wezens die op een min of meer rationele manier bepaalde zaken willen en andere zaken juist niet. Dat is uiteindelijk toch niet zo'n heel vreemd idee.

Zelfs mijn varkentjes zijn op die manier te begrijpen. Ze hebben de voorkeur voor brood boven wortels. Maar als ik een wortel voor hun neus leg en wat brood aan de andere kant van de tuin, dan eten ze toch liever die wortel. Ook als ze wel het brood zien liggen. Ze vinden het te veel gedoe om zo'n end te lopen, want als ik het brood iets dichterbij leg, dan komt er een moment dat ze wél voor het brood kiezen in plaats van voor de wortel vlak voor hun neus. Je zou kunnen zeggen dat mijn varkens tegen zo laag mogelijke kosten (zo min mogelijk lopen) zoveel mogelijk opbrengst proberen te realiseren (brood en wortels).

'Ben ik werkelijk te beschouwen als iemand die als een soort rekenmachine iets probeert te maximaliseren?' vroeg ik me peinzend af, terwijl ik in een drukke winkelstraat liep. Dat beeld van zo'n rekenmachine voelde een beetje onbevredigend. Een eindje verderop sprong een voetgangersverkeerslicht op rood en het was dermate druk dat voor me een opstopping van mensen op de stoep aan het ontstaan was. Achteloos ging ik aan de overkant van de staat lopen: daar was het niet zo druk en daar kon ik veel sneller over de kruising. Toen ik dat gedaan had ging ik weer terug naar de kant waar ik oorspronkelijk liep en bleek dat ik inderdaad de drukte handig had omzeild. Het ging allemaal terloops en ik realiseerde me ineens dat ik, terwijl ik peinsde over het rekenmachine-zijn, me precies als zo'n rekenmachine gedragen had. Het kost wat om drie keer over te steken in plaats van één keer: het is wat verder lopen. Maar het zou me vermoedelijk ook wat opleveren: minder lang wachten voor het rode licht. Na wat onbewust rekenwerk besloot ik de omweg te nemen. Dat is winstmaximalisatie; precies zoals die economen het bedoeld hebben.

Bovendien deden de mensen die gewoon in de drukte voor het stoplicht bleven wachten óók aan winstmaximalisatie. Alleen vonden zij dat oversteken te veel gedoe en was het voor hen optimaal om aan dezelfde kant van de straat te blijven. Dat wij, volgens economen, allemaal iets maximaliseren betekent nog niet dat we allemaal hetzelfde doen.

Veel van de beslissingen die ik neem zijn te beschouwen als het gevolg van zo'n rationele optelsom. Doe ik één keer boodschappen voor de hele week; of doe ik de boodschappen iedere dag? De beslissing die ik neem is het resultaat van een afweging tussen het goede en het minder goede. Ga ik leren schaatsen als de kans op natuurijs eigenlijk niet zo groot is? Schaatsen op natuurijs lijkt me leuk, maar het leren ervan is een boel gedoe. Een onbewuste optelsom van het leuke versus het niet-leuke zal de doorslag geven.

Nu is het niet zo dat ik steeds als een hyperzakelijke robot rekensommetjes zit te maken. Maar het is wel zo dat je een deel van mijn beslissingen kunt verklaren door ze te beschouwen als het resultaat van zo'n rekensommetje. Een meteoroloog die het weer voorspelt gebruikt wiskunde. Maar het is niet zo dat luchtstromen zelf ook al die wiskunde doen. Luchtstromen beheersen geen wiskunde. Desalniettemin kun je wel wiskunde gebruiken om die luchtstromen wat beter te begrijpen. En zo doen economen dat ook met ons. Ze proberen ons te begrijpen door te doen alsof we maximaliserende machientjes zijn. Zoals bedrijven zoveel mogelijk winst proberen te maken, proberen mensen ook iets te maximaliseren. Een soort van 'gelukspunten': punten voor het goede minus strafpunten voor het slechte.

Toch gaat dat voor bedrijven meer op dan voor individuele mensen. Bedrijven zijn rationeler en consequenter dan individuen. Daar hebben ze ook meer mogelijkheden toe, met hun planningsafdelingen, managementinformatiesystemen en spreadsheets. Dat heeft een individu allemaal niet. Een individu rommelt maar een beetje aan en is hoogstens ruwweg en met een flinke korrel zout te beschouwen als een rationeel, gelukspunten-maximaliserend wezen.

Talloze experimenten laten zien dat mensen vaak irrationeel zijn en vreemde beslissingen nemen die niet passen bij het beeld van een homo economicus. Wanneer iemand maximaal tien euro overheeft voor een pen – geen cent meer – en hij koopt die pen voor dat bedrag, dan zou je verwachten dat die persoon de pen zou willen verkopen voor elf euro. Maar dat is niet zo. Heb je iets, dan wordt het plots meer waard dan toen je het nog niet had. Heel irrationeel. Nog vreemder wordt 't wanneer je iemand vraagt om een willekeurig cijfer tussen de nul en de honderd op te schrijven en hem daarna vraagt wat-ie overheeft voor een pen. Hoe hoger het cijfer dat-ie opschreef, des te meer hij wil betalen. Tijd is ook iets waar mensen maar moeilijk rationeel mee overweg kunnen. De meeste mensen willen op een plezierige manier met pensioen en later niet in een caravan hoeven wonen. Maar sparen voor de toekomst doen de meesten niet gemakkelijk. Terwijl iedereen met een beetje verstand toch weet dat de toekomst ooit zal komen.

Dat geeft te denken. Als relatief irrationeel individu word ik omringd door rationele bedrijven, die bovendien zoveel mogelijk willen verdienen. Aan mij. Dat kan niet goed voor me zijn. Mijn relatie tot bedrijven lijkt op de relatie die ik met schaakcomputers heb. Ik kan heus een beetje schaken en ik ben echt wel een beetje rationeel. Maar iedere hyperrationele schaakcomputer speelt me met gemak van het bord. Bedrijven zijn waarschijnlijk veel beter in het verkrijgen van wat zij willen, winst, dan dat ik ben in het verkrijgen van wat ik wil, gelukspunten.

Sinds ik dit zo besef loop ik toch heel anders door een winkelcentrum. Waar ik voorheen vooral een gebouw vol lelijke winkels zag, waar je helaas af en toe naartoe moet, zie ik nu een verzameling rationele instituties die slinks gebruikmaken van mijn irrationaliteit om zoveel mogelijk te krijgen van wat zij graag willen.

9 Hebben economen een mening?

Het beeld dat mensen wezens zijn die zoveel mogelijk gelukspunten nastreven is eenvoudig en overzichtelijk. Wat doe ik als mens? Zoveel mogelijk van het plezierige, tegenover zo min mogelijk van het onplezierige. En met plezierig bedoel ik dan niet per se iets plats zoals lekker eten en naar de film gaan, maar alles wat ik waardevol acht.

Je kunt je afvragen wat je moet vinden van dat beeld. Is het goed of is het verkeerd om zoveel mogelijk van die gelukspunten te verzamelen? Maar met dergelijke vragen zijn economen niet zo bezig. Die beschouwen de mens gewoon als zo'n gelukspunten-maximaliserend wezen, en of dat nou goed is of niet laten ze liever in het midden. Voor economen is de wereld waarin mensen slechts naar popmuziek luisteren omdat ze dat nu eenmaal willen, even mooi of lelijk als een wereld waarin ook nog klassieke muziek bestaat. Hoe een mooie of goede wereld eruitziet is geen onderwerp voor hen.

Eerlijk gezegd vind ik daar wel wat voor te zeggen. Sterker nog: voor mij persoonlijk zijn die gelukspunten een mooie leidraad voor een goed leven. Ik heb geen beeld van hoe een goed leven eruit zou moeten zien. Maar ik weet wel, of beter gezegd 'ik vind', dat je je zou mogen laten leiden door die gelukspunten. In die zin pas ik wel bij economen, of passen zij bij mij.

Hoe je je precies door die gelukspunten zou moeten laten leiden wil ik in het midden laten. Je zou kunnen gaan voor het maximale aantal punten op ieder moment. Dat is een leven van dag tot dag. Of voor het maximale totaal gedurende het gehele leven. Of voor zo min mogelijk strafpunten – punten voor ellendige zaken. Of voor zoveel mogelijk punten voor zoveel mogelijk mensen. Maar in ieder geval vind ik het idee zo gek nog niet om: (1) mensen te beschouwen als verzamelaars van gelukspunten; en

(II) die gelukspunten te zien als een handzame leidraad voor een goed leven.

Hoewel economen zeggen dat ze geen beeld hebben van hoe mensen zich zouden moeten gedragen en slechts uitgaan van wat mensen werkelijk doen, is het de vraag of dat wel klopt. Neem die autoreparatie die ik liet doen. Ik was zo stom om tweeduizend euro aan mijn auto uit te geven terwijl die hele auto me niet meer dan duizend euro waard was. Dat deed ik door een regelrechte denkfout: het feit dat ik al vijfhonderd euro aan een eerdere reparatie uitgegeven had vertroebelde mijn beslissingsvermogen. Volgens economen was ik niet zo slim. Maar wat willen economen nou? Willen ze beschrijven hoe mensen zich werkelijk gedragen – en dat is blijkbaar nogal dom. Of willen ze inzichten aandragen zodat mensen er slimmer op worden? Ik denk toch ook het laatste.

Sowieso is er één mening, of waardeoordeel, die veel economen delen. In ieder geval de meeste economen die ik tegengekomen ben. En dat is de mening dat de keus die iemand maakt ook de juiste keus is. 'Als iemand voor A kiest in plaats van voor B, dan is A volgens die persoon dus te verkiezen boven B. Dat is zo klaar als een klontje. Je kunt toch niet kiezen voor iets wat je niet verkiest? En dus is A ook de betere keus.'

Klinkt redelijk: wie anders dan u zelf kan het beste voor u kiezen? Maar het is en blijft een waardeoordeel. Een dierenarts of bioloog die het gedrag van mijn varkens bestudeert zal niet een dergelijk oordeel over de keuzes van mijn varkens vellen. Zo iemand beperkt zich tot puur zakelijke uitspraken over mijn varkens en vindt daar verder niks van.

Waarom hebben economen het verkapte waardeoordeel dat iemand het beste voor zichzelf kan kiezen? Ik denk dat het is omdat economen zich met mensen bezighouden en niet met dieren, stenen of planeten. En van wetenschappers die zich met mensen bezighouden verwachten we vaak juist een waardeoordeel. Een psychiater zegt niet: 'Die meneer bonkt met zijn hoofd tegen de muur. Bijzonder interessant. Ik onderzoek hoe het kan dat die man dat doet.' Een psychiater zal wat van de situatie vinden en er wat aan proberen te doen. En een dokter heeft ook een mening over wat goed is voor mensen en wat niet – ondanks zijn wetenschappelijkheid.

Uiteindelijk verwachten we van wetenschappers die zich met mensen bezighouden dat ze een mening hebben over die mensen. En de 'kleinste' mening die economen kunnen hebben, of meest onschuldige mening, de mening die het minst een mening is, is de mening dat mensen zelf het beste kunnen kiezen. Dat klinkt niet als bijzonder onredelijk maar het is wel een mening, en bovendien is het een mening waarvan ik me afvraag of-ie wel altijd klopt. Het lijkt een onschuldige mening – of waardeoordeel, uitgangspunt – maar het is er wel een met gevolgen. Gevolgen bijvoorbeeld voor hoe economen aankijken tegen subsidies.

'Huursubsidie leidt tot welvaartsverlies.' Een zinnetje dat je in talloze economieboeken kan tegenkomen. Het is zelfs examenstof op de middelbare school. Het is wel een confronterend zinnetje. Los van de precieze betekenis van dat begrip 'welvaartsverlies' betekent het sowieso dat er iets mis is met huursubsidie. Of in ieder geval kleven er nadelen aan. Hoe dat komt kan iedere econoom je uitleggen. Hij of zij zal twee grafieken tekenen die voor vraag en aanbod staan: een dalende en een stijgende grafiek. Dan trekt-ie nog wat lijnen en uiteindelijk arceert hij een klein driehoekje. De grootte van het driehoekje staat voor de verliezen die het gevolg zijn van de subsidie. Het komt allemaal zeer overtuigend over.

Maar je kunt ook met woorden uitleggen wat de nadelen van huursubsidie zijn. Het idee is dat mensen die eigenlijk niet willen of kunnen huren via zo'n subsidie over de streep getrokken worden om dat toch te doen. Zo'n subsidie levert die mensen wel wat op, maar minder dan dat die subsidie kost – het moet immers toch betaald worden. En dus is er sprake van verlies. Als je diezelfde mensen geld geeft in plaats van huursubsidie, dan is dit verlies er niet. Van geld kun je namelijk zelf bepalen hoe je het uitgeeft. Dan is er geen dwang om het te besteden aan huur.

Hetzelfde verhaal gaat op voor boekenbonnen. Een boekenbon van twintig euro kost precies twintig euro, maar levert de ontvanger van die bon eigenlijk minder dan twintig euro op. Misschien wil-ie eigenlijk geen boek, maar liever iets anders. Helaas gaat dat niet. Zo'n bon beperkt de vrijheid van degene die de bon krijgt en daarom is-ie eigenlijk minder waard dan wat ervoor betaald is. En dus is er sprake van verlies.

Toch geef ik graag boekenbonnen. Juist als ik weet dat degene voor wie ik een cadeau wil kopen het nooit aan een boek zou besteden. Via zo'n boekenbon probeer ik de keus van die persoon te beïnvloeden. Omdat ik denk dat het goed is om af en toe een boek te lezen. Ook wanneer je daar zelf in eerste instantie niet voor zou kiezen.

Geldt hetzelfde niet voor huursubsidie? Geloof ik iemand die zegt: 'Ik koop liever bier en bioscoopkaartjes van mijn geld dan dat ik een huis koop of huur. Laat me maar lekker op straat leven.' Is zo iemand echt beter af wanneer hij of zij keuzevrijheid heeft? Ik weet het nog niet.

Maar ik weet wel dat de zogenaamde verliezen die gepaard gaan met huursubsidie en boekenbonnen het gevolg zijn van de overtuiging dat iedereen altijd beter af is wanneer hij of zij zelf mag kiezen. Wanneer een econoom zegt: 'Subsidies zijn een slecht idee, kijk maar naar mijn wiskunde en grafiekjes', dan houdt zo'n econoom je voor de gek. Het echte verhaal is: 'Ik *vind* subsidies een slecht idee omdat je subsidies niet kunt besteden zoals je wilt en ik de *mening* heb dat mensen altijd beter af zijn met keuzevrijheid.' Of als compromis: 'Als het uitgangspunt is dat mensen altijd zelf het beste kunnen kiezen, dan kan ik met wiskunde en grafieken laten zien dat er nadelen kleven aan subsidies.'

Diep verborgen in het vakgebied van de economie liggen verschillende uitgangspunten die feitelijk een waardeoordeel zijn. In ieder geval het uitgangspunt dat iedereen altijd het beste voor zichzelf kan kiezen. Maar ik ken er minstens nog een: het idee dat verspilling slecht is. Een niet echt controversieel idee, maar toch, het is een waardeoordeel. Economen hebben heus wel een mening of een waardeoordeel, al denken ze zelf vaak van niet.

10 Wat is een markt en moet-ie vrij zijn?

Volgens de beginselverklaring van de VVD, uit 2008, 'is een vrije markt een voorwaarde voor een optimaal welvaartsniveau'. De SP, daarentegen, schrijft in het verkiezingsprogramma van 2012 dat 'politici zich lieten leiden door de luie gedachte dat de vrije markt alles beter kan'. En vraagt retorisch: 'Gelooft u dat de vrije markt alle problemen op zal lossen?'

Andere politieke partijen zijn wat minder uitgesproken: 'Wij streven naar een inperking van de markt,' aldus het beginselmanifest van de PvdA uit 2005. En in het meest recente verkiezingsprogramma van het CDA staat iets vergelijkbaars: 'De overheid moet ordenend optreden waar markten falen.'

Wat moet ik met deze tegenstrijdige uitgangspunten over die zogenaamde vrije markt? En wat is de status van zulke uitspraken? Is het idee dat markten vrij moeten zijn een persoonlijke voorkeur? Een kwestie van smaak, zoals er mensen zijn die wel en die niet van melk houden. Of gaat het om een goed gefundeerde mening? Iets wat weliswaar niet helemaal zeker is, maar waar wel een goed verhaal achter schuilgaat. Zoals bijvoorbeeld de uitspraak 'melk is gezond' dat is. Dat is heus wel waar, maar er is ook van alles tegen in te brengen. Of is het idee dat markten vrij moeten zijn een onomstotelijk feit? Een waarheid die door twijfelaars simpelweg niet goed begrepen wordt. Of zijn er, ten slotte, belangen in het spel? Hebben de mensen die zeggen 'markten moeten vrij zijn' feitelijk een belang bij vrije markten en schrijven ze er daarom positief over in hun partijprogramma's?

Ik had geen flauw benul. Sterker nog: ik wist eigenlijk niet eens precies wat een vrije markt is – wanneer is-ie onvrij dan? *Waarom* is het goed dat markten vrij zijn? Maar eigenlijk was het nog ernstiger: ik wist niet eens precies wat een markt is. Ik kende de markt van de kramen: de markt waar kaas, vis en groenten verkocht worden.

Wat is een markt?

Gelukkig is de 'markt' niet een heel ingewikkeld ding en blijkt de vergelijking met de kraampjesmarkt wel illustratief: een markt is daar waar dingen gekocht en verkocht worden. Dat kan een fysieke plek zijn, zoals de markt met kramen of een reguliere winkel, maar virtueel kan ook. De graanmarkt, om maar een voorbeeld te noemen, is geen grote hal vol graan maar een verzameling websites en programma's om elektronisch graan te kopen en te verkopen. Bovendien is 'de markt' ook nog een abstract begrip. Het staat voor alle handel in een zekere sector. Als bijvoorbeeld de graanmarkt niet lekker draait dan betekent dat simpelweg dat er in de graansector weinig verhandeld wordt.

Eigenlijk is een markt een oplossing voor een probleem. Het probleem van het handig verdelen van zaken. Als ik trek heb in melk – om dat maar weer als voorbeeld te gebruiken – heb ik een probleem(pje). Ik heb namelijk geen koe. Iemands anders, die wel koeien heeft, heeft weer een ander probleem. Die heeft te veel melk. Deze twee problemen worden gezamenlijk opgelost op de markt, waar kopers en verkopers samenkomen.

Er zijn ook wel andere oplossingen voor het 'melkprobleem'. Iedereen zou wekelijks een krat melk opgestuurd kunnen krijgen in de veronderstelling dat dat wel voldoende is. Wie dat zou moeten doen laat ik even in het midden. Deze oplossing heeft als nadeel dat er vermoedelijk toch nog mensen zijn die te weinig melk hebben, en anderen juist te veel. Nog een nadeel van deze oplossing is dat het lastig is om de hoeveelheid melk die wordt geproduceerd aan te passen. Iedereen een krat melk per week lijkt me ruim voldoende, maar hoe kom je daarachter? Een jaarlijkse enquête is een boel gedoe. Ook dit probleem wordt opgelost door de markt. Als er op de markt – in de letterlijke supermarkt – melk overblijft, dan koopt de supermarktmanager in het vervolg wat minder melk in en als de melkcoöperatie daarop met melk blijft zitten dan doet die hetzelfde; en als uiteindelijk boeren hun melk aan de straatstenen niet kwijtraken dan gaan ze iets anders doen. Dat is het idee.

Wat is een vrije markt?

Een vrije markt is een markt waar alles verhandeld mag worden, wat je maar wilt, en tegen iedere denkbare prijs. Marktplaats.nl is een soort van vrije markt: iedereen kan er van alles proberen te verkopen en tegen elke prijs. Tijdens het schrijven van deze tekst staat er een diamant te koop van bijna zeven ton, maar ook zes afbakbroodjes en een gratis stacaravan. Hoe zo'n vrije markt als Marktplaats.nl helpt om spullen optimaal te verdelen heb ik zelf gemerkt. Pal na kerst.

Afgelopen jaar kreeg ik met kerst een stel champagneglazen, terwijl ik kaartjes voor een voetbalwedstrijd had gevraagd. Ik had geen enkele behoefte aan champagneglazen en Marktplaats bracht uitkomst: ik kon er mijn champagneglazen slijten en het geld dat ik ervoor kreeg heb ik gebruikt voor voetbalkaartjes. Ook via Marktplaats. Ik kon geen heel, maar slechts een half voetbalkaartje kopen van de opbrengst van mijn zes kristallen champagneglazen maar ik vond het een goede deal. Dankzij de vrije markt was de wereld er een beetje beter op geworden. In objectieve zin. Iedereen zal het ermee eens zijn dat een wereld waarin mensen die voetbalkaartjes willen voetbalkaartjes hebben en de mensen die champagneglazen willen champagneglazen hebben, een betere wereld is dan die waarin voetbalsupporters opgezadeld zitten met champagneglazen en andersom.

Wat is er goed aan die vrije markt?

Wanneer ik mijn champagneglazen – waar ik geen behoefte aan heb – via Marktplaats.nl kan verkopen aan iemand die er wel behoefte aan heeft, en het aldus kan omzetten in een voetbalkaartje, dan wordt de wereld er beter op. Dat is helder. Maar het is niet zo dat die champagneglazen mij helemaal niets waard zijn. Zes champagneglazen voor een half voetbalkaartje vind ik mooi, maar als ik slechts een tiende voetbalkaartje voor die champagneglazen had kunnen krijgen, dan had ik die champagneglazen liever gehouden.

De wereld wordt er door die ruil beter op, niet omdat champagneglazen mij helemaal niks waard zijn, maar omdat een voetbalkaartje mij méér waard is dan een setje champagneglazen. Dat is een belangrijke nuance, met een logisch gevolg. Namelijk dat de wereld er nóg beter op wordt wanneer het voetbalkaartje gaat naar de persoon voor wie dat kaartje nóg meer waard is. Logisch toch? De wereld wordt er beter op naarmate spullen gaan naar de mensen die die spullen het meest waarderen, en de wereld wordt het beste wanneer die spullen uiteindelijk belanden bij hen die die spullen het allerhoogst waarderen.

Alleen, hoe kun je je waardering voor zo'n voetbalkaartje laten zien? De uitspraak 'Ik wil toch wel heel erg graag uw voetbalkaartje hebben' is een beetje makkelijk en vrijblijvend. De meest handige en objectieve methode om je waardering voor zo'n kaartje te laten blijken is via de prijs die je bereid bent ervoor te betalen. Ergo: de wereld wordt er het beste op wanneer het voetbalkaartje belandt bij de persoon die er het meest voor wil betalen. En daar zorgt Marktplaats.nl precies voor. De vrije markt zorgt voor een goede wereld, want een vrije markt zorgt ervoor dat spullen uiteindelijk belanden bij de mensen die ze het meest waarderen en dat laten blijken door er de hoogste prijs voor te betalen. Hoera voor de vrije markt. Ik begin te begrijpen dat sommigen er enthousiast over zijn.

Drie problemen in één keer opgelost

Nu is de werkelijkheid een tikkeltje ingewikkelder dan Marktplaats.nl. Marktplaats wordt hoofdzakelijk gebruikt voor het verhandelen van tweedehands producten, terwijl er in de werkelijkheid vooral nieuwe dingen worden gekocht en verkocht. En naast het handig verdelen van bestaande producten, wil je dat er nog twee problemen worden opgelost. Eén: dat de juiste spullen worden geproduceerd. Niet slechts óf melk óf tafels, maar een mooie mix en bovendien van alles niet te veel en niet te weinig. En twee: zaken dienen handig te worden geproduceerd. Liever dat een tafelbouwer tafels bouwt dan dat-ie koeien melkt en andersom. Een boer zal vermoedelijk slechte tafels bouwen, veel te veel hout gebruiken, onveilig werken enzovoort. Dat is onhandig. Ook deze problemen lost zo'n vrije markt op. Naar het schijnt. En het idee is best simpel. Marktplaats.nl is niet zo'n handig voorbeeld nu, maar een winkelstraat in Amsterdam waar ik regelmatig doorheen fiets is dat wel.

In die winkelstraat was één koffietentje. Dat koffietentje was er al jaren, maar om de een of andere reden werd 't er steeds drukker en regelmatig stond er een lange rij tot op straat. Dat viel nogal op en een aantal andere ondernemers zag een kans en begon ook zo'n koffietentje. Je hebt weinig nodig voor zo'n zaak en bijna iedereen kan er een beginnen. Na een halfjaar stonden er drie koffietentjes bij elkaar in een rij, en was er ook nog een om de hoek. En nu zijn er in een straal van honderd meter al zeven koffietentjes. Bovendien is de koffie er goedkoper op geworden. De nieuwe koffietenten hebben klanten getrokken via een lagere prijs en de eerste koffietent kon niet achterblijven. Er is wel al één koffiezaak gestopt en ik verwacht dat er binnenkort nog wel een paar gaan verdwijnen.

'Het leek me wel leuk om zo'n koffiecorner te runnen,' aldus de oud-eigenaar van de gestopte zaak. 'Ik hou van koffie, ik kon het pand goedkoop huren en ik had niets anders te doen. Maar uiteindelijk was het allemaal een stuk minder leuk dan ik dacht. Het onderhandelen met leveranciers is niet echt aan mij besteed, en het is best een boel gedoe om goede koffie te zetten. Het is vooral lastig om het snel genoeg te doen wanneer het druk is. Mijn buren kregen dat op de een of andere manier beter voor elkaar dan ik. Toen de prijzen ook nog eens gingen zakken kon ik geen winst meer maken met de zaak en ben ik ermee gestopt. Ik doe nu weer wat ik eerder al deed. Ik ben IT-consultant.'

Weer twee problemen opgelost door de vrije markt. Eén: er was duidelijk behoefte aan meer koffie en die is er gekomen. En twee: die koffie wordt door de juiste partijen gemaakt. De gestopte koffieondernemer was niet echt goed in zijn werk en waarschijnlijk zijn die anderen beter.

Het gaat allemaal vanzelf

Uiteindelijk lost die vrije markt drie problemen in één klap op: er wordt een mooie mix van dingen gemaakt; op een efficiënte manier; en die dingen worden ook nog eens handig verdeeld. En dat allemaal zonder dat iemand bewust een oplossing bedenkt voor deze problemen. Laat mensen gewoon lekker kopen waar ze zin in hebben, en voor het bedrag dat ze oké vinden en als vanzelf worden de problemen opgelost.

Best opvallend eigenlijk. De meeste problemen worden opgelost door ze bewust en expliciet op te lossen. Een school heeft een roostermaker – om maar een voorbeeld te noemen – en niet voor niks. De roostermaker denkt na over het probleem van het handig verdelen van leerlingen en leraren over klaslokalen en komt na wat puzzelen met een oplossing. Stel je voor dat een school het principe hanteert dat leerlingen en leraren op school mogen komen wanneer ze willen en naar het lokaal van hun voorkeur kunnen gaan. Dat zou niet werken. Maar met het produceren van dingen en het verdelen van die dingen over de samenleving werkt het blijkbaar wel. Ik vond dat vreemd en opvallend. Toch begon ik het te begrijpen. Nadat ik een biologische kip in de supermarkt had gekocht.

Ik wilde eigenlijk slechts twee kippendijen kopen omdat ik dat de lekkerste delen van kip vind, maar de supermarkt had alleen nog hele kippen. In de aanbieding nota bene: slechts zeven euro voor een hele, biologische kip. Het leek me wel een mooi plan om een hele kip te kopen. Dan kon ik de dijen gebruiken voor die avond. De filets kon ik invriezen, en van het karkas zou ik een bouillon trekken. Het leek me ook eigenlijk beter. Kip groeit alleen als hele kip en voor ieder stel kippendijen is er sowieso een heel karkas, twee klauwen, een kippenkop en kippeningewanden. Als ik slechts kippendijen koop, bedacht ik, dan zadel ik iemand anders op met het karkas. Misschien moest ik in het vervolg alleen nog maar hele kippen kopen. Dan draag ik bij aan het netjes verdelen van de onderdelen van een kip en zijn we allemaal beter af. Zo veronderstelde ik.

Een veronderstelling waar ik aan begon te twijfelen toen ik in het weekend stond te roeren in een grote pan bouillon. Vanuit een soort verantwoordelijkheidsgevoel had ik bewust geprobeerd een probleem op te lossen; het probleem van het distribueren van kippenonderdelen. En als gevolg van die poging stond ik kippenbouillon te trekken. Op zondagmiddag nota bene. Terwijl ik die middag eigenlijk iets anders had willen doen en bovendien had ik heus wel iets betaald voor dat karkas. Misschien was het uiteindelijk toch beter geweest als ik slechts die dijen had gekocht, en iemand anders – een kippenbouillonfabriek of zo – het karkas.

En precies deze suggestie is de kern van het 'vrijemarkt-idee': zaken – spullen, eten, diensten – worden optimaal geproduceerd en verdeeld over de samenleving wanneer mensen doen wat hun zelf goeddunkt en vooral niet bezig zijn met wat gunstig is voor die hele samenleving. Wil je een optimale verdeling van kippenonderdelen over de wereld, dan kun je, aldus het 'vrijemarkt-idee', het beste de kippenonderdelen kopen die je wilt voor de prijs die je ervoor overhebt, in plaats van je bezighouden met de optimale verdeling van kippenonderdelen.

Het is vrij tegenintuïtief dat de vrije markt min of meer 'vanzelf' het probleem oplost van het handig maken en verdelen van spullen en zaken over de samenleving. Maar het is eigenlijk nog vreemder: dat probleem wordt opgelost door op individueel niveau dat probleem juist níét op te lossen. Heel opvallend.

Ik hou er niet zo van om te verwijzen naar externe bronnen die u vermoedelijk toch niet gaat napluizen. Maar er is toch één econoom die ik wel met naam en toenaam wil noemen: Adam Smith. Hij is zo ongeveer wat Charles Darwin is voor de biologie, en Isaac Newton en Albert Einstein zijn voor de natuurkunde. Adam Smith schrijft in 1776 (boek IV, hoofdstuk 2):

> Door eigenbelang na te streven bevorder je regelmatig het belang van de samenleving effectiever dan door doelbewust dat laatste na te streven [eigen vertaling].

Er zijn er die dit zinnetje vertalen als 'hebzucht is goed': 'Hoe meer ik mijn eigen belangen najaag, des te beter de wereld erop wordt.' Maar let op het woordje 'regelmatig' in het citaat van Smith. Er staat niet dat het altijd noodzakelijk is om eigenbelang na te streven. Er staat slechts dat het *regelmatig* zo is dat het nastreven van eigenbelang goed is voor ons allemaal. Maar blijkbaar soms ook niet. Bovendien impliceert het ook geen uitnodiging om iets te doen waarvan je weet of denkt te weten dat het slecht is voor de samenleving.

Het is hetzelfde als met laat invoegen. Er zijn automobilisten die heel lang op de linkerbaan van de snelweg blijven rijden, terwijl allang duidelijk is dat ze naar rechts moeten invoegen omdat de snelweg een baan smaller wordt. Ik heb een hekel aan dergelijke automobilisten. Ze dringen in mijn optiek voor en ik vind ze asociaal. Toch zorgen ze wel voor een goede doorstroming. Hoe meer de rijbanen benut worden, hoe meer auto's er op de weg passen, en hoe sneller of makkelijker je door kunt rijden. Asociaal gedrag kan dus uiteindelijk, via een omweg, wel degelijk sociaal blijken te zijn.

En precies dat ervaarde ik toen ik in die pan soep stond te roeren. Was de wereld niet beter af geweest als ik simpelweg aan mezelf had gedacht in plaats van te proberen een steentje bij te dragen aan de oplossing van het wereldwijde kippenverdeelprobleem?

Bezwaren

Het stikt van de voorbeelden die de werking van de vrije markt illustreren. Vliegen vind ik een mooi voorbeeld. Dat gebeurt superveilig, stipt, relatief goedkoop, in nette vliegtuigen en met prima service. Dankzij marktwerking. Niemand heeft een grootscheeps vliegverbeterplan uitgedacht en toch is het vliegen er in de loop van de tijd goedkoper en beter op geworden. Toch geloof ik niet dat de kritiek uit het partijprogramma van de SP uit de lucht komt vallen. Er zullen heus bezwaren aan die vrije markt kleven.

Eén bezwaar zie ik direct. Het betreft het idee dat de vrije markt garandeert dat dingen efficiënt, lees 'handig', geproduceerd worden: het koffietentje dat minder goed gerund werd verdween ten gunste van de betere koffietentjes. Als zo'n beter koffietentje beter is omdat men er met minder koffiebonen even lekkere koffie kan zetten, of in een handiger volgorde de bestelling opneemt, koffiezet, en afrekent, dan is er niks aan de hand en werkt die vrije markt prima. Het betere koffietentje wint. Maar wat nou als dat overblijvende koffietentje personeel afknijpt en slecht betaalt? Dan wordt het allemaal wat minder duidelijk. Als er in het winnende koffietentje slechts heel jonge mensen werken die er een soort van stage lopen en nauwelijks wat verdienen, dan weet ik nog niet zo zeker of de wereld er beter op wordt wanneer dát koffietentje overblijft in plaats van een ander koffietentje.

Toch, als ik er nog wat langer over nadenk, dan vervalt dit bezwaar. Want waarom zou dat slechtbetaalde personeel blijven werken in dat ene koffietentje als er ook nog andere koffietentjes zijn die beter betalen? Het idee van zo'n vrije markt is dat iedereen vrij is. Ook het personeel. Niemand wordt gedwongen om voor een overdreven laag bedrag te werken. En als iemand toch bereid is ergens voor een appel en ei te werken, dan zal het er wel heel leuk werken zijn of zo.

Maar ik kan nog een bezwaar bedenken, en dat bezwaar houdt volgens mij wél stand. Het betreft het uitgangspunt dat de vrije markt ervoor zorgt dat zaken belanden bij de mensen die die zaken het hoogst waarderen en dat laten blijken door de prijs die ze bereid zijn te betalen.

Stelt u zich voor dat u een voetbalkaartje overheeft en dat wilt verkopen, aan wie verkoopt u dat dan het liefst? Aan een echte fan die maanden moet sparen voor zo'n kaartje en net twintig euro bijeen heeft geschraapt; of aan een rijkaard die het wel leuk vindt om eens naar een voetbalwedstrijd te gaan en met gemak dertig euro voor uw voetbalkaartje betaalt? Welke wereld is beter: wereld één waarin u twintig euro heeft, de niet-zo-rijke fan naar de wedstrijd gaat, en de rijkaard iets anders moet doen op zondagmiddag; of wereld twee waarin u dertig euro heeft, de fan naar de tv moet kijken, en de rijkaard in het voetbalstadion zit? Zegt u het maar. Ik zou liever mijn kaartje aan de fan verkopen. Dat is mijn mening. Maar in ieder geval is niet evident dat wereld twee de betere wereld is, maar dat is wél de wereld van de vrije markt.

Blijkbaar is een vrije markt niet altijd en niet voor iedereen de ideale oplossing. Precies daarom zeggen het CDA en de PvdA dat sommige markten minder vrij moeten zijn. Zoals bijvoorbeeld de boekenmarkt. Een boek kost in alle boekhandels evenveel en boekhandels concurreren niet met elkaar op prijs. Dat is bij wet zo geregeld. Het idee is het volgende: als boeken verkocht zouden worden via een vrije markt, dan zou de prijs vermoedelijk dalen. De slecht verkopende schrijvers zouden dan zo weinig gaan verdienen dat ze ander werk moeten gaan zoeken en het boekenaanbod zal verschralen. Omdat 'men' dat niet wil, is vastgesteld dat boeken voor een vaste prijs moeten worden verkocht. Die 'men', overigens, dat zijn u en ik. We willen blijkbaar wel een breed aanbod van boeken, maar we willen er niet echt voor betalen. Dat is best vreemd. Ik vraag me dan direct af of we dat brede aanbod aan boeken echt wel willen. En waarom is er dan wel een vaste boekenprijs, maar geen vaste dvd-prijs?

In de huurmarkt heb je een 'vrije sector' waar verhuurders een huurprijs mogen vragen zoals ze willen en een onvrije of sociale sector waar de verhuurder niet meer mag vragen dan een bepaald bedrag. Vangstquota zijn ook een vorm van onvrijheid. Ze beperken vissers in hun vrijheid om de zeeën leeg te vissen. Heel verstandig! Een andere onvrije markt is de kindermarkt. Die is verboden. Je mag kinderen niet kopen noch verkopen. Er is ook geen vrije markt in nieren of andere organen. Stuk voor stuk heel redelijke beperkingen van de vrijheid.

In een echte vrije markt bestaan er privéklinieken waar artsen en chirurgen hun diensten aanbieden aan zieke klanten. Degenen die hun gezondheid hoger waarderen, lees 'bereid zijn meer te betalen', krijgen gezondheidszorg ten koste van de mensen die minder kunnen of willen betalen voor hun gezondheid. In diezelfde vrije markt zijn de beste leraren commerciële ondernemers die slechts kinderen in de klas hebben van ouders die extra voor onderwijs kunnen betalen en onderwijs dus meer op prijs lijken te stellen.

En zitten er oliesjeiks in voetbalstadions. Alleen als u dat een goed idee vindt is die vrije markt een ideale oplossing. Ik zie het liever anders, maar dat is een waardeoordeel. Míjn waardeoordeel. Maar het is wel zo eerlijk om te weten dat dit oordeel voorafgaat aan de oplossing van de vrije markt.

Feitelijk heeft het te maken met de eerste vraag van dit boek: waarom cola duurder is dan melk. De prijs die je ergens voor wilt betalen is een uitdrukking van de waardering die je ervoor hebt. Dat is een handige en objectieve maat. Maar het klopt niet altijd helemaal. Rijke mensen kunnen relatief veel betalen voor zaken die ze eigenlijk helemaal niet zo hoog waarderen. Hier houdt dat hele vrijemarkt-idee geen rekening mee.

Vindt u dat zaken altijd het beste kunnen belanden bij hen die hun waardering laten blijken door bereid te zijn een hoog bedrag te betalen, of vindt u dat soms een andere verdeelsleutel beter is? Slechts in het eerste geval is de vrije markt de goede oplossing. Dus toch weer een moreel oordeel dat voorafgaat aan een economische overweging. Het is lastig om waardevrij aan economie te doen en het is helder hoe het kan dat politieke partijen verschillend over die vrije markt denken.

11 Maar de werking van de vrije markt is bewezen!

Ik geloof dat ik het hele idee van die vrije markt begin te begrijpen maar ik blijf het opvallend vinden dat we met z'n allen een probleem kunnen oplossen, zonder het expliciet op te lossen. En toch schijnt het zo te werken. Sterker nog: het werkt het allerbest. Er bestaat geen betere oplossing voor het produceren van zaken en het verdelen ervan dan de vrije markt. En als klap op de vuurpijl is het bewezen. Bewezen! Zoals de stelling van Pythagoras bewezen is. Als je aan de stelling van Pythagoras twijfelt, dan zit je echt fout. En zo is de werking van de vrije markt ook bewezen. Heel curieus. Bovendien is dat bewijs een van de grote mijlpalen in de geschiedenis van de economische wetenschap.

Maar wat is dan precies bewezen? En hoe is dat bewezen? Om met het laatste te beginnen: het betreft een wiskundig bewijs, zoals de stelling van Pythagoras ook wiskundig is. In de wiskunde kun je dingen bewijzen. In de echte wereld is dat een stuk lastiger. En de vraag rijst of een wiskundig bewijs wel zoveel vertelt over hoe de werkelijke wereld in elkaar zit, maar daarover later meer. Wat is dan bewezen? Dat áls mensen vrij kunnen handelen, spullen kunnen kopen en verkopen naar hun goeddunken, er een zeker moment komt waarop niet meer gehandeld zal worden. Op dat moment is er een soort van optimale situatie ontstaan waarin niemand nog tevredener kan worden door verder te handelen.

Ik vier jaarlijks met een stel vrienden sinterklaas. We trekken geen lootjes en maken geen surprises maar we kopen allemaal een stel cadeautjes en die cadeautjes verdelen we middels een dobbelspel. Als je een zes gooit mag je een cadeautje uitpakken; als je een één gooit moet je een cadeautje weggeven. Dat soort spelregels. Aan het eind van de avond heeft iedereen een stapel cadeautjes en daarna begint het grote ruilen. Playmobilpoppetjes worden uitgewisseld voor pennensets – het is een kunst om de meest onzinnige cadeautjes voor de sinterklaasavond te kopen. Maar op een gegeven moment stopt het ruilen. Allicht. Er wordt slechts geruild als beide partijen daar profijt van hebben, en op een zeker moment is het ruilen 'op'. Dan zijn er geen koppels meer waarvan beiden van een ruil profiteren. Dat is vrij logisch toch? Maar je kunt het ook bewijzen. En dan is 't het bewijs dat de vrije markt werkt. Nou zeg, als dit alles is?!

Bovendien is de situatie waar je uiteindelijk in belandt, nadat het ruilen gestopt is, niet zomaar een situatie, nee het is de *optimale* situatie. Aldus economen. Beter kan het niet! Maar ik ben dan wel benieuwd naar wat economen met 'optimaal' bedoelen. Ik heb weleens een sinterklaasavond gehad dat ik met lege handen bleef, terwijl een ander met een hele stapel cadeaus naar huis ging. Dat vond ik allesbehalve optimaal.

Wanneer je een uitspraak wilt doen over hoe goed een verdeling van sinterklaascadeautjes is – of de verdeling van spullen, diensten en andere zaken – dan heb je een of andere maat nodig. Een criterium dat zegt: die ene verdeling is beter dan die andere. Dat is lastig want dat riekt al snel naar subjectiviteit: sommige mensen zullen er de voorkeur aan geven dat iedereen ongeveer evenveel cadeautjes heeft, terwijl dat anderen om het even is.

Maar er zijn twee 'meningen' die je toch wel objectief zou mogen noemen. Meningen die de meeste weldenkende mensen vermoedelijk wel zullen delen. Eén: het is objectief goed wanneer iemand die graag Playmobilpoppetjes wil een Playmobilpoppetje krijgt, en iemand die graag pennensets wil een pennenset, in plaats van andersom. (Dit idee is overigens al voorbijgekomen met dat andere feest, kerst, en toen ging het om champagneglazen en voetbalkaartjes.) En twee: het is objectief niet goed wanneer Playmobilpoppetjes en pennensets ongebruikt in de prullenbak belanden. Of anders gezegd: het is objectief niet goed om zaken te verspillen.

Een vrije markt garandeert, theoretisch, dat een situatie zal ontstaan die 'objectief goed' is. Er ligt niks te verpieteren en de verdeling van zaken kan niet meer verbeterd worden middels ruilen. 'Objectief goed' klinkt supergoed: alsof het echt niet beter kan. Maar objectief goed is heel iets anders dan wat u en ik onder goed verstaan. Een objectief goede situatie kan heel gemakkelijk in onze ogen helemaal niet zo'n goede situatie zijn.

Als een econoom zegt: 'De vrije markt lost problemen vanzelf op en bovendien is de uiteindelijke oplossing optimaal', dan moet u goed weten dat-ie met 'optimaal' bedoelt dat er geen sprake is van verspilling en dat er geen evidente, objectieve winst gemaakt kan worden door te ruilen. 'Optimaal' betekent voor een econoom iets heel anders dan dat 't voor de meeste niet-economen betekent. Als één iemand aan het einde van een sinterklaasavond met alle cadeautjes naar huis gaat en de rest blijft met lege handen achter, dan is dat in de ogen van een econoom optimaal. Beter kan het niet. Want er worden geen cadeaus weggegooid en er is niemand die nog wil ruilen. Degenen met lege handen kunnen niet ruilen, en die ene mazzelaar wil het niet.

Het is op zich niet zo vreemd dat economen zo'n opvallend idee over 'optimaliteit' hanteren. Economen doen hun best om objectieve, niet-gekleurde uitspraken te doen. En daarvoor hebben ze een objectief criterium nodig dat zegt: deze verdeling van zaken is beter dan die andere. Alle meer alledaagse criteria zijn echter subjectief. De vraag is natuurlijk hoe *relevant* die objectieve uitspraken van economen dan zijn. Want wees eerlijk, als één iemand na zo'n pakjesavond álle cadeautjes heeft, dan zijn er wel interessantere opmerkingen te maken dan: 'Dit is een optimale verdeling van sinterklaascadeautjes.'

Kortom: het is inderdaad bewezen dat de vrije markt optimale oplossingen van problemen vindt. Maar dat heeft veel te maken met de niet-alledaagse en weinig praktische betekenis van het begrip 'optimaal' dat economen hanteren.

Bovendien gaat het bewijs slechts op als aan een trits van voorwaarden wordt voldaan. Onrealistische voorwaarden. Bijvoorbeeld de voorwaarde dat iedereen perfect weet wat hij gaat krijgen wanneer-ie iets koopt (of ruilt). De wereld wordt er beter op wanneer ik mijn champagneglazen ruil voor een half voetbalkaartje, maar alleen als ik het voetbalkaartje krijg dat ik verwachtte. Als ik een kaartje krijg waarvoor ik ook nog een clubcard nodig heb (die ik niet heb), dan is het kaartje mij geen zes champagneglazen waard. Het is nogal een aanname dat je weet wat je gaat krijgen. Als die aanname waar zou zijn dan zouden reclames niet bestaan. Bedrijven zouden geen behoefte voelen om consumenten 'in te lichten', die weten immers toch allang precies wat er te koop is. Maar weet u wat u precies koopt als u paracetamol aanschaft? Of een vier- in plaats van tweetactbenzinegrasmaaier? Ik weet het allemaal niet.

Nog zo'n onrealistische voorwaarde voor dat vrijemarktbewijs is dat er geen derde mag bestaan die de dupe is van een deal. Maar vaak zijn zulke derden er wel. Als ik een plastic tasje bij de kassa van mijn supermarkt koop bijvoorbeeld. Heel soms doe ik dat. Wanneer ik mijn boodschappentas vergeten ben. Kost me twintig cent, maar dat heb ik er echt wel voor over: het lukt me niet om met mijn boodschappen los in de hand naar huis te fietsen. Mijn supermarkt vindt het ook een prima deal. Het schijnt dat het nog geen zes cent kost om zo'n tasje te maken. Iedereen blij. Dankzij de vrije markt waarin alles tegen iedere prijs gekocht en verkocht mag worden.

Toch is de wereld niet beter af wanneer ik zo'n tasje koop. De schade die zo'n plastic tasje teweegbrengt wanneer het uiteindelijk, al dan niet in kleine stukjes, in zee belandt, wordt niet meegenomen in het verhaal. Zwemmers en vissen hebben er last van, het schijnt dat schildpadden regelmatig doodgaan van plastic tasjes in hun maag en bovendien vinden de meeste mensen het simpelweg lelijk wanneer er plastic in het water drijft. Dat zijn ook kosten. Het is niet eenvoudig om de hoogte van die kosten in te schatten maar het is zeker denkbaar dat ze per tasje hoger zijn dan veertien cent. In dat geval wordt de wereld er slechter in plaats van beter op, wanneer ik zo'n tasje koop. Dankzij de vrije markt.

Benzine is nog zo'n voorbeeld. Ik koop er ruim duizend liter per jaar van. Iedereen blij: ik blij omdat ik auto kan rijden en de benzineverkoper blij omdat-ie aan mij verdient. Maar buitenstaanders, die niets met mij noch de pomphouder te maken hebben, zijn niet zo blij: mijn benzine verbrandt tot CO_2, met allerlei ellendige gevolgen van dien. Ook voor hen. Er zijn mensen de dupe van mijn benzinetransactie zonder dat ze iets met die transactie te maken hebben gehad. Als zulke dingen bestaan, en dat is regelmatig het geval, dan gaat het vrijemarktbewijs niet op.

Ten slotte is het bewijs gefundeerd op het idee dat mensen en bedrijven rationeel zijn en handelen. Dat ze geen vreemde dingen doen die onhandig zijn voor henzelf. Dat dat beeld niet helemaal klopt is al eerder voorbijgekomen. In een vrije markt met irrationele warhoofden wordt van alles verspild en verspilling was 'objectief slecht'.

Neem de 'aanbieding van de week' die kassamedewerkers van benzinestations mij steevast proberen aan te smeren. Meestal een Mars, Twix of Bounty. Als ik zo'n Mars koop, dan is het echt niet omdat ik zin heb in chocolade maar dat was vergeten. Eerder omdat ik moeilijk 'nee' kan zeggen, of om wat voor onduidelijke reden dan ook. Hoe dan ook, die reden is niet bijzonder rationeel.

Markten zouden ervoor zorgen dat de juiste zaken worden gemaakt, op de juiste manier, en bovendien zorgen markten ervoor dat die zaken netjes worden verdeeld. Naar de mensen die die zaken het meest waarderen. Maar die kassa in het benzinestation suggereert dat helemaal niet de juiste zaken worden geproduceerd. Er worden veel te veel Marsen, Bounty's en Twixen gemaakt. Meer dan waar werkelijk behoefte aan is. En dat doet die vrije markt.

We willen de wereld op een beetje verstandige manier organiseren. Niet Marsen maken en die dan direct weer in de prullenbak gooien. Toch? Verspillen was objectief slecht. Maar dat is wel wat er feitelijk gebeurt. Voor al die Marsen die halfbewust en bijna onvrijwillig bij benzinestations worden verkocht zijn grondstoffen nodig en mankracht. Er werken vast een aantal marketingmensen bij Mars die gespecialiseerd zijn in verkoopacties bij de kassa. Dat is feitelijk allemaal verspilde moeite. De wereld was er mooier op geworden wanneer ze iets anders hadden gedaan. Er is nauwelijks verschil tussen een Mars maken en die direct weggooien, en een Mars maken en die op slinkse wijze slijten aan iemand die helemaal niet op een Mars zit te wachten.

Het is mooi, zo'n wiskundig bewijs dat markten fantastische dingen doen. En dat helemaal vanzelf. Maar dat bewijs rust op wankele aannames. Dat betekent nog niet dat vrije markten niet werken, maar op zijn minst is het 'bewijs' nogal onrealistisch.

12 Een markt voor het recht om de lucht te vervuilen?

Toch, ondanks het feit dat het bewijs nogal wankel is, werken markten in de praktijk vaak prima. Het meest indrukwekkende voorbeeld dat ik ooit ben tegengekomen is de markt in het recht om de lucht te vervuilen. Typisch een economenoplossing voor een probleem. Gebeurt er iets ellendigs, dan los je 't op via een markt.

Misschien herinnert u zich de zure regen. Zure regen is een probleem uit de jaren tachtig en negentig. Er viel toen regen die dermate zuur was dat bomen er last van kregen, en de angst bestond dat hele bossen zouden verdwijnen. Hoofdoorzaak van die zure regen waren de kolencentrales die wereldwijd gebruikt werden voor de productie van elektriciteit. Bij de verbranding van kolen komt zwaveldioxide vrij, dat spul komt via een schoorsteen in de lucht en valt uiteindelijk weer naar beneden, met de regen die er een beetje zuur van wordt. Dermate zuur dat bomen er last van kunnen krijgen.

Nu was er indertijd wel een oplossing voor die zwaveldioxide. Er bestonden filters om het uit rookgassen te verwijderen. Maar dat waren dure filters. En er bestonden ook zwavelarme kolen. Maar dat waren dure kolen. De Amerikaanse regering – dit verhaal speelt zich af in de VS – probeerde in eerste instantie de problemen op te lossen met wetgeving: nieuwe kolencentrales mochten nog maar een zeker maximum aan zwaveldioxide uitstoten. Maar dat had niet het gewenste effect: bedrijven bleven extra lang oude centrales gebruiken die nog ongelimiteerd zwaveldioxide mochten uitstoten. En nieuwe centrales die aan de normen voldeden maar best nog wat meer konden bezuinigen op hun uitstoot deden dat niet. Waarom zouden ze?

Er is wel geprobeerd om de wetgeving aan te passen maar het probleem was tamelijk ingewikkeld. Sommige kolencentrales lagen dicht bij kolenmijnen met zwavelarme kolen en konden vrij gemakkelijk aan eisen voldoen. Te gemakkelijk eigenlijk. Oude kolencentrales dwingen om dure filters aan te schaffen kon er weleens voor zorgen dat er bedrijven failliet zouden gaan. En dan speelden er nog allerlei politieke belangen. Een vreselijk gedoe.

Maar wellicht was het probleem op te lossen via een markt, dachten economen. Het juiste moest worden geproduceerd, in dit geval schone lucht. En het liefste door bedrijven die dat het makkelijkste en goedkoopste konden. Misschien kon een markt soelaas bieden.

Normaliter is een markt iets wat van nature ontstaat. Zijn er mensen die melk overhebben, en zijn er anderen die juist melk nodig hebben dan zoeken ze elkaar op en vinden ze elkaar op 'de markt'. Maar in het geval van die zure regen werd er een markt *bedacht*. Een kunstmatige markt waar het recht verhandeld werd om zwaveldioxide uit te stoten. Alle Amerikaanse kolencentrales kregen een setje van die rechten. Hoeveel van die rechten ze kregen was het resultaat van een lange onderhandeling en ingewikkelde procedures maar dat doet nu niet zo ter zake. Er waren in ieder geval zo weinig rechten uitgegeven dat de totale uitstoot van zwaveldioxide wel moest gaan dalen ten opzichte van de jaren ervoor.

Bovendien waren die rechten verhandelbaar. Centrales die makkelijk hun uitstoot konden verminderen konden hun recht om te vervuilen verkopen aan centrales die lastig wat aan hun zwaveldioxide-uitstoot konden doen. En dat is toch handig? Als het voor kolencentrale A relatief makkelijk is om de uitstoot van zwaveldioxide te beperken en voor kolencentrale B juist moeilijk, dan is iedereen het beste af wanneer A wat extra doet en B wat minder. Wanneer A vóór B die uitstoot gaat beperken. En dat is precies waar zo'n markt in uitstootrechten voor zorgt.

'Ik dreig meer zwaveldioxide uit te gaan stoten dan waar ik recht toe heb,' aldus de directeur van kolencentrale B. 'En het kost me $100.000 om mijn uitstoot te beperken.'

'Betaal mij $80.000,' aldus de directeur van kolencentrale A, 'en ik doe het voor jou.' Dit is zoals zo'n markt in uitstootrechten werkt. Sterker nog, misschien is er nog een kolencentrale C: 'Hoho, voor $60.000 kan ik het ook. Scheelt toch weer.'

Zo belandt het recht om zwaveldioxide uit te stoten uiteindelijk bij die kolencentrales die daar het meest voor overhebben. Dat zijn vermoedelijk de kolencentrales die het allerlastigste iets aan de uitstoot kunnen doen. En die rechten worden verkocht door de kolencentrales voor wie ze het minste waard zijn. Vermoedelijk de centrales die het makkelijkste de uitstoot van zwaveldioxide kunnen beperken.

Uiteindelijk heeft die markt ervoor gezorgd dat de uitstoot van zwaveldioxide drastisch is afgenomen zonder dat de overheid, of wie dan ook, expliciet heeft hoeven aanwijzen welke centrales hun uitstoot in welke mate moesten beperken. De markt loste het vanzelf op. Bovendien is het met zo'n markt heel makkelijk voor de overheid om in de loop van de tijd de uitstoot nog verder te beperken. Het enige wat ze hoeft te doen is wat rechten terug te kopen, of nog makkelijker, afkondigen dat een recht op het uitstoten van één kilo zwaveldioxide in het vervolg nog maar staat voor 800 gram.

Het was een groot succes. Hoort u nog weleens over zure regen? En bovendien is het allemaal gebeurd tegen lage kosten. Er zijn geen elektriciteitscentrales failliet gegaan, er zijn geen werklozen bij gekomen, de belasting is niet verhoogd en toch is een groot probleem opgelost.

Dat is toch geweldig. 'Kunnen die economen ooit iets goed voorspellen?' is wat ze regelmatig zullen horen op feestjes. Maar dat kunnen ze dus. Ze hebben perfect voorspeld dat door het creëren van een markt, in dit geval een markt in 'uitstootrechten', het probleem van de zure regen kan worden opgelost. Sterker nog, het is een zeer goede en goedkope manier om het probleem op te lossen – of het de best denkbare oplossing is is lastig vast te stellen. Dat hebben die lui toch voor elkaar gekregen. Als ingenieurs hun theoretische ideeën en modellen gebruiken om een brug te ontwerpen en de brug blijkt zich naderhand precies zo te gedragen als gedacht, dan is dat een bewijs van de kunde van die ingenieurs. En zo is die 'uitstootrechtenmarkt' een bewijs van de kunde van economen.

Toch kan zo'n marktoplossing op veel weerstand rekenen: 'Het is toch gewoon beter om alle kolencentrales te verbieden zwaveldioxide uit te stoten? En daarmee basta!' Maar dat is niet zo. Het uitbannen van die uitstoot is niet gratis. Dat kost wat. Het kost filters, of andere spullen, mankracht, denkwerk. Eigenlijk komen we weer terug op een eerder vraagstuk: is de waarde van alles te vergelijken met de waarde van iets anders? Het idee dat dat kan is een steeds terugkerend economisch uitgangspunt. De uitstoot van zwaveldioxide heeft een prijs, en het installeren van een zwaveldioxidefilter heeft ook een prijs. Het hele idee is dat dit soort prijzen met elkaar vergelijkbaar zijn en dat er niks is dat oneindig veel kost. Zo'n markt in uitstootrechten zorgt er nou precies voor dat de totale kosten – als gevolg van de uitstoot van zwaveldioxide, filters en wat al niet – zo laag mogelijk zijn. Fantastisch toch?

Overigens probeert men het succes in het tegengaan van de zure regen te kopiëren naar het probleem van de CO_2 – net als zwaveldioxide een gas dat ellende veroorzaakt. Maar dat lukt niet zo goed. Er is weliswaar een markt in het recht om CO_2 uit te stoten, toch neemt de wereldwijde CO_2-uitstoot niet af. Dat ligt niet aan economen, met in de ogen van velen belachelijke oplossingen voor problemen, maar eerder aan fundamentele verschillen tussen CO_2 en zwaveldioxide. Zure regen was veel meer een lokaal probleem: zwaveldioxide die uit een schoorsteen opstijgt valt hoogstens een paar honderd kilometer verderop neer als zure regen. Dat is met CO_2 heel anders. Ieder grammetje CO_2 dat de lucht wordt in geblazen draagt bij aan de wereldwijde opwarming van de aarde. Dat maakt zo'n probleem veel lastiger om op te lossen. Amerika had zelf baat bij de inspanningen om de uitstoot van zwaveldioxide te beperken, maar wanneer een land zijn uitstoot van CO_2 vermindert dan draagt dat land alle kosten terwijl het daarvoor in ruil maar een stukje van de baten krijgt. Dat maakt landen afwachtend. Bovendien was er voor zwaveldioxide een eenvoudige remedie:

filters plaatsen. Maar CO_2 filter je niet een-twee-drie weg.

Dat een markt in uitstootrechten er niet voor zorgt dat de wereldwijde uitstoot van CO_2 vermindert bewijst nog niet dat economen ongelijk hebben, met hun markten.

Markten zijn niet heilig

Markten zijn een oplossing voor een probleem. Maar we moeten niet overdrijven. Soms heb je helemaal geen markt nodig.

Tussen Texel en Den Helder varen al decennia veerboten van Texels Eigen Stoomboot Onderneming (Teso). Naar grote tevredenheid van de Texelaars, die bovendien zelf eigenaar van Teso zijn. Het bedrijf is in 1907 door de Texelse arts Adriaan Wagemaker gestart en de meeste families op Texel bezitten aandelen Teso. Wachttijden zijn kort, de service is goed, de prijs is laag – een retourtje kost twee euro vijftig – en de boten zien er netjes uit en worden goed onderhouden. Bovendien draait Teso geen verlies – ook geen winst, daar doen ze niet aan – dus er lijkt geen vuiltje aan de lucht.

Maar er is geen vrije markt. Teso is ooit het recht gegund tussen Texel en Den Helder op en neer te varen en andere veerbootondernemers kunnen er niet of nauwelijks hun diensten aanbieden. Dat moest veranderen, aldus een aantal heilig in de vrije markt gelovende Haagse politici in 2008. 'Als we Teso dwingen te concurreren met andere veerbedrijven dan wordt 't er beter en goedkoper op.' En ze stelden voor om andere bedrijven uit te nodigen de veerdienst te gaan verzorgen. Maar dat is natuurlijk onzin. Hoeveel goedkoper dan twee euro vijftig moet het worden? En hoeveel beter kan het nog als iedereen meer dan tevreden is?

Gelukkig kwam Texel in opstand en trokken de politici hun plannen terug. Maar het verhaal illustreert wel dat het geloof in de vrije markt als een oplossing voor van alles een beetje door kan slaan. Als er geen probleem is heb je ook geen oplossing nodig.

Zo'n vrije markt heeft ook nadelen

Een markt werkt alleen als kopers en verkopers evenveel of alles weten over de zaken die ze kopen en verkopen. Dat is niet slechts een voorwaarde voor het theoretisch bewijs dat markten werken, het is ook een voorwaarde in de praktijk. Vaak weten verkopers echter meer dan kopers, hoewel het andersom ook kan, met allerlei nadelige consequenties.

In de gezondheidszorg doen ze sinds een aantal jaren ook aan marktwerking. Met als doel de kwaliteit van de zorg te verbeteren en de prijs te drukken. Vroeger concurreerden artsen nauwelijks met elkaar en bepaalden zij wat goed voor ons was. Bij het 'maken' van zorg en verdelen van die zorg over de samenleving waren de artsen de baas, en hun beroepsethiek zou moeten garanderen dat dat allemaal netjes verliep. Als de dokter vroeger zei: 'Medicijnen zijn in uw geval niet nodig, het gaat vanzelf wel over', dan geloofde je dat en ging je opgelucht naar huis.

Dat is tegenwoordig anders. Artsen zijn zorgaanbieders, patiënten zijn zorgvragers en ze vinden elkaar op een markt. Niet een volledig vrije markt waar alles verhandeld mag worden. Zo mag je geen organen kopen en verkopen en zijn de prijzen voor behandelingen gestandaardiseerd. Maar artsen concurreren meer met elkaar dan vroeger en ziekenhuizen proberen andere ziekenhuizen de loef af te steken door zich in bepaalde behandelingen te specialiseren, extra efficiënt te werken, superklantvriendelijk te zijn of wat dan ook.

Dat kan heus werken, maar de gezondheidszorg is bij uitstek een tak van sport waar je als klant, of patiënt, nauwelijks kennis hebt over wat je koopt en niet weet wat je wel en niet nodig hebt. Daar kunnen zorgaanbieders gebruik, of misbruik, van maken. Zo bestaat er sinds enige jaren een zogenaamde snotterpoli. Dat is een polikliniek speciaal voor kinderen die vaak verkouden zijn. Is dat nodig dan? De meningen daarover zijn verdeeld. Veel huisartsen vinden het lariekoek: 'Waarom zou je een dure keel-, neus- en oorarts betalen voor zoiets stoms als een snotneus? Die gaat vanzelf over.' Allicht vinden die keel-, neus- en oorartsen zelf iets anders. Zij vinden dat ze voorzien in een behoefte. Zowel de specialisten als de huisartsen hebben een belang – die laatsten dreigen business te verliezen aan de poli – en dat zal vast hun oordeel vertroebelen. Toch lijkt het me niet heel onwaarschijnlijk dat op zijn minst een deel van de kinderen in de snotterpoli rondloopt vanwege onwetendheid, onzekerheid en angst van ouders.

In de zorg neem je al snel het zekere voor het onzekere en koop je dingen die niet altijd nodig zijn. Bovendien ben je als klant absoluut niet thuis in de materie. Tel daarbij op dat ziekenhuizen mee moeten in de competitie van de markt en het wordt wel erg verleidelijk om af en toe iets te veel zorg te verkopen.

Nu geloof ik niet dat het vroeger per se beter was. Maar een markt is geen gegarandeerde oplossing voor alles. En een markt waar verkopers de vrijheid hebben om kopers voor de gek te houden – en dat zijn er nogal wat – is verre van ideaal.

Een laatste, lastig, voorbeeld

In juli 2015 schoot de Amerikaanse tandarts Walter Palmer de Keniaanse leeuw Cecil dood. Dat was vermoedelijk een vergissing: hij had liever een wat minder beroemde leeuw geschoten. Cecil was de nagenoeg tamme publiekslieveling van wildpark Hwange. Palmer had wel een vergunning voor het schieten van een leeuw. Die had hij gekocht voor vijftigduizend dollar. Voor dat bedrag mocht hij de dode leeuw zelfs als trofee mee terugnemen naar de VS.

Toen bleek dat Palmer Cecil had doodgeschoten viel de wereld over hem heen. Hij heeft zelfs een tijdje ondergedoken gezeten. Op zich niet onbegrijpelijk: iets in mij, en in vele anderen, vindt Walter Palmer een bijzonder onsympathieke vent. Toch is er wel iets voor Palmer te zeggen. Of voor de vergunning die hij kocht. Met het geld voor die vergunning worden namelijk leeuwen beschermd. Pijnlijk genoeg.

Als leeuwen niet actief beschermd worden, met patrouilles en dergelijke, dan worden ze gedood door stropers die per leeuw een paar honderd euro vangen. De kans is groot dat leeuwen als gevolg van die stroperij uiteindelijk verdwijnen. Maar wanneer je de bescherming financiert via een markt van 'schietvergunningen', dan sla je twee vliegen in één klap. In plaats van dat er veel leeuwen worden doodgeschoten door willekeurige stropers, worden er weinig gedood en bovendien slechts door degenen die daar het meest voor overhebben. Wanneer de wereld er beter op wordt wanneer champagneglazen gaan naar de mensen die champagneglazen het meest waarderen, dan wordt de wereld er toch ook beter op wanneer de mensen die er het meest voor overhebben leeuwen mogen doodschieten in plaats van een stel willekeurige stropers? Het klinkt wrang maar niet onlogisch.

Het is kiezen tussen drie kwaden. Eén: we betalen voor patrouilles om die leeuwen te beschermen, maar als consequentie moeten we andere dingen laten. We kunnen niet alles en iedereen beschermen. Twee: we beschermen niet; stropers schieten tientallen leeuwen dood in ruil voor een grijpstuiver en de leeuwenpopulatie daalt tot er geen leeuw meer over is. Of drie: een paar keer per jaar mag iemand die daar heel veel geld voor overheeft een vergunning kopen om een leeuw dood te schieten en met dat geld kunnen de overige leeuwen beschermd worden. Sterker nog, die leeuwen móéten dan wel beschermd worden want anders is die vergunning niks waard en gaat de volgende rijkaard stropen in plaats van dat-ie zo'n vergunning koopt.

Ik ben geneigd voor optie drie te gaan, maar ik voel me er niet helemaal lekker bij. Wat vind ik belangrijker: dat de bedoelingen goed zijn of de resultaten? Economen zullen eerder voor het laatste kiezen – schat ik zo in.

Het gaat om kosten versus baten. Wat kost het om die leeuwen te beschermen, wat levert het op, en hoe kunnen we ervoor zorgen dat de kosten zo laag mogelijk zijn? Dat klinkt misschien overdreven zakelijk of geldgedreven, maar kosten moet u ook hier niet financieel zien, als een geldbedrag. De kosten van het beschermen van leeuwen zitten 'm niet in het salaris van boswachters en de prijs van hun jeeps, maar in de dingen die niet kunnen gebeuren als gevolg van de leeuwenbescherming. Het probleem is alleen dat je die echte kosten niet kunt zien maar die geldbedragen wel. En dan denk je al snel: hebben we dit bedrag niet over voor zoiets belangrijks als het voortbestaan van de leeuw? Maar dan vergeet je de werkelijke kosten – andere dieren die niet beschermd kunnen worden, of welke niet-gebeurende alternatieven dan ook. Ik vind het niet verkeerd om te proberen die werkelijke kosten zo laag mogelijk te krijgen. En één manier om dat te proberen is via zo'n markt.

Maar ik blijf het wrang vinden. En Walter Palmer onsympathiek. Dat dan weer wel.

13 Kan het niet helemaal anders?

Zijn er niet heel andere manieren dan die vrije markt om ervoor te zorgen dat de juiste zaken in de samenleving worden gemaakt en ook weer netjes worden verdeeld over de mensen? Het is toch een beetje een lompe oplossing en ik kan me voorstellen dat je met moderne IT op een wat slimmere manier kunt beslissen wat wel en wat niet te maken, en wie wel en wie niet te bedienen.

Bovendien kleven er allerlei nadelen aan de vrije markt. Zo geeft-ie rijkere mensen een relatief dikke vinger in de pap. Als de rijkste Nederlander, met een vermogen van bijna vijf miljard, in een waan besluit om badeendjes op te gaan kopen, dan zal het gevolg zijn dat duizenden mensen over de hele wereld badeendjes gaan produceren. Een dergelijk effect zal een doorsneeburger niet zo snel hebben.

Daar is wel wat op te vinden. Door zaken bijvoorbeeld niet te gunnen aan hen die bereid zijn ervoor te betalen, maar aan hen die bereid zijn erop te wachten. Met studentenkamers werkt dat vaak zo. Zo'n kamer gaat niet naar de hoogste bieder, maar naar de student die zich als eerste heeft aangemeld en het langste heeft gewacht. In dat systeem zijn er geen rijkaards die makkelijk heel veel meer dan anderen kunnen betalen. Tijd hebben we immers allemaal ongeveer evenveel. Ongeveer tachtig jaar. Hoewel... jonge mensen hebben meer tijd dan oude. Als je spullen verdeelt op basis van wachttijd dan worden jongeren de rijken. Waarschijnlijk dat daarom dit systeem wel werkt voor studentenkamers maar niet voor kamers in bejaardentehuizen. Bejaarden hebben immers geen tijd om te wachten.

Bovendien is het vooral toch wel erg onhandig om een deel van je leven slechts te wachten. Tijdens wachten doe je niks. Als iedereen drie uur per dag moet wachten, omdat we dat een eerlijker criterium vinden om spullen te verdelen dan via een prijs, dan wordt 't een vreemde wereld. Een wereld vol wachtenden in plaats van een wereld waarin men dingen doet. Dan liever toch die 'gewone' wereld en de rijkaards op de koop toe nemen.

Je zou dingen ook nog kunnen verdelen op basis van 'likes'. Zoals Facebooklikes. Degene die iets het meeste 'liket' mag het hebben. Ook een boeiend alternatief voor de reguliere markt. Het klinkt niet eens onlogisch en op Marktplaats zou het bijvoorbeeld makkelijk kunnen. Ze zouden daar een aparte sectie kunnen inrichten met gratis spullen die gaan naar degenen die er de meeste likes voor overhebben. Dan moet je er natuurlijk wel voor zorgen dat mensen niet ongelimiteerd likes kunnen uitdelen. Dat zou flauw zijn: dan geeft iedereen altijd het maximale aantal likes. Je zou die likes op de een of andere manier moeten rantsoeneren, maar daar is heus wel iets op te verzinnen.

U zet uw tweedehands fiets op Marktplaats. In plaats van dat u hem verkoopt geeft u hem gratis weg. Aan de persoon die de meeste likes voor de fiets overheeft. En wat te doen met die likes? Die gaan naar u. Logisch toch? Dan kunt u ze gebruiken om zelf te bieden op spullen die gratis worden aangeboden. Klinkt als een mooi alternatief.

Het grappige is dat we volgens mij al zulke likes hebben. En ze heten 'geld'. Ik heb nog helemaal niet stilgestaan bij de vraag wat geld is. Maar zonder precies te weten wat 't is of waar het vandaan komt, denk ik wel al te weten dat die Marktplaats-likes niet te onderscheiden zijn van echt geld. En als iets niet te onderscheiden is van echt, dan is het echt.

'Ja doei. Geld is serieus. En die likes zijn een grap. Ik werk in ruil voor geld, maar ik zou nooit in ruil voor likes gaan werken.'

Nou, volgens mij werken we wel degelijk in ruil voor likes. Dat is wat iedereen met een baan doet. Via die likes kun je aangeven hoe belangrijk je bepaalde spullen of zaken vindt, en in ruil voor die likes kun je die spullen dan krijgen. Misschien voelt geld ernstiger aan dan die likes die ik zojuist geschetst heb, maar ik zie echt geen wezenlijk verschil tussen beide.

Toch geloof ik wel dat IT, of andere technologieën, interessante alternatieven kunnen bieden voor de reguliere markt. Wacht een paar jaar en alle producten die we kopen hebben een chip en zijn verbonden met internet. Zelfs pakken melk, brillen en kledingstukken. Ik kan me prima voorstellen dat je daar op een slimme manier gebruik van kunt maken.

De bekende vrije markt zorgt ervoor dat zaken gaan naar de mensen die die zaken waarderen en hun waardering laten blijken door te betalen. Daar is wel wat voor te zeggen. Maar wat moet ik vinden van iemand die wel bereid is ergens voor te betalen maar het feitelijk niet gebruikt? Ik heb weleens een trui gekocht voor honderd euro die ik maar één keer gedragen heb. Was het niet beter geweest als iemand anders die trui had gehad?

Tot voor kort was het onmogelijk om te weten hoe vaak iemand een trui draagt, maar tegenwoordig kan dat wel. Of bijna in ieder geval. Als truien aan internet verbonden zijn is het een fluitje van een cent om erachter te komen welke truien worden gedragen en welke in een kast liggen te verpieteren. Ik kan me prima een systeem voorstellen waarbij truien die minder dan één keer per maand gedragen worden automatisch worden teruggestuurd naar de producent zodat die ze nog eens kan verkopen. Zoiets.

Zaken gaan dan niet naar mensen die het meest voor de zaken willen betalen, maar naar de mensen die die zaken daadwerkelijk gebruiken. Best een grappig idee eigenlijk, en er zijn vast economen die experimenteren met dit soort innovatieve alternatieven voor de ons bekende markt.

Maar uiteindelijk is die vrije markt niet alleen een oplossing. Het is ook een overtuiging. Een moreel uitgangspunt. Dat blijkt wel als je het hebt over 'vrij handelen'. 'Handelen' betekent zowel 'handel drijven' als 'doen'. Vrijheid van handel heeft dan ook twee betekenissen: het is de vrijheid om zaken te kopen en te verkopen; en het is de vrijheid om te doen zoals je goeddunkt. De aantrekkelijkheid van de vrije markt zit 'm voor velen niet slechts in het eerste maar ook in het tweede: de morele overtuiging dat iedereen moet mogen doen zoals hem of haar dat belieft.

En ten slotte zijn er ook belangen in het spel. Dat blijkt wel wanneer je een voorstander van de vrije markt de volgende vraag voorlegt: 'Er is een werkgever die graag iemand inhuurt à vijf euro per uur, en er is ook iemand die graag voor dat bedrag aan de slag gaat. Een volwassen vrouw die prima de klus kan klaren. Vindt u dat dat in principe zou moeten mogen?' Ik heb dat een keer gedaan, met een VVD-politicus. 'Allicht,' was het antwoord. 'Beide partijen zijn beter af. Waarom zou je niet de vrijheid hebben een dergelijk salaris te bieden of te accepteren? Feitelijk beperkt het minimumloon, van ruim boven de vijf euro per uur, onze vrijheid.' 'En wat nou als deze potentiële werkneemster uit Somalië komt?' vroeg ik. 'O... dan is het een heel ander verhaal. Als mensen uit Somalië hier mogen komen werken dan zal dat ten koste gaan van banen voor Nederlanders. Een vrije markt is prima, maar niet als die onze belangen schaadt.'

Terug naar het begin: ik wist niet wat ik aan moest met de uitspraak dat markten vrij dienen te zijn. Is dat een feitelijke uitspraak, een waardeoordeel, of zijn er belangen in het spel? Uiteindelijk zijn alle drie een beetje het geval. Vrije markten zijn een oplossing voor een probleem: welke zaken in de samenleving te produceren en hoe ze te verdelen? Dat is gewoon een feit. Een oplossing met voor- en nadelen. Maar het geloven in die vrije markt past ook bij een zekere levensovertuiging. En ten slotte beïnvloeden belangen ook onze mening over die vrije markt. Weer wat geleerd.

14 Waarom is rente zo'n vijf procent?

Een heel andere vraag nu: waarom is de rente meestal zo'n vijf procent? Het leek me een onschuldige maar wel relevante vraag. Er zijn mensen die rente maar niks vinden. Veel moslims vinden dat en tot in de middeleeuwen was het ook onder christenen verboden om rente in rekening te brengen. Voordat ik mijn mening hierover kan bepalen moet ik natuurlijk wel weten wat het is en waar het vandaan komt.

Een gek kan meer vragen dan honderd wijzen kunnen beantwoorden. De oorsprong van rente blijkt een verdomd lastig onderwerp te zijn.

'De rente is helemaal geen vijf procent!' is een eerste logische reactie. Op een spaarrekening krijg je als je mazzel hebt twee procent; wanneer je geld leent voor een huis betaal je een procent of vier; en leen je voor iets anders dan een huis, dan wordt de rente die je moet betalen al snel meer dan zes procent. Bovendien schommelt de rente. Niet zo lang geleden was de hypotheekrente nog zeven procent en het kan best zijn dat op het moment dat u dit leest het allemaal weer anders is.

Toch is de rente meestal grofweg in de buurt van de vijf procent. Bijna altijd meer dan één en minder dan tien procent, en dat al meer dan honderd jaar. Nooit min tien of tweehonderd procent. Wanneer ik spaar krijg ik vijf procent en wanneer ik leen betaal ik vijf procent. Ongeveer.

Ik heb altijd gedacht dat rente een soort van vergoeding was voor het risico dat je loopt je geld niet terug te krijgen. Ik weet niet hoe ik daarbij kwam. Maar als ik er nog eens over nadenk dan kan dit antwoord nooit die vijf procent verklaren. Ga maar na. De kans dat je spaargeld verdwijnt bij de bank is vreselijk klein. Tot honderdduizend euro staat de overheid zelfs garant dat je 't altijd terug kunt krijgen. Nu is er ook heus wel een kans dat de overheid stopt te bestaan of dat er vreselijke rampen gebeuren waardoor zelfs de overheid haar afspraken niet meer kan nakomen, maar die kans is absoluut geen vijf procent. En zelfs geen tiende procentje.

En als je rente betaalt, laten we zeggen vijf procent hypotheekrente, dan is er heus een kans dat je je afspraken niet kan nakomen maar die kans is heel erg klein. Er zijn maar weinig mensen met een eigen huis die hun hypotheek niet terugbetalen. Dat komt niet in de buurt van de vijf procent. Bovendien is er dan altijd nog het huis als onderpand. Als iemand zijn hypotheekrente niet betaalt dan kan de bank het huis verkopen en zo het uitgeleende geld weer terugkrijgen. Zoveel risico loopt een bank niet bij het afsluiten van een hypotheek. Kortom: een rente van vijf procent wordt niet verklaard door het risico dat geleend geld niet terugbetaald wordt.

Er is wel zoiets als een *risico-opslag*. Dat is een bedrag dat je moet betalen *boven op* de standaardrente (van die vijf procent) als er een risico is dat je een lening niet terugbetaalt. Maar dat komt erbovenop, en dus blijft mijn vraag: waar komt die rente nou vandaan en waarom is-ie meestal om en nabij de vijf procent?

Het is eigenlijk helemaal geen vraag die in economieboeken of -colleges beantwoord wordt. Er staat wel in die boeken dat rente de prijs is die je betaalt om geld te lenen. Of de prijs die je betaald krijgt als je geld uitleent. Tja, dat klinkt logisch, maar waarom is-ie vijf procent? Er staat ook dat de spaarrente in de buurt moet liggen van het rendement dat je krijgt op investeringen. Als ik een huis koop om te verhuren, dan ligt de huur die ik vang ergens in de buurt van de rente die ik zou ontvangen wanneer ik het huis niet had gekocht maar m'n geld op een spaarrekening had gezet. Dat is ook logisch: als die huuropbrengsten veel hoger dan de spaarrente zijn, dan gaat niemand sparen maar in plaats daarvan huizen kopen om te verhuren. En andersom: als de spaarrente veel hoger zou zijn dan huuropbrengsten, dan gaat iedereen sparen. Dit is natuurlijk maar één voorbeeld. In plaats van huizen kun je ook fabrieken kopen, of stukjes daarvan via aandelen, en andere bedrijven. Het rendement van zulke investeringen ligt meestal een tikkeltje hoger dan de spaarrente, omdat je met spaargeld minder risico loopt dan door te investeren. Maar nog steeds: vanwaar die vijf procent?

Ik heb die vraag nu eenmaal gesteld en ik wil hem dus beantwoord hebben, maar economen interesseert die vraag niet zoveel. Dat 't vijf procent is vinden ze mooi genoeg. Wat er gebeurt als de rente daalt of stijgt, dat vinden ze ook interessant. Maar het is wel een economisch vraagstuk *geweest.* Ruim honderd jaar geleden is het raadsel echter opgelost en steevast wordt verwezen naar het boek met de oplossing: *The Rate of Interest* van Irving Fisher uit 1907. Ik had niet gedacht dat ik boeken uit 1907 moest gaan lezen.

Sparen is in wezen iets in het heden laten, zodat je in de toekomst meer kunt doen. Een blik bruine bonen kopen is in die zin een vorm van sparen. Zo'n blik gaat met gemak tien jaar mee en als je het bewaart in plaats van dat je het leegeet heb je in de toekomst te eten. Maar een kelder vol bruine bonen levert geen rente op. Twintig blikken bruine bonen veranderen niet in een jaar in eenentwintig van die blikken. Terwijl twintig euro op de bank wel in een jaar in eenentwintig euro verandert – bij een rente van vijf procent.

Zo'n bank heeft geen grote kelder met al het ingelegde spaargeld. Als dat wel zo zou zijn was het helemaal een raadsel geweest waar de rente op een spaarrekening vandaan komt. Zoals er van blikken bruine bonen in een kelder niet vanzelf meer komen, komt er van geld in een kelder ook niet vanzelf meer. In plaats daarvan leent de bank voor dat spaargeld het overgrote deel weer uit. Aan ondernemingen die geld nodig hebben: slagers die een nieuwe koelcel willen, adviseurs die een eigen kantoor willen kopen enzovoort. Feitelijk is er niet eens zoveel verschil tussen sparen bij een bank en investeren in bedrijven. Zij het dat je bij een bank meer garantie hebt dat je je geld ook terugkrijgt en bovendien met een afgesproken rente. Dat is allemaal wat minder wanneer je direct je geld aan een onderneming uitleent, maar toch komen sparen en uitlenen ruwweg op hetzelfde neer.

Als ik duizend euro op mijn spaarrekening zet, dan leen ik dus indirect duizend euro uit aan een slagerij of een adviesbureau. En allicht dat die bedrijven middels mijn duizend euro geld verdienen. Verklaart dat misschien die vijf procent? Krijg ik vijf procent rente omdat de bedrijven aan wie ik mijn geld uitleen van mijn geld meer geld maken? Klinkt logisch.

In plaats van bruine bonen in een blik te bewaren kun je ze ook planten. Dan worden het er vanzelf meer. En als je kippen koopt – plus een haan – dan worden dat ook vanzelf meer kippen. Een bos groeit ook vanzelf, zonder dat je er wat voor hoeft te doen en zo brengt het bos hout op. Is een bedrijf misschien als een bos of een stel kippen? Het wordt vanzelf steeds meer als gevolg van een 'natuurlijke aanwas'. Zoals een kip altijd zo'n driehonderd eieren per jaar legt en zoals een hectare bos jaarlijks zo'n acht kuub groeit, zo levert een bedrijf altijd zo'n vijf procent aan rendement.

Zou kunnen en klinkt niet heel vreemd. Toch blijft het een raadsel waarom die natuurlijke aanwas steeds zo'n vijf procent is. In 1980 kreeg je vijf procent rente wanneer je geld uitleende aan een koekjesfabriek. Tegenwoordig werkt diezelfde koekjesfabriek een stuk efficiënter. Er werken minder mensen, grondstoffen worden minder verspild en de fabriek gebruikt veel minder energie. En toch krijg je nog steeds vijf procent wanneer je geld aan de koekjesfabriek uitleent. In de landbouw is het helemaal wonderlijk. Sinds de jaren vijftig zijn de landbouwopbrengsten in Nederland minstens verdubbeld. Niet in geld-zin, maar in absolute zin: er komt van iedere vierkante meter landbouwgrond twee keer meer graan, aardappels en andijvie dan voorheen. Toch levert een investering in een boerenbedrijf je nog steeds vijf procent, evenveel als honderd jaar geleden. Rara, hoe kan dat? Als rente verklaard wordt door de 'natuurlijke aanwas' van bedrijven, dan zou je toch verwachten dat de rente hoger wordt als die aanwas stijgt? Maar dat gebeurt niet. Wat is dat toch voor vreemde vijf procent? Is het misschien een geheimzinnige natuurwet?

Nee, ben ik achter gekomen. Ik maak hier een veelvoorkomende denkfout.

De oorsprong van rente is heel alledaags en simpel. Namelijk dat we meer waarde hechten aan het heden dan aan de toekomst. Als ik een boek koop voor twintig euro en ik kom tot de ontdekking dat dat boek pas over drie jaar wordt geleverd, dan voel ik me een beetje belazerd. Ik had dat boek heus wel willen kopen, ook met die levertijd van drie jaar, maar dan voor minder dan twintig euro. Dingen nu vind ik waardevoller dan dingen straks. Zoals ik dingen hier, voor mijn neus, ook waardevoller vind dan dingen elders.

Voor de vuist weg zou ik vijftien euro overhebben voor een boek dat over drie jaar geleverd wordt en tegen die tijd twintig euro kost. Maar ik krijg dan wel een boek van twintig euro. Terwijl ik maar vijftien heb betaald. Dat is een verschil van vijf euro. En dat verschil heet rente. Een rente van tien procent per jaar in dit geval.

Ongelooflijk, zo had ik er nog nooit tegen aangekeken. Rente is geen gevolg van het feit dat vijftien euro zich in de loop van de tijd vermeerdert tot twintig euro, maar is een gevolg van het feit dat we in het heden minder dan twintig euro willen betalen voor iets wat in de toekomst wel twintig euro waard is.

Die eerdergenoemde Irving Fisher legt het uit met appelbomen. Als je een appelboom koopt, dan is dat een vorm van sparen. Omdat je nu niet consumeert opdat je later wel kunt consumeren. Als je hem tenminste koopt voor de appels en niet voor de boom zelf. Maar wat ga je voor zo'n boom betalen? Het is van zichzelf een vrij waardeloos ding. Je kunt 'm niet opeten; je kunt er hoogstens naar kijken of erin klimmen. Maar je betaalt ook niet voor die boom; je betaalt voor de appels. Die zijn waardevol.

Appelbomen kunnen zo'n honderd jaar oud worden en dus is het op het eerste gezicht logisch om honderd keer de prijs van een appeloogst te betalen voor zo'n boom. Maar dat is bij nader inzien te veel. Toekomstige appeloogsten zijn namelijk minder waard dan appeloogsten nu. Voor een appel die je direct kunt opeten wil je heus de prijs van een appel betalen, maar als je nu al moet betalen voor een appel die je pas over een jaar krijgt betaal je minder. Zo'n appelboom kost dus minder dan honderd appeloogsten, maar allicht wel meer dan één. Twintig oogsten voelt voor de meeste mensen oké. Dat is het resultaat van onze waardering van de toekomst ten opzichte van het heden. Honderd appeloogsten zou betekenen dat we de toekomst bijna even belangrijk vinden als het heden, en als we slechts één appeloogst voor zo'n boom zouden willen betalen dan zijn de latere appeloogsten ons blijkbaar niks waard. Twintig dus.

Maar voor de prijs van twintig appeloogsten, die je in één keer betaalt, krijg je wel jaarlijks één appeloogst terug. Dat is een rendement van een twintigste, oftewel een rente van vijf procent.

In gewone lesboeken economie en in colleges wordt 't anders uitgelegd: 'Rente is de prijs voor geld in een markt waar sommige mensen geld over en anderen geld nodig hebben.' Zijn er een boel mensen met geld en heeft niemand geld nodig, dan is de rente laag: het geld is goedkoop. En als iedereen staat te springen om geld, dan stijgt de rente.

Ik heb erg moeten wennen aan dit verhaal. Hoe kan er nou een markt van geld zijn? En hoe kan geld nou geld kosten? Ik ga voor een tientje toch nooit elf euro betalen?

Toch is dat niet waar, realiseerde ik me, en ik heb zelf ook heus een keer voor geld betaald. Toen ik mijn huis kocht. Dat huis kostte zo'n drie ton, maar ik had natuurlijk geen drie ton. En dus kocht ik niet alleen mijn huis maar ook drie ton. Eigenlijk kocht ik twee dingen op hetzelfde moment: een huis en een zak geld om dat huis mee te betalen. (Als je een huis koopt moet je dubbel goed oppassen: dat je niet te veel betaalt voor het huis en niet te veel betaalt voor het geld.) En wat betaalde ik voor die drie ton? Precies vijf procent rente.

'Rente is de prijs voor geld in een markt waar sommige mensen geld over en anderen geld nodig hebben' klinkt heel anders dan dat verhaal van daarnet. In dat verhaal was rente het gevolg van het feit dat de toekomst ons minder waard is dan het heden. Zo'n vijf procent per jaar minder. Toch komen beide verhalen op hetzelfde neer. En weer zijn appelbomen verhelderend.

Iemand met een boomgaard met lege appelbomen heeft een probleem(pje): hij heeft weliswaar zicht op een continue stroom van appels, maar nu heeft-ie er geen. Iemand met een berg appels heeft weer een ander probleem: hij kan zijn huidige appels niet op, terwijl hij in de toekomst misschien niets te eten heeft. Allicht dat deze mensen elkaar kunnen helpen. De een verkoopt de ander een appelboom in ruil voor appels en beiden zijn geholpen. De prijs van die boom hangt van een aantal dingen af: vraag en aanbod van appels, vraag en aanbod van appelbomen, en onze waardering van toekomstige appels ten opzichte van appels nú.

Rente is niets anders dan de jaarlijkse opbrengst van zo'n appelboom. Maar voor appelboom kun je ook colafabriek lezen. Of aandeel in een advieskantoor. Een studentenflat om te verhuren. Iets wat geld oplevert in de toekomst en waarvoor je in het heden betaalt.

Hoe werkt dat dan uiteindelijk met spaargeld op de bank? De bank koopt van uw spaargeld appelbomen, bij wijze van spreken; iets wat voor lange tijd voortdurend geld oplevert. Een kantoorpand dat verhuurd wordt, of bijvoorbeeld de belofte van een bedrijf jaarlijks een zeker bedrag te betalen. Zelfs als die stroom van inkomsten oneindig lang doorgaat betaalt de bank daarvoor slechts een bedrag dat gelijk is aan een eindig aantal keer die jaarlijkse inkomsten – in de regel ruwweg zo'n twintig keer. Omdat toekomstige inkomsten minder waard zijn dan inkomsten in het heden. En voilà, daar is uw rente.

Twee verhalen dus: (I) rente is de prijs van geld in een markt waar mensen geld nodig en anderen geld overhebben. Je zou rente ook kunnen zien als een manier om een vaste hoeveelheid te vertalen naar een stroom. Of een berg geld nu, te vertalen naar een stroom van inkomsten tot in de toekomst – in analogie met een berg appels die je betaalt voor een appelboom. Of (II): rente is een gevolg van het feit dat we de toekomst minder waarderen dan het heden.

Ik vind beide verhalen wel inzichtelijk. Het eerste verhaal maakt duidelijk hoe de rente kan *veranderen*. Als meer mensen gaan sparen gaat de rente naar beneden, en als de vraag naar geld stijgt dan stijgt de rente mee. Dat eerste gebeurt bijvoorbeeld als men onzeker is over de toekomst en en masse geld opzijzet; en het laatste als er een veelbelovende techniek in opkomst is waarin geïnvesteerd kan worden. Het tweede verhaal – over onze waardering van de toekomst – laat zien waarom de rente rond de vijf procent schommelt. Dat heeft te maken met ons. Met hoe we de toekomst waarderen ten opzichte van het heden.

Die vijf procent is overigens geen wet van Meden en Perzen. Vraag een kind van tien wat-ie liever heeft: één dropje nu of tien dropjes over een jaar, en het zou me niks verbazen als het antwoord luidt: 'Eén dropje nu.' Feitelijk is voor zo'n kind een rente van duizend procent nog niet eens genoeg. Verder zal de rente afhankelijk zijn van cultuur: daar waar men de toekomst belangrijker acht zal men een lagere rente rekenen. En bovendien zal de rente mede bepaald worden door de leeftijd die we bereiken. Als we in plaats van tachtig honderdtachtig jaar oud worden, dan zullen we wat er over honderd jaar gebeurt belangrijker vinden dan nu het geval is. Ergo: de rente zal dalen. En allicht dat een denkbeeldige intelligente eendagsvlieg een hogere rente wil dan vijf procent per jaar. Vijf procent per jaar is zo goed als nul procent per dag. Daar heeft-ie niks aan. Zo'n eendagsvlieg zal eerder vijf procent per uur rekenen. Dat is per jaar een dermate hoge rente dat het niet meer in mijn rekenmachine past.

Uiteindelijk is het antwoord op mijn simpele vraag ingewikkelder dan ik dacht: rente is het gevolg van het feit dat we het heden hoger waarderen dan de toekomst. Er zijn mensen met middelen die in de toekomst geld opleveren: appelbomen, huurpanden, fabrieken. En er zijn mensen die nu geld hebben. Beiden kunnen elkaar helpen: als die laatsten geld geven aan de eersten in ruil voor geld in de toekomst. Maar omdat geld in de toekomst minder waard is dan geld nu willen de uitleners meer terug dan ze hebben uitgeleend. Het verschil heet rente.

Is zo'n antwoord nou zinvol? Heb ik er wat aan dat ik nu weet waar die rente vandaan komt? Ik geloof van wel. Voordat ik begreep waar rente vandaan komt dacht ik dat geld nieuw geld *veroorzaakt*. Zoals in de uitspraak 'Geld maakt geld.' Maar nu weet ik dat dat niet klopt.

Als je een bruine boon in de grond stopt dan veroorzaakt die bruine boon weer nieuwe bruine bonen. Maar als een bruinebonenboer duizend euro leent voor zijn bedrijf dan veroorzaakt die duizend euro niet direct extra omzet of winst. Het zit net iets ingewikkelder in elkaar.

Stel dat zo'n boer een manier kent om zijn bruinebonenopbrengst te vergroten, door bijvoorbeeld extra grond te kopen, of een machine, of door een cursus te volgen. Dan zit die boer met een dilemma: de investering doen, of niet doen. Kost een bruinebonenmachine duizend euro en levert hij een extra winst van vijftig euro per jaar op, dan koopt-ie hem. Of dan leent-ie duizend euro tegen vijf procent rente om die machine te kunnen kopen. En levert de machine minder op, dan koopt-ie hem niet. Het is niet zo dat die duizend euro vijftig euro per jaar veroorzaakt.

En eigenlijk zit 't nog net weer iets anders. Die machine kost duizend euro omdat-ie per jaar vijftig euro aan bruine bonen oplevert. Levert-ie meer aan bruine bonen op, dan zullen boeren meer van die machines gaan kopen. De machines zullen duurder worden en de bruine bonen goedkoper. Totdat de prijs van zo'n machine twintig keer zijn jaaropbrengst aan bruine bonen is.

Wat een grappig vak is economie toch.

Bovendien begrijp ik nu opeens iets wat ik eerder niet begreep, als een soort van bonus. 'Als de rente lager wordt, dan stijgen de aandelenkoersen.' Vermoedelijk heb ik dat zinnetje tientallen keren in krantenartikelen gelezen maar ik vergat het meteen weer: hoezo zouden de aandelenkoersen stijgen als de rente daalt?

Maar het is eigenlijk heel simpel, besef ik nu. Als de rente laag is krijg je weinig voor je spaargeld bij de bank. Dan maar iets anders met m'n geld, zullen velen denken. Zoals aandelen. Meer vraag naar aandelen betekent een hogere prijs. Helder. Maar er is nog een verhaal.

Een aandeel van een bedrijf betekent een aandeel in de winst. Als een bedrijf honderdduizend euro per jaar winst maakt, en duizend aandelen heeft 'uitstaan', dan levert ieder aandeel dus jaarlijks honderd euro op. Hoeveel heeft u over voor een jaarlijks inkomen van honderd euro? Het is eigenlijk dezelfde vraag als 'Hoeveel appels wilt u betalen voor een appelboom?' Een lage rente betekent dat we de toekomst relatief hoog waarderen, veel overhebben voor toekomstige appeloogsten en dús veel willen betalen voor een appelboom. Vandaar die hoge aandelenkoers bij een lage rente.

Dat krijg ik toch zomaar cadeau. Ik had een verzameling vragen die ik stuk voor stuk probeer te beantwoorden, maar onderweg leer ik tevens dingen die ik niet had voorzien. Ik had niet gedacht dat ik een zinnetje als 'De rente is gedaald en dus stijgen de koersen' ooit had kunnen begrijpen.

Maar hoe kan het dan dat een bank de rente 'vaststelt'?

Toch blijf ik zitten met een raadsel. Rente zou het gevolg zijn van een markt waarin sommigen geld overhebben en anderen juist nodig, en is een gevolg van het fenomeen dat wij huidige zaken meer waarderen dan toekomstige. Maar op de radio hoor je dat de Centrale Bank de rente vaststelt: 'De voorzitter van de Europese Centrale Bank heeft de rente op twee procent gezet.' Hoe kan dat nu weer? Je kunt toch niet onze voorkeur voor het heden veranderen? De Centrale Bank kan toch ook niet zeggen: 'In het vervolg houden mensen van spruitjes.'

Het is een lastig technisch verhaal, en bovendien zetten Centrale Banken tegenwoordig de rente anders dan een paar jaar terug. Relevant is dat zo'n Centrale Bank de rente helemaal niet zet. Wat zo'n instelling doet – en dan laat ik volkomen in het midden wat een Centrale Bank überhaupt is – is het vaststellen van de rente die het berekent aan 'gewone' banken, zoals ABN AMRO en Triodos. Het idee is dat dat effect heeft op de rente die ABN AMRO en Triodos zelf in rekening brengen of betalen. Prima, dat kan ik begrijpen.

Maar waarom zou iemand iets aan de rente willen doen? Wat is het voor- of nadeel van een rente van één procent in plaats vijf procent? De kreet 'de prijs van geld' is dan toch wel inzichtelijk. Als geld goedkoop is, dan worden dure dingen goedkoper. Toen ik mijn huis kocht, kocht ik zowel het huis als het geld om het huis te kunnen betalen. Is het geld goedkoop dan kan ik mij duurdere huizen permitteren. Maar vooral kunnen bedrijven dan duurdere investeringen doen. Mocht het zo zijn dat er allemaal plannen klaarliggen voor de meest geweldige vernieuwingen, maar vinden bedrijven de plannen eigenlijk te duur om uit te voeren, dan kun je die plannen een zetje geven door het geld goedkoop te maken. Als de rente daarentegen hoog is, dan wordt het voor bedrijven interessanter om geld aan anderen uit te lenen in plaats van te investeren. Kortom, de Centrale Bank verlaagt de rente om bedrijven aan te zetten tot het doen van investeringen.

Maar ik vraag me wel af in hoeverre dit nu echt werkt. Ook bij een rente van nul procent ga ik geen miljoen betalen voor een huis dat ik geen miljoen euro waard vind. En als bedrijven plannen te duur vinden, dan blijven ze, me dunkt, ook bij een rente van nul procent te duur.

15 Is er iets mis met rente?

Er zijn mensen die rente maar niks vinden. En eerlijk gezegd vraag ik geen rente als ik geld uitleen aan een vriend. Ook niet als 't om een paar duizend euro gaat en ik het pas jaren later terugkrijg. Ik zou het onplezierig vinden om vrienden rente te vragen of 't ze te betalen, maar immoreel vind ik het niet. Bovendien kun je er eigenlijk niet vanaf. Woekerrente kun je verbieden. Rentes van twintig procent per jaar of meer nog. Maar tegen een 'gewone' rente van zo'n vijf procent is nauwelijks iets te doen.

Als je een flinke berg spaargeld hebt, en het is banken verboden om rente op spaargeld te geven, dan zou je simpelweg een huis van dat geld kunnen kopen om het te verhuren. En als je daar niet voldoende geld voor hebt doe je het met een stel vrienden. Ik heb eens uitgezocht hoe dat bij mij in de buurt zou uitpakken. In Amsterdam kun je een prima appartement kopen voor zo'n 250.000 euro. Eenzelfde appartement kun je ook huren voor 1200 euro per maand. Via Funda kun je dit soort gegevens makkelijk vinden. Wanneer je zo'n huis koopt kun je dus per maand 1200 euro verdienen. Nu zal je als verhuurder ook kosten maken, voor onderhoud en dergelijke, en als ik daar nou 200 euro per maand voor reken, dan verdien je per jaar dus 12.000 euro aan huur. Bij een investering van tweeënhalve ton is dat een rendement van net geen vijf procent.

Is het fout om huur te vragen? Dat lijkt me niet. Ik kan geen redenen bedenken waarom dat fout zou zijn. En waarom zou het dan wel fout zijn om rente te rekenen? Het is beide bijna hetzelfde. Als ik 250.000 euro overheb en ik koop er een huis van om te verhuren krijg ik een mooi maandelijks inkomen, maar als ik diezelfde 250.000 aan iemand uit zou lenen, dan zou ik daar geen rente voor mogen vragen? Dat is toch vreemd. Vooral omdat die lener er een huis voor kan kopen om te verhuren! Uiteindelijk lijkt me niks tegen rente in te brengen.

Sterker nog, het is eigenlijk wel mooi dat wij sparen via renderende zaken. Mijn spaargeld ligt niet passief in een kluis te wachten, maar in plaats daarvan wordt het uitgeleend en gebruikt.

Door te sparen maak ik dingen mogelijk. Dingen waar anderen iets aan hebben: een vernieuwend idee van een technologiebedrijf, een energiezuinige aanpassing van een fabriek, een nieuwe fietsbrug. Mijn gespaarde vermogen is dan niet een stapel briefjes, maar is te beschouwen als een stukje van zo'n bedrijf, fabriek of brug.

Dat had anders gekund. Ik had ook gouden kettingen van mijn spaargeld kunnen kopen. In de veronderstelling dat gouden kettingen waardevast zijn. Dat is een prima manier van sparen en in sommige delen van de wereld is het vrij gebruikelijk. Ieder jaar een gouden ketting, en als je een huis wilt kopen of met pensioen gaat dan verkoop je weer wat van die kettingen.

Maar er is een belangrijk verschil tussen een gouden ketting en iets als bijvoorbeeld een colafabriek. Zo'n ketting ligt passief te wachten totdat-ie ooit weer verkocht wordt, maar die fabriek levert voortdurend cola op. Een fabriek, of wat voor zinvolle investering dan ook, rendeert, geeft rente, maar een gouden ketting doet dat niet. Daar kan een individuele kettingspaarder waarschijnlijk wel mee leven, maar voor de samenleving als geheel is het bijzonder onhandig als iedereen via gouden kettingen spaart. Waar moeten dan de middelen vandaan komen om zaken te starten en initiatieven te ondernemen?

Gouden kettingen klinkt misschien een beetje vreemd, en ik ken niemand die z'n pensioen bij elkaar probeert te sparen met sieraden, maar ik ken wel mensen die kunst kopen als appeltje voor de dorst. Dat is feitelijk net zoiets. Schilderijen leveren geen stroom aan inkomsten op, en dus geen rente. Prima dat een handjevol mensen zo spaart, maar het is toch eigenlijk heel mooi dat we in onze samenleving vooral geld steken in allerlei ondernemingen en zaken waar anderen wat aan kunnen hebben. Aan dat type sparen hebben we met z'n allen wat en zulk spaargeld rendeert; geeft rente.

Toch kleeft er wel een nadeel aan rente. Of eigenlijk aan de oorsprong van rente; het feit dat we de toekomst minder waarderen dan het heden. Een nadeel voor de mensen die in de toekomst leven. Hun belangen tellen namelijk haast vanzelf minder hard mee dan de belangen van hier en nu.

Als we kunnen kiezen tussen het nu opmaken van iets – aardolie, vissen, zeldzame materialen – of het bewaren voor later, dan vinden we het heden een stuk belangrijker dan de toekomst, met als logisch gevolg dat we geneigd zullen zijn tot opmaken. Helaas voor de mensen van de toekomst. En zoals een appel over tien jaar minder waard is dan een appel nu, zo waarderen we een goed milieu over tien jaar minder dan een goed milieu nu. En hoe het milieu er over honderd jaar uitziet is nog minder belangrijk. Daar is geen ontkomen aan.

Een milieuramp over honderd jaar die dan een miljard euro kost (gerekend in hedendaagse euro's), kost bij een rente van vijf procent op dit moment slechts acht miljoen euro. Dus om die ramp te voorkomen zou de rationele econoom niet meer dan dat bedrag willen betalen. Bij een rente van tien procent zelfs maar 73.000 euro.

Die arme mensen van de toekomst moeten er maar op hopen dat wij de toekomst niet zó onbelangrijk vinden dat we er voor hen een puinhoop van maken. Helaas voor hen hebben ze geen stem; kunnen ze niet zeggen: 'Ho ho, stoot 'ns wat minder CO_2 uit. Of laat nog wat vissen over in de oceaan.' Gelukkig voor hen kunnen ze wel wraak nemen, en misschien moesten we daar maar rekening mee houden.

Als over dertig jaar blijkt dat we de toekomst te weinig waarde toegedicht hebben en als het tegen die tijd een puinhoop is, dan kunnen de mensen van dan heel hoge belastingen gaan heffen op spaargeld. Sparen kost tijd en spaargeld is typisch iets van oudere mensen; de mensen die het voor hen verpest hebben. Dat spaargeld kan in de toekomst heus afgepikt worden. Als we de mensen van de toekomst daar voldoende redenen voor geven. Misschien moesten we alleen daarom al toch maar rekening houden met mensen die later leven.

16 Is het verkeerd om schulden te maken?

'Schuld' is een negatief woord. Als je ergens schuldig aan bent, dan is dat niet in orde. En schulden maken klinkt ook niet fraai. Tijdens mijn opvoeding heb ik geleerd dat je nooit schulden moet maken; dat je eerst moet sparen en pas daarna geld moet uitgeven. Pas toen ik studeerde heb ik voor het eerst geld geleend – een tientje. Van een huisgenoot en het was simpelweg omdat ik er geen rekening mee had gehouden dat de bank gesloten was (er waren nog geen pinautomaten). Een dag later betaalde ik het alweer terug en ik had werkelijk het gevoel dat ik iets vreselijks had gedaan. Ik hàd geld geleend: schulden gemaakt. Maar het hek was van de dam en uiteindelijk heb ik tijdens mijn studie duizenden euro's geleend en mijzelf flink in de schulden gestoken. Die ik later wel allemaal netjes heb terugbetaald. Nu ik wat meer begrijp van economie realiseer ik me dat mijn overwegingen indertijd helemaal zo dom niet waren.

'Als ik nu duizend euro leen,' redeneerde ik ('nu' is dus tijdens mijn studietijd), 'dan levert mij dat bijzonder veel op.' Ik kon ervan op vakantie, boeken kopen en rondjes bier betalen. Vertaald naar de gelukspunten die een paar hoofdstukken terug voorbijgekomen zijn kon ik voor die duizend euro bijzonder veel gelukspunten kopen.

Later, als ik de lening moest terugbetalen, zou ik allicht gelukspunten moeten inleveren. Maar tegen die tijd zou ik vast een redelijk inkomen hebben, veronderstelde ik. En gelukkig terecht. Als ik duizend euro zou lenen tegen zeven procent rente – een flinke rente – dan zou ik tien jaar later tweeduizend euro moeten terugbetalen. Allicht is tweeduizend euro straks meer dan duizend euro nu. Maar in gelukspunten gerekend is het minder.

Als ik nu niks verdien en straks heel flink, dan staat duizend euro nu voor heel veel meer gelukspunten dan tweeduizend euro straks, bedacht ik. En dus stortte ik me in de schulden. Heel verstandig en rationeel.

Later kon ik zonder een centje pijn de lening terugbetalen en gelukkig had ik ook een juiste inschatting gemaakt over hoe ellendig dat toekomstige verlies aan gelukspunten zou voelen. Ik voelde er helemaal niets van, en in een handomdraai betaalde ik de lening af die me tijdens mijn studie zo vreselijk veel plezier opgeleverd had.

Ik heb geleerd dat geld lenen onverstandig is, maar nu ik wat meer begrijp van economie weet ik dat het soms juist verstandig kan zijn om geld te lenen. Als je zeker weet dat er een erfenis aan komt, dan is er niks mis met schulden maken. Dat levert je gelukspunten op, en het kost niemand zulke punten. Het is ook verstandig om je in de schulden te steken voor een opleiding die je later meer aan inkomen gaat opleveren dan dat de rente op je schuld je kost. En wanneer de toekomst je niks interesseert, om wat voor reden dan ook, dan kun je ook prima schulden maken. Als je bijvoorbeeld weet dat je aan een erfelijke ziekte lijdt waar je dement en vergeetachtig van gaat worden, dan is het heel verstandig om een deel van je toekomstige inkomen (in de veronderstelling dat je nog wel een inkomen hebt) over te hevelen naar het heden. Oftewel: te lenen.

Is het verkeerd om schulden niet af te lossen?

Lenen is één, maar een lening niet terugbetalen is wat anders. Het ene kan best oké zijn, maar wat vind ik van het tweede? Ik vind 't een lastig vraagstuk. Als een vriend die honderd euro van me heeft geleend, lachend in het café zit van mijn honderd euro, en weigert het me terug te betalen, dan vind ik het wat minder. Maar als-ie die honderd euro echt nodig heeft, tja, dan mag-ie het van mij houden. Lastiger wordt 't als ik die honderd euro ook nodig heb. Écht nodig; niet slechts voor een biertje. Dan heb ik toch wel een dilemma. Dan zal het er uiteindelijk op neerkomen dat ik het mezelf kwalijk neem dat ik die honderd euro überhaupt heb uitgeleend en dat ik er onvoldoende rekening mee heb gehouden dat ik 't zelf nodig zou hebben.

Het probleem van een schuld die niet wordt terugbetaald is dat er zo duidelijk een schuldige is – of een schuldenaar. Een concreet persoon die je iets kwalijk kunt nemen. Dat is anders wanneer je bijvoorbeeld ziek wordt en als gevolg daarvan een been kwijtraakt. In dat geval is het verstandig je verlies te nemen en door te gaan met de rest van je leven en er het beste van te maken. Maar als er een aanwijsbare schuldige is, dan richten we daar onze aandacht op. Ik vraag me af of dat altijd wel zo verstandig is.

Stel je voor dat je iemand een fiets hebt uitgeleend, en dat deze persoon je fiets kapotmaakt zodat je hem niet meer terug kan krijgen. Wanneer die fietsenlener je fiets expres kapot heeft gemaakt en bovendien geld zat heeft, dan is het duidelijk: je wilt een nieuwe fiets en bovendien leen je je fiets aan deze persoon nooit meer uit. Lastiger wordt 't wanneer die persoon, die expres je fiets heeft kapotgemaakt, geen geld heeft. Wat dan? Dan kun je je uiterste best gaan doen om nog wat terug te krijgen, maar dan moet je wel in de gaten houden dat de moeite die je doet opweegt tegen wat je terugkrijgt. Maar zelfs als dat niet zo is, dan heb je nóg een reden om een fiets, of geld voor een nieuwe fiets, terug te eisen: 'Men moet niet denken dat je zomaar ongestraft mijn fiets kan lenen en niet terug hoeft te geven!' Door goed te laten merken dat je je fiets terug wilt laat je anderen zien dat uitgeleende spullen echt teruggegeven moeten worden.

Maar wat nou als iemand die je fiets heeft geleend per ongeluk die fiets kapotmaakt en bovendien geen geld heeft? Ga je dan je uiterste best doen om geld van die persoon te vragen voor een nieuwe fiets? Ik weet uit ervaring dat niet iedereen hier op dezelfde manier mee omgaat, maar ikzelf zou het erbij laten. Je kunt natuurlijk nooit zeker weten dat die fiets echt per ongeluk kapotgegaan is, misschien deed de lener van de fiets er wel heel onvoorzichtig mee, maar uiteindelijk zou ik een tijdje balen en me erbij neerleggen dat m'n fiets weg is. En vergelijk deze situatie 'ns met de volgende: je hebt je fiets helemaal niet uitgeleend, maar hij gaat zomaar in één keer kapot. Onverwachts. Tussen beide situaties is feitelijk niet zoveel verschil. Is het niet verstandig om in beide gevallen hetzelfde te doen: balen, je verlies nemen en er verder het beste van maken?

Het kan zelfs nog lastiger worden. Wanneer je eigenlijk wel wist dat je fiets op het punt stond om kapot te gaan, maar dat niet verteld hebt aan degene die hem van je leende. Als die fiets dan kapotgaat is het toch volkomen onterecht om een nieuwe fiets terug te eisen?

De link tussen het terugeisen van een fiets en het terugeisen van uitstaande schulden is helder. Op dit moment – letterlijk op het moment dat ik dit schrijf – is er consternatie over het feit dat de Griekse regering overweegt bepaalde schulden niet terug te betalen. Allicht vinden degenen die geld aan Griekenland hebben uitgeleend dit een onplezierig vooruitzicht, maar er zijn ook partijen die het logisch vinden dat Griekenland niet wil terugbetalen. Omdat ze het eenvoudigweg niet schijnen te kunnen.

Tot voor kort dacht ik dat deze thematiek ingewikkeld zou zijn. Met termen als herfinanciering, staatsobligaties en kortlopende leningen. Daar begreep ik allemaal niks van. Maar dat blijkt een vergissing te zijn. In hoofdlijnen komt 't gewoon neer op het dilemma met die kapotte fiets. En als je een oordeel zou willen vellen over de vraag of Griekenland, of wie dan ook, zijn schulden moet terugbetalen, dan moet je ook dezelfde vragen stellen: hebben ze expres geld kwijtgemaakt of ging dat per ongeluk? Lachen ze stiekem in hun vuistje? Kunnen ze überhaupt wel terugbetalen? Verwachten ze dat ze nog een keer wat kunnen lenen? Wisten de uitleners, op het moment van uitlenen, eigenlijk niet stiekem dat ze 't nooit terug zouden kunnen krijgen? Wat is het risico dat andere schuldenaren hun schulden niet terugbetalen als bekend wordt dat de Grieken het ook niet hoeven?

Dit zijn eigenlijk toch heel herkenbare morele vraagstukken waar Jan en alleman zich heus wel een mening over kunnen vormen, zonder iets te weten over staatsobligaties en herfinancieringen.

Er zijn natuurlijk wel twee partijen. Schuldeisers moeten zich afvragen of het verstandig is om schulden kwijt te schelden, en schuldenaars moeten zich afvragen of ze wel willen dat hun schulden worden kwijtgescholden. Want hoe je het ook wendt of keert: als je schulden je ooit kwijtgescholden zijn, dan wordt het lastig om nieuwe schulden te maken. Niemand wil je ooit nog wat lenen. Da's natuurlijk wel een risicootje. Ook voor de Grieken.

Op een veel kleinere schaal, bij het al of niet terugbetalen van een hypotheekschuld bijvoorbeeld, gaat die vergelijking met een kapotte fiets ook wel op. Als je als uitlener van die fiets al wist dat-ie binnenkort kapot kon gaan, dan kun je het niet maken om een nieuwe fiets terug te eisen. En als een hypotheekverstrekker, meestal een bank, al wist dat het huis waarvoor de hypotheek verstrekt is eigenlijk te duur was, dan moet zo'n bank natuurlijk niet zeuren als niet het volledige bedrag wordt terugbetaald.

Maar ten slotte, en da's misschien toch wel het belangrijkste, is het af en toe verstandig je neer te leggen bij een verlies dat je geleden hebt. Beeld je in dat het verlies is ontstaan zonder schuldige of schuldenaar. Dan wordt 't misschien wat dragelijker.

17 Van wie leent de overheid eigenlijk?

Maar *van wie* leent die Griekse overheid, of welke overheid dan ook? Voor mij is zoiets raadselachtig. Het is zelfs een vraag die helemaal in het begin van dit boek opgenomen is in het lijstje van vragen. Ik heb me altijd afgevraagd hoe dat nu toch zit.

Een bank is een fors kantoor van meestal meerdere verdiepingen. Als particulieren zich al wenden tot een dergelijk kantoor, naar wat voor gigantisch gebouw moet een overheid, een land, dan wel niet gaan om geld te lenen? Zo dacht ik, blijkbaar in de veronderstelling dat de grootte van het kantoor evenredig zou zijn met de bedragen die erin omgaan. Dat is natuurlijk niet zo, en bovendien leen je feitelijk helemaal niet van de bank. Je leent van partijen die geld overhebben en de bank bemiddelt daartussen. Zo'n bank heeft zelf niet per se heel veel geld. Een bank heeft veel geld in beheer. Van rijke organisaties en individuen.

Uiteindelijk is de vraag 'Van wie leent de overheid?' bijzonder eenvoudig te beantwoorden. Frustrerend eenvoudig zelfs. Bij aanvang van het schrijven van dit boek wist ik niet hoe groot of hoe klein de vragen zouden zijn. 'Waarom is de rente vijf procent?' leek me een eenvoudige vraag die wellicht met één alinea beantwoord zou kunnen worden, maar hij kostte me uiteindelijk een flink hoofdstuk. Bij 'Van wie leent de overheid?' is het net andersom.

Overheden lenen op precies dezelfde manier als u en ik dat doen. Ze lenen van mensen die geld overhebben en niet van de bank zelf. Dat heb ik blijkbaar nooit echt goed begrepen. Maar welke ongelooflijke rijkaard heeft dan genoeg geld om aan een overheid te kunnen uitlenen? Nou... u en ik. Zonder dat u dat dagelijks merkt heeft u vermoedelijk een flinke zak spaargeld. Bijvoorbeeld in de vorm van uw pensioen. Daar kunt u niet zomaar over beschikken, zoals dat met spaargeld op de bank wel het geval is, maar u heeft er wel zelf voor gespaard. En uw werkgever, als u die heeft.

Uw pensioenfonds leent dat geld uit aan de overheid en krijgt er schuldbekentenissen voor terug, of staatsobligaties: de belofte van de overheid om in de toekomst een zeker bedrag te betalen. Zo'n pensioenfonds, of welke vermogende partij dan ook, geeft de overheid dus vandaag geld, en in ruil daarvoor belooft de overheid om in de toekomst wat meer geld terug te geven. Helder. De overheid leent dus niet bij een of andere grote 'landenbank' maar gewoon bij u en mij en andere partijen met spaargeld.

Ten slotte nog: waar wonen die mensen van wie de Nederlandse overheid leent? Zijn dat Nederlanders of zitten er ook buitenlanders tussen? Die vraag blijkt niet zo eenvoudig te beantwoorden. Er wordt namelijk niet netjes bijgehouden van wie de overheid leent. Dat is op zich ook niet nodig: je wilt wel onthouden áán wie je geld geleend hebt, maar ván wie is een stuk minder relevant. De betreffende partijen kloppen vanzelf wel op de deur om hun rente te komen innen. Maar zelfs als je zou bijhouden wie die staatsobligaties allemaal hebben gekocht, dan ben je er nog steeds niet. Die dingen kunnen namelijk worden doorverkocht en dus verlies je er al snel het zicht op. Naar schatting is ongeveer de helft van de Nederlandse overheidsschuld 'in buitenlandse handen'. Maar dat betekent weinig meer dan dat rijke Duitsers en Franse pensioenfondsen aan de Nederlandse overheid geld hebben uitgeleend. Andersom zal het vast ook gebeuren.

Moeten we ons zorgen maken over de staatsschuld?

Het is misschien een beetje een technisch onderwerp, die overheids- of staatsschuld, maar het is toch wel een belangrijk onderwerp. Omdat 't een beetje angstaanjagend is. Zo'n gigantische schuld... Straks wordt-ie opgeëist en moeten Nederlanders hun spullen gaan verkopen om aan hun verplichtingen te voldoen. Weten we wel zeker dat onze regering, de overheid, niet onze ziel aan de duivel heeft verkocht? Aan de andere kant heb ik net ontdekt dat schulden maken niet per se erg is, en soms zelfs verstandig. Misschien is dat met de schuld van de overheid ook wel zo.

De overheid leent regelmatig geld, maar om een andere reden dan u en ik. Als ik geld leen, dan doe ik dat voor een bijzondere aankoop en is het meestal direct een flink bedrag. Ik hoef niet een tientje te lenen of honderd euro; zoveel geld heb ik zelf wel. Maar ik heb weleens geld geleend voor een auto. Dat gaat dan toch om een paar duizend euro. En ik heb geld geleend voor mijn huis. Dat is een bedrag ter grootte van meerdere jaarsalarissen. Dat soort bedragen leent de overheid niet. De overheid leent meestal maar een klein beetje ten opzichte van het totale budget dat de overheid heeft. En dat doet ze omdat de overheid meestal iets meer uitgeeft dan ze feitelijk te besteden heeft. Het verschil wordt bij geleend.

Als ik 50.000 euro per jaar krijg, dan hou ik vijfduizend over, en dat zet ik op de bank. Maar als de overheid 50.000 euro heeft, dan geeft ze er 51.000 uit. Vraag me nu niet waarom, maar het is typisch wat overheden doen. Als je jaar in jaar uit iets meer uitgeeft dan er binnenkomt dan bouw je na verloop van tijd een schuld op en dat kan best een flink bedrag worden.

Zou het niet verstandiger zijn als de overheid wat minder zou uitgeven dan het binnenkrijgt in plaats van meer, en dus zou sparen in plaats van lenen? Dat klinkt op het eerste gezicht wel logisch maar het is de vraag of we dat werkelijk wel willen. Dan krijgt de overheid namelijk een reserve waar u dan voor heeft betaald. Dat willen de meeste mensen niet. Net zoals de meeste studenten niet willen dat er op de gezamenlijke rekening van hun studentenhuis een berg spaargeld staat. 'Kom maar hier met dat geld,' reageren de meeste studenten dan. In ieder geval toen ik studeerde. Zo'n gezamenlijke rekening moet netjes quitte draaien, en ik vermoed dat de meesten liever een quitte draaiende overheid willen dan een overheid met een boel spaargeld.

Hoe groot is die staatsschuld dan? Bijna 500 miljard euro, oftewel net geen 30.000 euro per Nederlander. Dat is een boel geld en ongeveer twee derde van alles wat jaarlijks in Nederland verdiend wordt. Toch is het ook weer niet een bedrag waar ik heel erg van zou schrikken. Mijn eigen schuld is hoger dan twee derde van mijn jaarinkomen. Ik heb een flinke hypotheek. 'Maar daar staat een huis tegenover!' zou u kunnen reageren. Dat is wel zo, maar tegenover de schulden van de overheid staan óók bezittingen: gas- en olievelden, snelwegen, gebouwen, rails, aandelen KLM en NS. Sterker nog: die bezittingen zijn bij elkaar meer waard dan de schuld. Twee keer zoveel ongeveer. Alleen kun je de meeste van die bezittingen lastiger verkopen dan dat ik mijn huis verkopen kan. Maar toch... het relativeert die schuld wel wat.

Bovendien hoeft de overheid die schuld helemaal niet terug te betalen. Dat is best vreemd. Ik moet mijn schulden wel terugbetalen. Maar er is een fundamenteel verschil tussen mij en de overheid: ik ga op een gegeven moment dood, maar Nederland niet. Wellicht dat Nederland ooit ophoudt te bestaan, maar dat zal dan toch nog wel een tijdje duren.

Hoe werkt dat uiteindelijk dan? Stel, de overheid heeft duizend euro nodig; dat leent ze dan van een rijkaard (die koopt een zogenaamde staatsobligatie van dat bedrag). In ruil daarvoor betaalt de overheid de rijkaard jaarlijks, zeg, vijftig euro, vijf procent rente. Dat betalen alle Nederlanders bij elkaar. De belastingbetalers. Op een gegeven moment, laten we zeggen over tien jaar, wil de rijkaard zijn duizend euro terug. En dat kan, want dan leent de overheid gewoon nog een keer duizend euro, van een andere rijkaard, en zo kan het eeuwig doorgaan. De overheid hoeft haar schulden dus niet af te betalen.

Maar wat is het probleem van een hoge staatsschuld dan? Als-ie toch niet terugbetaald hoeft te worden? Nou, het kan wat veel rente worden. Op dit moment betaalt de Nederlandse overheid jaarlijks zo'n tien miljard euro rente over de schuld die ze heeft van bijna 500 miljard (de overheid betaalt dus gemiddeld ongeveer tweeënhalf procent rente). Dat betalen u en ik feitelijk via de belasting die we betalen. En naarmate die rente meer wordt, moeten we dus ook meer belasting gaan betalen. Dat vinden we niet leuk. Nog wranger is dat niet alleen wij die rente moeten betalen maar mensen in de toekomst ook. Zo'n lening loopt wel een tijdje en wellicht zelfs eeuwig.

Tijdens mijn leven heeft de overheid een tekort; daarom steekt de overheid zich in de schulden; en mijn kinderen moeten straks de rente betalen.

Dat klinkt niet helemaal eerlijk: wat hebben mijn kinderen met die lening te maken? Aan de andere kant kunnen mijn kinderen precies hetzelfde doen. Ook hún overheid kan straks bij lenen en dan moeten mijn kleinkinderen de rente betalen enzovoort. Als het voor mij nu niet erg is om de rente te betalen over een schuld uit het verleden, dan is het voor de mensen van straks toch ook niet erg om rente te betalen over schulden die in het heden worden gemaakt?

Er zit nóg iets wrangs aan die rentebetalingen. Iedereen betaalt eraan mee, via belastingen die we betalen, maar dat zijn betalingen aan relatief rijke mensen die genoeg geld hadden om 't aan de overheid uit te lenen. Dat kon op een gegeven moment weleens fricties op gaan leveren: 'Dus ik zit me blauw te betalen, van m'n zuurverdiende geld, om rijkaards rente te kunnen betalen over hun spaarcenten. Ik wil dat dat stopt!'

Maar verder heb ik nog niet kunnen ontdekken waarom een hoge staatsschuld een probleem zou zijn. Hij hoeft toch niet te worden afgelost. Het is feitelijk nog vreemder. Het is zelfs niet erg als die staatsschuld langzaam steeds wat groeit. Krijg nou wat?!

Een groeiende staatsschuld

Als ik vijftigduizend euro per jaar verdien, en ieder jaar tien procent meer uitgeef dan erin komt, dan heb ik na tien jaar al een schuld ter grootte van één jaarinkomen. Als ik niets verander aan mijn uitgavenpatroon kom ik op een gegeven moment toch werkelijk in de problemen en groeit de schuld me boven het hoofd. Maar stel je voor dat ik jaarlijks niet slechts tien procent te veel uitgeef, maar ook ieder jaar een loonsverhoging krijg van tien procent, dan is het opeens een heel ander verhaal. Mijn schuld blijft toenemen, omdat ik steeds meer uitgeef dan erin komt. Maar mijn inkomen neemt op dezelfde manier toe en dus blijft de grootte van die schuld ten opzichte van mijn inkomen gelijk. Je kunt 't ook anders uitleggen: als ik dit jaar tien procent te veel uitgeef en volgend jaar een loonsverhoging krijg van tien procent, dan geef ik feitelijk mijn inkomen van volgend jaar nu al uit. En dat is toch eigenlijk niet zo'n heel groot probleem. Die schuld blijft ten opzichte van wat ik verdien even groot en er lijken geen drama's te gebeuren. Tenzij die loonsverhoging een paar keer achterwege blijft. Of structureel achterwege blijft; pas dan ga ik in de problemen komen.

Deze truc gebruiken overheden ook. Ze geven ieder jaar meer uit dan erin komt. Daardoor stijgt de staatsschuld. Maar omdat die overheden ervan uitgaan dat er ieder jaar ook meer verdiend wordt blijft 't allemaal binnen de perken. Er zijn in Europa zelfs afspraken over gemaakt, in ieder geval tussen de landen die aan de euro meedoen. Overheden mogen meer uitgeven dan ze aan inkomsten ontvangen: het zogenaamde begrotingstekort mag drie procent bedragen van wat er in totaal in een land verdiend wordt. En de staatsschuld mag oplopen tot zestig procent van dat totale nationale inkomen. Als er dan per jaar steeds vijf procent meer verdiend wordt – een groei van vijf procent – dan blijft die schuld constant op zestig procent staan. De schuld zelf wordt ieder jaar meer – omdat er ieder jaar te veel wordt uitgegeven – maar omdat er sprake is van groei deert dat niet en compenseert dat de schuldgroei precies. Maar als de groei niet vijf procent is, en maar één procent bijvoorbeeld, dan neemt de schuld rap toe.

Dat is grappig. Ik ken die twee getallen uit de krant: drie procent en zestig procent. Het maximale begrotingstekort en de maximale staatsschuld, volgens de afspraken tussen de eurolanden. Maar ik heb nooit geweten of deze twee getallen wat met elkaar te maken zouden hebben, en zo ja, hoe dan. Nu weet ik dat wel: als het nationale inkomen jaarlijks met vijf procent toeneemt, dan is een begrotingstekort van drie procent niet erg en blijft de totale staatsschuld constant op zestig procent. Helder.

Maar… vanwaar die aanname van een groei van vijf procent? Waarom zouden we met z'n allen per jaar steeds meer gaan verdienen? Waar is dat op gebaseerd? En willen we dat wel? Ik weet dat er steeds gehamerd wordt op groei. Zowel linkse als rechtse politieke partijen hebben in hun partijprogramma's opgenomen dat de economie moet groeien – zij het dat de ene het belangrijker vindt dan de ander. Maar het idee 'groei is goed' wordt breed gedragen. Ik heb me altijd afgevraagd waar die groei nu toch voor nodig is. Stilstand is toch ook heel mooi? En een beetje achteruitgang geen drama? Maar nu ik wat meer weet over schulden en in het bijzonder die staatsschuld dringt zich een mogelijk antwoord op die groeivraag op: we moeten wel groeien omdat anders de schulden die we gemaakt hebben te groot worden. Of dit antwoord klopt weet ik nog niet, maar het is wel logisch om nu 'ns stil te staan bij die vraag: 'Moet groei?'

18 Moet groei?

'Moet groei?' is vast niet de vraag der economische vragen, maar het is wel de vraag die mij steevast gesteld werd als ik vertelde bezig te zijn met een boek over economie. 'Vanwaar toch die neiging steeds te willen groeien?' vroegen mensen met, net als ik, weinig verstand van economie me. En: 'Vinden we het dan nooit genoeg?'

Ik voel wel hetzelfde: waarom wordt toch steeds zo op groei gehamerd? Ieder kwartaal worden de Nederlandse groeicijfers breed uitgemeten in de media: 'Afgelopen kwartaal is onze economie 0,2 procentpunt gestegen ten opzichte van een kwartaal eerder.' En als de groei een tijdje tegenzit, of als er sprake is van krimp, dan lijkt het wel alsof er een ramp dreigt te gebeuren. Maar welke ramp is dat dan?

Intuïtief had ik wel wat scepsis jegens groei. Er leek me niks mis met stagnatie, of zelfs een beetje krimp. Een van de redenen achter die scepsis komt uit de biologie. De groeiers bij uitstek zijn bomen; die groeien het hoogst. Dat zij zo hoog groeien is een gevolg van het feit dat andere bomen ook hoog groeien. Bomen hebben zonlicht nodig maar daartoe hoeft een boom niet per se hoog te zijn. Een metertje is voldoende. Alleen staan bomen meestal in de buurt van andere bomen en als zo'n andere boom een beetje hoger groeit dan werpt-ie een schaduw om zich heen. Om dat op te vangen zit er voor bomen in de buurt niets anders op dan mee te groeien. Bomen groeien vanwege een onderlinge competitie. Als in de media de boodschap te horen was 'De Nederlandse economie moet groeien' dan hoorde ik als het ware 'Nederland moet mee in de internationale competitie.' En ik weet helemaal niet of ik wil meedoen aan een internationale competitie. Wat voor wedstrijd spelen wij dan met Duitsers en met Belgen en is het noodzakelijk om aan die wedstrijd mee te doen?

Een tweede reden achter mijn vraagtekens komt bij Shell vandaan. Het allereerste bedrijf waar ik ooit werkte. Ook daar was het motto dat we moesten groeien. 'In onze business hebben we een marktaandeel van 20 procent, maar dat moet binnen vijf jaar groeien naar 25,' aldus de toenmalige baas van het bedrijf. Groei betekent in zo'n geval helemaal niet iets goeds: groei van Shell zou krimp bij andere bedrijven betekenen. De groei van een marktaandeel is op zich vrij oninteressant, behalve voor de bedrijven in die markt. De wereld is niet beter af wanneer Shell BP voorbijstreeft of andersom. Het is hoogstens belangwekkend voor Shell zelf. Ergo: nog meer vraagtekens bij dat groeimotto. Hoe belangrijk is die groei nu echt?

Ik zie heus ook wel de voordelen van groei. Toen ik klein was hadden mijn ouders geen afwasmachine, een heel kleine zwart-wittelevisie, en een auto die nauwelijks honderd kon maar dan wel één op tien liep. Ikzelf heb nu wel een afwasmachine, ik kan op al mijn computerschermen tv-kijken, en mijn auto rijdt één op achttien, ook als ik 130 rij. Ondanks mijn vraagtekens stel ik deze groei toch bijzonder op prijs. Als iedereen in de tijd van mijn ouders had gedacht: ach, het is toch goed zo? Waarom zouden we groeien, dan had ik die afwasmachine en die zuinige auto vermoedelijk niet gehad.

De groei van wat?

Wat groeit er eigenlijk, wanneer de economie groeit? Het bruto nationaal product. Of het bruto binnenlands product, of het bruto nationaal inkomen. Ze verschillen net een beetje maar alle drie zijn ze een maat voor wat er allemaal gebeurt in een land. Ik vind 'nationaal inkomen' wel een mooi begrip; dat dekt intuïtief de lading. Het nationaal inkomen van Nederland is zo'n 700 miljard euro, oftewel bijna veertigduizend euro per persoon. Die 700 miljard staat voor wat we met z'n allen in een jaar voor elkaar boksen: het totaal aantal knipbeurten in Nederland; het aantal autobanden dat hier gemaakt wordt; alle couverts van alle restaurants in heel Nederland een heel jaar lang, enzovoort. Het is niet heel eenvoudig om dat allemaal te registreren, maar als je optelt wat iedereen verdient dan kom je al een heel eind. Het nationaal inkomen van Nederland groeit al ruim honderd jaar gestaag. Met hier en daar een dipje.

Hoe kan het dat ik mij nu wel een afwasmachine kan permitteren, terwijl mijn ouders dat niet konden? Omdat wij meer zijn gaan verdienen! Althans, dat dacht ik. Maar dat is niet zo handig gedacht. Het is op zich wel waar: we verdienen nu meer geld dan voorheen. Maar het is inzichtelijker om naar die afwasmachines te kijken in plaats van naar ons inkomen.

Afwasmachines zijn veel makkelijker om te maken dan vroeger. Dat kost tegenwoordig minder tijd, minder materialen en minder energie. De eerste afwasmachines waren zeer bijzonder en reuzelastig om te fabriceren, en nu komen ze, als het ware vanzelf, uit een fabriek rollen.

We kunnen ons tegenwoordig makkelijker afwasmachines permitteren dan voorheen omdat we met minder middelen meer afwasmachines kunnen fabriceren. En dat geldt niet slechts voor afwasmachines, maar ook voor andijvie, auto's en wat al niet. Alle Nederlanders bij elkaar kunnen meer voor elkaar boksen dan voorheen, en dus hebben al die Nederlanders ook meer.

Ik heb weleens een kijkje genomen in de Gazelle-fabriek in Dieren. Daar werken zo'n 350 mensen die jaarlijks 275.000 fietsen maken. Dat is bijna achthonderd per persoon. Drieënhalve fiets per werkdag. Ruim honderd jaar geleden, toen Gazelle begon, kostte het een paar dagen om een fiets te maken. Bovendien waren de fietsen toen een stuk zwaarder dan nu, kostte het meer energie om een fiets te maken en werd er veel meer verf verspild. Omdat moderne fietsen minder materialen kosten, minder energie en minder tijd, kunnen er met gemak meer van gemaakt worden en zijn ze goedkoper in de aanschaf. Een mooie Gazelle heb je tegenwoordig al voor een gemiddeld weeksalaris, terwijl de eerste nieuwe fiets die mijn vader kocht indertijd twee weeksalarissen kostte, en honderd jaar geleden moest je zelfs twee maanden werken voor de goedkoopste fiets die er was. Bovendien rijden moderne fietsen soepeler, roesten ze minder en gaan de banden minder snel lek. Dat is op alle manieren toch een verbetering?

Méér betekent niet hetzelfde als beter. Als er meer fietsen gemaakt en verkocht worden betekent dat niet automatisch dat het er beter op geworden is. Maar meer fietsen is er wel een indicatie van dat fietsen minder zijn gaan kosten in termen van werkuren, materialen, energie enzovoort zonder dat ze er slechter op geworden zijn. De groei van het aantal fietsen is dan een indicatie van verbetering.

Als we met minder middelen dezelfde spullen kunnen maken dan kunnen we meer spullen maken. Dat heet economische groei. Kortom, groei is niet per se goed, maar kan wel een aanwijzing zijn dat het er beter op geworden is.

Zijn groei en verbetering hetzelfde?

Er zijn echter, allicht, diverse 'maren'. Economische groei kán verbetering betekenen maar het hoeft niet. Als mensen hamburgers gaan kopen én afslankpillen – omdat ze zo dik worden van al die burgers – dan groeit de economie. Maar het is geen evidente verbetering. De wereld waarin men noch hamburgers noch afslankpillen eet is zeker geen mindere wereld, maar het is wel de wereld met een lager nationaal inkomen. En als ik mijn schoonmoeder ga betalen voor het onderhouden van mijn tuin – ze wiedt regelmatig onkruid en ik doe af en toe wat terug – dan stijgt het nationaal inkomen van Nederland, maar wordt Nederland er op geen enkele manier beter op.

Niet zo lang geleden was de economische groei onverwacht wat hoger dan gedacht. Mooi! Omdat er méér mensen ziek geworden waren en er meer was omgezet in de gezondheidszorg. Niet echt een verbetering.

Wat voor soort verbeteringen wenst men eigenlijk nog? Toen mijn ouders jong waren wilden ze echt heel graag een afwasmachine en een kleuren-tv. Ze zagen soms reclamefoldertjes met die apparaten, en zoiets wilden ze ook wel. Maar ja, dat ging niet. Wat zouden mensen nu willen? De meesten hebben al een kleuren-tv en een afwasmachine. Een gasfornuis met zes in plaats van vier pitten? Of een jetski? Ik heb eens rondgevraagd en wat ik het meeste hoor is 'Een nieuwe smartphone', 'Wat vaker op vakantie' en 'Bijzondere kleding die niemand anders heeft'.

Maar groei gaat er niet voor zorgen dat we vaker op vakantie kunnen. Integendeel. Groei betekent meer dingen voor elkaar krijgen en een van de manieren om dat te doen is door meer te werken en minder op vakantie te gaan. Onze wens 'Wat vaker op vakantie' botst juist met groei.

En ik betwijfel of de bijzonderekledingwens te vervullen is via groei. Als iedereen graag een afwasmachine wil, omdat die dingen zo handig zijn maar ook zo duur, dan is dat te realiseren door goedkoper en meer van die dingen te gaan produceren. Maar als iedereen graag een Louis Vuitton-tas wil omdat ze zo bijzonder zijn, dan los je dat niet op door meer van die tassen te gaan maken. Daar worden ze namelijk minder bijzonder van.

Ik twijfel nog steeds of we echt zitten te wachten op groei. Verbeteringen, prima. Maar een deel van economische groei heeft niks met verbetering te maken, en een deel van mogelijke verbeteringen komt niet van economische groei.

Waarom wordt er dan zo op groei gehamerd?

Het wordt eerlijk gezegd steeds vreemder. Eerst had ik intuïtief wel wat vragen bij groei. Toen werd groei eigenlijk best heel prima; omdat groei soms verbetering kan betekenen. En daarna kwamen weer de vraagtekens omdat veel verbetering vermoedelijk niets te maken heeft met groei en vice versa. Waarom hoor ik dan steeds die groeicijfers? Zie ik iets over het hoofd? Iedereen die een beetje nadenkt zal zich toch realiseren dat het niet per se heel veel beter hoeft. Dat het leuk is als het beter gaat, maar dat dat niet noodzakelijk is.

Nou... tenzij je op groei gerekend hebt. Eerder was ik al tot de ontdekking gekomen dat het helemaal niet onverstandig is om geld te lenen als je zeker weet dat je later veel zult verdienen. Maar als je later onverhoopt toch niet veel verdient, dan heb je een groot probleem. Misschien is het wel zo dat Nederland zich in de schulden gestoken heeft, anticiperend op groei, en móét de Nederlandse economie nu wel groeien om de rente op die schuld te kunnen blijven betalen. Dat zou kunnen, maar is het ook zo? En verklaart dat al die aandacht voor groei?

Het leek me logisch om het eens aan een econoom te vragen die dicht bij het vuur zit of zat. Een politicus of hoge ambtenaar. Zo iemand weet waarom partijen echt op groei hameren. Sweder van Wijnbergen, 'groei-econoom' en in het verleden de hoogste ambtenaar van het ministerie van Economische Zaken: 'Dus jij denkt dat ze in Den Haag groei willen omdat de groei bij wijze van spreken al uitgegeven is? Dat zonder groei onze gemeenschappelijke schuld, de staatsschuld, onbetaalbaar hoog gaat worden. Dat zou een heel slechte reden zijn. In zo'n geval moet je gewoon gaan praten met de schuldeisers. Er is maar één echte reden waarom politici steeds reppen over groei: retoriek. Kiezers willen groei. Dat klinkt mooi: een betere wereld. Maar het is natuurlijk verwende onzin. Elders, in Bangladesh en in Roemenië, daar hebben ze groei nodig. Daar moet het beter. Hier is het goed genoeg. Maar met zulke boodschappen scoor je niet in Den Haag.'

En ik ben weer terug bij af. Bij de scepsis waar ik mee begon.

Kan groei eigenlijk wel doorgaan?

Is het überhaupt wel mogelijk om steeds door te blijven groeien? Om die vraag zinnig te kunnen beantwoorden moet je weten waar de groei vandaan komt. Wat is de bron en raakt-ie bij wijze van spreken ooit droog?

De gemakkelijkste vorm van groei is bevolkingsgroei. Meer Nederlanders krijgen met z'n allen meer voor elkaar: maken meer afwasmachines en fietsen; rijden meer vrachtwagens; en serveren meer maaltijden. Bevolkingsgroei is ook een prima oplossing voor dat schuldenprobleem van daarnet: een lening die aangegaan is door duizend mensen is allicht soepeltjes terug te betalen door tweeduizend. Maar groei middels bevolkingsgroei gaat 'm niet worden in Nederland. De verwachting is dat de Nederlandse bevolking zal stagneren op zo'n 17 miljoen.

Meer mensen die werken; en harder werken. Ook logisch: als het niet kan via bevolkingsgroei, dan gaan toch meer mensen werken en gaan ze langer en harder werken? Dan krijg je met z'n allen meer voor elkaar en groeit de economie. Maar er werken al best wel veel mensen. Er zijn weliswaar bijna zevenhonderdduizend werklozen in Nederland, maar van de mensen tussen de 25 en de 65 werkt 93 procent wel. Toen ik klein was, was dat veel minder. Per gezin werkte meestal maar één iemand. (En altijd de vader. Belachelijk natuurlijk.) Afgelopen decennia zijn Nederlanders in totaal al heel veel meer gaan werken. Ten gunste van die economische groei. Maar dat kan niet oneindig lang doorgaan. Als iedereen werkt kunnen er niet nog meer gaan werken en er zijn er maar weinig die meer dan veertig uur per week willen werken.

Overigens kon mijn vader ooit met één inkomen een auto kopen en een huis, maar voor het huis van mijn ouders heb je tegenwoordig echt wel anderhalf tot twee modaalsalarissen nodig. In die zin zijn we er armer in plaats van rijker op geworden.

Er is maar één manier van groei die ervoor in aanmerking komt eeuwig door te kunnen gaan, en dat is die van verbetering. Technische innovatie zoals met die afwasmachines en fietsen. Als we betere spullen met minder middelen en in minder tijd kunnen maken, dan is dat een verbetering. We zijn dan in staat om met dezelfde middelen meer te maken, en dat heet groei.

Maar er is nog zoveel meer dan spullen. Het toilet schoonmaken. Kan dat beter, sneller en goedkoper dan hoe we het nu doen? Huizen schilderen, lesgeven, boeken schrijven. Dat doen we allemaal ook, naast dat we spullen maken. En of dáár nou zoveel te verbeteren valt?

Ik kan me wel wat voorstellen bij een afwasmachine of een fiets die twee keer zo goed is als de huidige: die twee keer zo snel geproduceerd wordt voor de helft van de energie en het materiaal. Maar wat moet ik me voorstellen bij twee keer zo goed onderwijs? Kinderen die op hun twaalfde al rijp zijn voor de universiteit? Eén juf of meester voor een klas met zestig kinderen? In de materiële sector, de 'spullensector', kun je je een voorstelling maken van verbetering en groei. Net als in de landbouw. Maar in de niet-materiële sector – onderwijs, zorg, financiële dienstverlening, horeca – is het een stuk minder duidelijk wat verbetering en groei zouden kunnen betekenen.

Al ruim honderd jaar groeit de Nederlandse economie gestaag – met als uitzondering een dip in de Tweede Wereldoorlog. We wonen in betere huizen; we reizen sneller, veiliger en comfortabeler; we eten meer en gezonder. Dat is voor een belangrijk deel groei als gevolg van verbeteringen in de spullensector. Daar werken dan ook steeds minder mensen: de spullen worden steeds handiger geproduceerd. Maar het is nogal een veronderstelling dat die verbeteringen maar door kunnen blijven gaan. Welke groei en verbeteringen gaan we krijgen in de horeca of het onderwijs? Dat is allemaal niet zo evident. En toch blijven we geloven in groei: 'Afgelopen decennia was de groei steeds zo'n drie procent, het moet drie procent blijven!'

Een toekomst zonder groei

In de afgelopen tien jaar was de economische groei gemiddeld een procent per jaar. Dat schijnt teleurstellend weinig te zijn. Drie procent is de norm. Over de afgelopen zestig jaar is die drie procent wel ongeveer gehaald. Zestig jaar is een lange tijd en suggereert inderdaad dat drie procent de norm is. Maar het zou ook goed kunnen dat de afgelopen zestig jaar uitzonderlijk goed waren en dat één procent de nieuwe norm moet zijn.

Een deel van die groei in de afgelopen decennia is te danken aan de steeds betere en efficiëntere productie van spullen. Het lijkt me onlogisch dat díé groei alsmaar door kan gaan. Een ander deel van onze economische groei komt voort uit harder en langer werken. Door meer mensen bovendien. Ook dat lijkt me ooit te moeten stoppen. 'Maar andere landen groeien wel! China zelfs wel zeven procent. Dat moet ons toch ook lukken?' Nou, tot voor kort had bijna niemand in China een afwasmachine of een auto. In zo'n land is het makkelijk groeien. Maar ook China gaat die zeven procent niet heel lang volhouden.

Misschien moeten we toch maar gaan wennen aan een wereld met wat minder groei. Een voortkabbelende wereld. Dat geeft vast een aantal problemen, maar het lijkt me vooral een mentaal probleem: hoe gaan we om met een wereld waarin we niet steeds méér voor elkaar boksen? Niet voortdurend nóg grotere huizen, nóg betere auto's, en nóg gezonder voedsel.

19 Waarom verdient een hoogleraar meer dan een tuinman?

We zijn er in de loop van de tijd weliswaar met z'n allen rijker op geworden maar niet iedereen is even hard gegroeid: er zijn rijkere en minder rijke mensen. Eén keer per jaar vraag ik een tuinman om onze tuin een beetje op te schonen. Hij snoeit het een en ander, doet wat grotere klussen als het aanleggen van drainage, en meestal wiedt hij ook wat onkruid. In totaal is-ie twee dagen bezig en dat kost mij dan een bedrag dat evenveel is als een kwart van wat ik krijg voor het geven van een lezing. Een dure lezing. Als zo'n lezing een uurtje duurt, dan verdien ik dus in een kwartier evenveel als een tuinman in twee dagen. Nou heb ik natuurlijk voorbereidingstijd en dat soort dingen, maar toch, het voelt een beetje vreemd. Waar komt het verschil vandaan? Waarom verdient een hoogleraar meer dan een tuinman en is dat verschil terecht? En dan gaat 't me natuurlijk niet alleen om hoogleraren versus tuinmannen maar om inkomensverschillen in het algemeen.

In Nederland verdienen mensen minstens het minimumloon van zo'n twintigduizend euro per jaar, bij een volledige baan. Mensen achter de lopende band, bollenpellers, schoonmakers, vakkenvullers enzovoort verdienen niet meer dan dat. Tuinmannen, visboeren en taxichauffeurs verdienen wat meer: ongeveer dertigduizend euro. Hoogleraren verdienen een stuk beter, helemaal als ze lezingen geven. Aan het eind van het spectrum zitten veelverdieners als advocaten, medisch specialisten en directeuren. Die kunnen meerdere tonnen per jaar verdienen. En dan zijn er nog wat uitzonderlijke uitschieters: zoals de voetballers van het Nederlands elftal, succesvolle kunstenaars en ondernemers die hun eigen, goedlopende, bedrijf hebben.

Het woord 'verdienen' heeft twee betekenissen. Het betekent 'inkomen verkrijgen' maar het kan ook 'terecht verkrijgen' betekenen. Zoals in: 'Hij kreeg een verdiend complimentje.' Of andersom: 'Wij verdienden de winst, maar toch wonnen zij.' Dat er voor twee verschillende dingen één woord is suggereert dat die twee verschillende dingen dicht bij elkaar liggen. Het verkrijgen van inkomen en het terecht verkrijgen van inkomen is kennelijk ongeveer hetzelfde. En zo voelt dat ook wel als ik stilsta bij sommige inkomensverschillen. Laat ik mijn eigen beroep even buiten beschouwing laten en het in plaats daarvan over huisartsen hebben, die verdienen ongeveer evenveel. Het voelt vrij terecht dat een huisarts meer dan een tuinman verdient. Een arts doet belangrijker werk dan een tuinman. Toch?

Maar wanneer is het eigenlijk terecht dat de een meer verdient dan de ander? Als de ene tuinman een uur doet over het snoeien van een struik, en een andere tuinman voor precies diezelfde struik twee uur nodig heeft en het even goed doet, dan is het logisch – en mijns inziens terecht – dat die eerste tuinman meer verdient. Maar ik kan geen andere situaties bedenken waarin het direct duidelijk is dat iemand meer behoort te verdienen.

Het antwoord dat een hoogleraar meer verdient omdat-ie een lange en dure opleiding heeft moeten volgen kan niet kloppen. De kosten van een opleiding rechtvaardigen een inkomen niet zoals de productiekosten van iets de prijs daarvan ook niet kunnen rechtvaardigen. Stiekem weten we dat heus wel: een opleiding tot goudsmid of balletdanser is ook lang en duur, maar een balletdanser of een goudsmid verdient ongeveer evenveel als een tuinman.

Een markt van arbeid

De vraag waarom hoogleraren meer verdienen dan tuinmannen lijkt op de vraag waarom cola duurder is dan melk. En de antwoorden lijken ook op elkaar. Het is allemaal vraag en aanbod. Iemand die iets kan wat weinig anderen kunnen, maar waar wel veel behoefte aan is, zal een boel verdienen. Of krijgen, los van de vraag of dat terecht is of niet. Maar waarom verdienen circusartiesten dan zo weinig? Die kunnen bij uitstek iets wat niemand anders kan. Er is maar één economisch antwoord mogelijk: er is niet zoveel vraag naar circusacts. Blijkbaar vinden we circusacts minder belangrijk dan worst, stucwerk en financieel advies. Want slagers, stucadoors en financieel adviseurs verdienen stuk voor stuk meer dan circusartiesten, ondanks het feit dat die laatsten veel bijzonderder zijn.

Daarom verdient een hoogleraar dus meer dan een tuinman: vraag en aanbod komen voordelig uit voor de hoogleraar. En daarom ook verdient Robin van Persie nog veel meer. Hij kan iets wat bijna niemand anders kan, maar waar wel veel behoefte aan is. Miljoenen mensen kijken wekelijks naar het voetbal – in het stadion of op tv – en betalen graag mee aan het salaris van Van Persie. Miljoenen euro's per jaar. Het is een beetje onduidelijk wat Van Persie verdient, maar laten we 't op tien miljoen euro per jaar houden. Ondanks dat hoge bedrag voelt dat niet als bijzonder onterecht of oneerlijk. Het is misschien vreemd dat mensen zoveel overhebben voor zijn voetbalkunsten maar als ik mensen boos hoor zijn vanwege hoge salarissen, dan is dat eerder op topmanagers, medisch specialisten en bankiers. Die worden regelmatig 'graaiers' genoemd – hoewel ze bijna zonder uitzondering een stuk minder verdienen dan Van Persie. Op de een of andere manier lijken zij hun inkomen minder eerlijk bij elkaar te verdienen dan Van Persie.

Topmanagers

Een manager van tien tuinmannen verdient in Nederland ongeveer anderhalf keer zoveel als één tuinman. En de manager van de manager verdient weer meer. Een topmanager, de hoogst betaalde werknemer van een gemiddeld Nederlands bedrijf verdient zes keer zoveel als een doorsnee werknemer van datzelfde bedrijf. Bij de overheid is dat verschil wat minder groot: een burgemeester van een middelgrote gemeente verdient twee keer zoveel als een beleidsmedewerker, en die weer twee keer zoveel als de portier van het gemeentehuis.

Waarom verdient een manager van tuinmannen meer dan een tuinman? Nou, om precies dezelfde reden dat een tuinman die één uur over een snoeibeurt doet meer verdient dan een tuinman die er twee uur voor nodig heeft. Die eerste tuinman 'bokst meer voor elkaar' en verdient dus meer, en een goede manager kan nóg meer betekenen dan één zo'n tuinman. Een manager kan al die tuinmannen efficiënter laten werken door ze slim in te plannen, voortgang van projecten te bewaken enzovoort. Een manager heeft veel meer 'toegevoegde waarde' en dus is een hoger salaris gerechtvaardigd. Een topmanager heeft natuurlijk een nóg hoger salaris omdat-ie nóg meer kan betekenen en waarde kan toevoegen. Een topmanager is net Robin van Persie: hij kost wat, maar hij levert ook wat op.

Maar wat levert een topmanager op dan? Van een tuinman kun je vaststellen wat-ie 'toevoegt'. Als hij per jaar duizend struiken kan snoeien waarvoor-ie steeds veertig euro ontvangt, terwijl de kosten per snoeibeurt een tientje zijn, dan is de toegevoegde waarde van zo'n tuinman dertigduizend euro per jaar. Maar hoe bepaal je de toegevoegde waarde van een topmanager?

Ik heb die vraag weleens gesteld aan een zaal vol managers en het antwoord was opmerkelijk: 'Je moet gewoon kijken naar wat een topmanager verdient. Als een bedrijf drie ton voor een topmanager overheeft dan zal-ie dat wel waard zijn, anders hadden ze dat niet betaald.' Een drogreden van heb ik jou daar. Een topmanager krijgt drie ton vanwege zijn toegevoegde waarde. En zijn toegevoegde waarde is drie ton, want dat is wat-ie krijgt. Een volmaakte cirkelredenering.

De toegevoegde waarde van een manager zit 'm uiteindelijk in wat-ie voor consumenten betekent. U en ik bepalen wat van waarde is. En zoals een colafabriek slechts waardevol is omdat er cola uit komt die mensen lekker vinden, zo is een manager slechts waardevol als-ie uiteindelijk iets betekent voor u en mij. Ervoor zorgt dat snoeibeurten goedkoper of beter worden, of wat dan ook. Maar aan consumenten kun je moeilijk vragen wat de toegevoegde waarde van een manager is. Je zou het de werknemers kunnen vragen. Zoals tuinmannen: 'Wat heeft u over voor de managementactiviteiten van uw baas?' Dat zou een indicatie geven van de toegevoegde waarde van zo'n manager. Maar tuinmannen bepalen niet wat een tuinmanmanager verdient. Het is eerder andersom. En precies dat suggereert een verklaring voor het hoge inkomen van topmanagers.

Topmanagers hebben relatief veel te zeggen in een bedrijf en kunnen hun eigen salaris beïnvloeden. Ze kunnen niet zomaar elk salaris kiezen dat hun goeddunkt, maar ze hebben wel een dikkere vinger in de pap dan een tuinman. Het zal heus niet het hele verhaal zijn. Wellicht is er relatief veel behoefte aan managers en zijn er maar weinig mensen die een goede manager kunnen zijn en verklaart dat óók hun hoge inkomen. Of wellicht is manager een vreselijke rotbaan en kiezen mensen er slechts voor wanneer het bijzonder goed betaalt. Maar topmanagers verdienen ook relatief veel omdat ze directe invloed hebben op hun eigen salaris. Wellicht dat we daarom eerder chagrijnig van topmanagers worden dan van Robin van Persie. Robin van Persie kan zijn salaris alleen maar beïnvloeden door zijn prestaties op het veld.

Even voor de goede orde: ik bedenk deze verklaring niet zelf. Ik haal haar uit boeken, artikelen en colleges. Bovendien wordt ze ondersteund door wat er gebeurd is met het inkomen van topmanagers; dat is in de afgelopen decennia meer gestegen dan dat van andere werknemers. Hoe kan dat? Is de vraag naar managers toegenomen terwijl het aanbod afnam? Dat gelooft toch niemand.

Het is een fundamenteel economisch gedachtegoed: als een partij de prijs van haar producten naar believen kan kiezen, dan wordt die prijs hoog. En hetzelfde geldt voor de prijs van werk, oftewel salaris. Er zijn meer van dit soort effecten die iedere econoom kent: als een bedrijf drempels weet op te werpen voor concurrende bedrijven dan worden de producten van dat bedrijf duurder. En als een bedrijf dingen weet over de spullen die het verkoopt die de kopers niet weten, dan idem dito. Deze effecten verklaren mede het relatief hoge salaris van respectievelijk medisch specialisten en bankiers.

Medisch specialisten

En artsen dan? In het bijzonder medisch specialisten. Waarom verdienen die meer dan een tuinman? Vaak meerdere tonnen per jaar. Daar zijn verschillende redenen voor. Als ik moest kiezen tussen een nette tuin of een goede gezondheid, dan koos ik toch wel voor het laatste. De vraag naar gezondheid is groter dan de vraag naar gesnoeide struiken. Bovendien is het aanbod van artsen lager dan het aanbod van tuinmannen. Het is nu eenmaal moeilijker om arts te worden dan tuinman. Er zijn zat mensen voor wie dat andersom is, die met twee linkerhanden geboren zijn en die van hun levensdagen nooit tuinman hadden kunnen worden. Maar er zijn nóg meer mensen die het niet in zich hebben om medisch specialist te worden. Specialisten zijn schaars, hun diensten zijn gewild en dus is hun inkomen hoog. Helder. Maar... specialisten zijn niet zomaar schaars. Specialisten worden schaars gemaakt. Door specialisten zelf.

Je kunt namelijk slechts medisch specialist worden door een opleiding te volgen bij medisch specialisten. Zo hebben ze dat geregeld. Dat is natuurlijk heel logisch. Wie beter dan een arts kan artsen opleiden? Maar het gevolg is wel dat medisch specialisten invloed hebben op het aantal medisch specialisten in Nederland. En allicht is het in hun belang om dat aantal een beetje laag te houden. Dan blijven medisch specialisten schaars en hun inkomens hoog.

Dat doen ze niet per se bewust. Medisch specialisten zijn in de regel integere mensen die gewoon hun werk doen. Maar ondertussen is er wel een systeem opgetuigd met drempels om medisch specialist te worden, en worden die drempels door de specialisten zelf beheerd. Hoe integer die specialisten ook zijn, het gevolg zal zijn dat ze relatief veel verdienen.

Het kan heus anders. Ik kan me best voorstellen dat een wat seniore medisch specialist weleens wat anders wil dan genezen en een commerciële specialistenopleiding zou willen starten. Een opleiding die je voor een flinke zak geld kunt volgen en die je klaarstoomt voor een artsenbaan. Waarom niet? Er zijn jaarlijks honderden mensen die graag specialist hadden willen worden maar niet worden toegelaten tot een opleiding. Als die mensen in de gelegenheid worden gesteld om een commerciële specialistenopleiding te gaan volgen – die allicht voldoet aan allerlei strenge kwaliteitseisen – dan geef ik je op een briefje dat het salaris van medisch specialisten flink zal gaan dalen. En, toegegeven, dat gebeurt op dit moment ook. Specialisten verdienen tegenwoordig flink minder dan een jaar of tien geleden.

Hetzelfde geldt voor piloten. Die moeten ook een dure opleiding volgen. Een uurtje lessen in een passagiersvliegtuig kost klauwen vol geld. En net als medisch specialisten verdienen piloten ook goed. Of: *verdienden* ze goed. Een paar decennia terug. Toen ik een jaar of tien was had het tv-journaal een item over de beroepen die het meest verdienden. En dan ging het over mensen in loondienst. Met een cao-salaris. Nummer twee van het lijstje was de minister-president. Ik herinner het me nog goed. 'Wie kan er nou meer dan de minister-president verdienen?' vroeg ik me nog af. En het antwoord was: piloten. De gezagvoerder op een groot passagiersvliegtuig bij de KLM verdiende het allerbest. Best vreemd voor een baan waarvan heel veel jongetjes dromen. Ter vergelijking: een brandweerman – die andere 'droombaan' – verdiende toen ik dat tv-jounaal zag tien keer minder dan een piloot.

Het salaris van piloten is sindsdien flink minder geworden. Dat heeft verschillende oorzaken, maar een ervan is dat er meer piloten worden opgeleid. Vroeger werden KLM-piloten opgeleid door KLM-piloten, terwijl er tegenwoordig veel meer zelfstandige vliegscholen zijn. Het lijkt me toch zeer plausibel dat de zittende piloten indertijd de instroom van nieuwe piloten een beetje beperkten. Zo bleven piloten schaars en hun inkomen hoog. Tegenwoordig verdient een piloot nog steeds meer dan een brandweerman, maar het verschil is wel afgenomen.

Kortom: sommige mensen hebben een hoog inkomen omdat ze het aantal mensen met diezelfde baan kunnen controleren en beperken. Zulke mensen danken hun inkomen niet uitsluitend aan het feit dat ze iets heel bijzonders kunnen dat wij hogelijk waarderen, maar aan het feit dat ze anderen tegenhouden hetzelfde te doen als zij.

Niet iedereen kan dat spelletje spelen. Als vuilnismannen gaan eisen dat slechts geaccrediteerde vuilnismannen nog mogen werken en dat zij zelf de accreditatie gaan uitvoeren, dan zal niemand ze serieus nemen. Het kan alleen met beroepen die een zekere mate van ingewikkeldheid en ernstigheid hebben. Robin van Persie kan het ook niet. Hij heeft geen invloed op het aantal jonge talenten dat doorbreekt bij zijn club.

Bankiers

Bankiers hebben weer een andere truc om hun inkomen op te krikken. Let wel, die topmanagers, medisch specialisten en bankiers staan voor verschillende mechanismen waarmee een hoog inkomen verkregen kan worden. Dezelfde trucs worden in talloze beroepsgroepen gebruikt en andersom zijn er talloze topmanagers, medisch specialisten en bankiers die zich helemaal niet bewust zijn van de totstandkoming van hun salaris en te goeder trouw en netjes hun werk doen. In ruil voor een mooi salaris. Dat wel. En ten slotte zijn die trucs nooit het hele verhaal. Ook zonder die trucs verdienen artsen meer dan tuinmannen en verdienen topmanagers en bankiers heus heel flink. Alleen zouden ze zonder die trucs wel een stuk minder verdienen.

De bankiers dus. En soortgelijke beroepen uit de financiële sector. Hun truc is om dingen te verkopen die nauwelijks te begrijpen zijn maar die je, zo lijkt het, beter wel kunt aanschaffen.

Toen ik voor het eerst een huis ging kopen wendde ik me tot een 'onafhankelijk hypotheekadviseur'. Nadat ik hem had uitgelegd waarvoor ik kwam begon-ie een heel verhaal. 'Wat u wilt is erg dom, meneer. Spaarhypotheken zijn passé. U moet een aflossingsvrije hypotheek nemen met daarnaast een effectenproduct en een verzekering. Laten we even uitgaan van een rendement van acht procent en kosten van twee procent per jaar.' En zo tetterde hij door. Vermoedelijk een stuk ingewikkelder dan ik nu opschrijf, want wat ik opschrijf begrijp ik nog. Ik stond zo perplex dat ik na een halfuurtje beleefd vertrok en besloot het huis maar niet te kopen. Het is later wel weer goed gekomen, via een andere hypotheekadviseur die me erg goed kon uitleggen hoe een en ander in elkaar stak, maar de werkwijze van die eerste adviseur lijkt model te staan voor een algemene strategie in de financiële sector: zodanig ingewikkelde dingen verkopen dat de koper niet kan weten of-ie wel het goede koopt en dan uit onzekerheid niet wegloopt, zoals ik deed, maar betaalt.

Vestia, een grote woningcorporatie met zo'n 80.000 woningen, ging in 2014 bijna failliet omdat ze zogenaamde renteswaps hadden gekocht. Een ingewikkeld financieel product waar ze er heus wel een paar van konden gebruiken. Maar ze kochten er ter waarde van zeven miljard. Veel en veel te veel. Bij Vestia begrepen ze eigenlijk helemaal niet wat ze kochten. Dat is ze flink kwalijk genomen: 'Speculeren voor een paar miljard met het geld van onbemiddelde huurders!' Maar de verkopers van die swaps valt natuurlijk ook wat te verwijten. Die lui wisten heus dat Vestia niet begreep wat het kocht. Precies daarom verkochten ze die swaps natuurlijk aan Vestia. Als de koper niet precies weet wat-ie koopt is de verleiding wel erg groot om hem een beetje voor de gek te houden. Of heel erg.

Deze manier van werken is natuurlijk niet voorbehouden aan mensen uit de financiële sector. Overal gebeurt 't. Ik heb een goedkope auto die ik braaf laat onderhouden bij de garage waar ik hem nieuw heb gekocht. Per jaar ben ik zo'n tien procent van de aanschafkosten kwijt aan onderhoud. Dat is best een boel. Ik heb die auto nu ruim vier jaar en ik heb bijna de helft van de aanschafprijs aan garagebeurten betaald. Nu ik het zo opschrijf voelt 't als extra veel. Maar wat had ik moeten doen? Ik weet toch niks van auto's? De laatste keer zat er ijzervijlsel in een sensor op de nokkenas – als ik het goed onthouden heb. 'En u begrijpt, het kost heel wat om zo'n nokkenas te repareren.' Maar dat begreep ik helemaal niet. Daarvoor weet ik veel te weinig van auto's. Ik heb de boel toch maar laten repareren, maar waarvoor ik die paar honderd euro betaalde weet ik eigenlijk nog steeds niet.

Robin van Persie kan dit allemaal niet. Die kan ons niks op de mouw spelden of ingewikkelde schijngoals scoren die eigenlijk geen goal zijn. Hoogstens kan hij zich een keer in het strafschopgebied laten vallen, maar dat was het dan ook wel. Ik begin steeds meer respect te krijgen voor Robin van Persie, die het zonder trucs voor elkaar krijgt om tien miljoen per jaar te verdienen. Simpelweg omdat hij iets kan wat wij waarderen en wat weinig anderen kunnen.

Maar niet iedereen verdient zijn geld als Robin van Persie. Er zijn trucs om meer te verdienen dan je eigenlijk verdient. Dat er inkomensverschillen bestaan is logisch, en wellicht zelfs terecht. Er zijn mensen die iets bijzonders kunnen waar veel vraag naar is. Maar niet iedereen die een boel verdient, verdient dat terecht. Verdienen en verdienen is toch niet altijd hetzelfde.

Economen zouden het uiteindelijk als volgt verwoorden: de prijzen en salarissen die tot stand komen door vraag en aanbod worden nodeloos opgekrikt wanneer er (I) sprake is van 'marktmacht'; partijen die prijzen kunnen beïnvloeden (zoals die topmanagers); of (II) als er geen sprake is van vrije toegang tot die markt (daar zorgen die medisch specialisten voor); of (III) als er sprake is van informatieasymmetrie tussen koper en verkoper (dat is het geval bij bankiers).

Ik denk dat er minstens nog één andere verklaring is van inkomensverschillen. Een wat minder economische verklaring misschien maar wel een die het relatief hoge salaris van hoogleraren zou kunnen verklaren: gewenning. We zijn er nou eenmaal aan gewend om voor bepaalde beroepen goed te betalen, en dus verdienen die beroepen goed. Hoogleraren hebben status en prestige, ze worden niet voor niets 'professor' genoemd, en daar hoort een prijskaartje bij.

20 Zijn inkomensverschillen terecht?

Ik begrijp weliswaar wat beter waar inkomensverschillen vandaan komen, maar de vraag blijft: zijn ze terecht? Als er nu geen trucs gebruikt worden om het salaris op te krikken, maar iedereen op een eerlijke Robin van Persie-manier zijn geld zou verdienen (zij het niet zoveel als Robin van Persie, natuurlijk), zijn inkomens en inkomensverschillen dán terecht? Of, met een mooier woord, 'gerechtvaardigd'?

Als ik een boek schrijf is het dan terecht dat ik een boek heb? Een vreemde vraag: als ik een boek geschreven heb, is het logisch dat ik een boek heb en het doet nauwelijks ter zake of dat ook terecht is. En is het terecht dat ik dat boek hou? Dat lijkt me toch van wel. Als ik het boek verkoop voor twintig euro, mag ik die twintig euro dan houden? Ja toch?! Wanneer ik tien exemplaren weet te verkopen, is het dan gerechtvaardigd dat ik tweehonderd euro heb? Ook ja. En bij vijftigduizend? Is het terecht dat ik dan miljonair ben? Hm, lastig...

Maar eerst: wat *betekent* het eigenlijk wanneer iemand veel verdient? Je zou hoge verdiensten als een uitspraak van de samenleving kunnen beschouwen: 'Wij stellen bijzonder op prijs wat u doet en er zijn er maar weinig die dat kunnen als u.' De vraag of die hoge verdiensten terecht zijn wordt dan direct wat minder prangend; ze voelen direct terecht. (Let op de dubbele betekenis van het woord 'verdiensten'.)

Andersom hoort iemand die weinig verdient de samenleving het volgende zeggen: 'Sorry, we waarderen niet echt wat u doet. Zou u niet iets anders gaan doen?' In sommige gevallen kan ik me wat voorstellen bij deze uitspraak en bij de impliciete consequentie dat het terecht is dat die persoon weinig verdient. Bijvoorbeeld in het geval van schaapherders. Tja, ik vind het niet zo vreemd dat die weinig verdienen. Het is toch een beetje een achterhaald beroep. Of letterzetters, zoals mijn vader was. Dat kan echt wel een stuk gemakkelijker tegenwoordig. Maar wat moet een bejaardenverzorger denken die vier keer zo weinig verdient als iemand die shampoo inkoopt in Turkije en die met een mooie winst in Nederland verkoopt. 'Sorry, het is leuk dat u onze bejaarden wast, maar liever hebben we dat u shampoo gaat verkopen?' Zo zou de bejaardenverzorger het kunnen horen en of dat terecht is weet ik niet.

Mijn zusje is actrice en heeft verschillende prijzen voor haar toneelspel ontvangen, waaronder de 'Theo d'Or': de meest prestigieuze toneelprijs die een actrice in Nederland kan winnen. Ze verscheen op het journaal, op voorpagina's van kranten en er komt een geschilderd portret van haar in de Amsterdamse Stadsschouwburg. Maar ze verdient geen rode cent. Minder dan iemand die de groenteafdeling van een Albert Heijn onder zijn hoede heeft. Zegt de samenleving werkelijk tegen haar: 'We vinden het hartstikke leuk wat u doet en natuurlijk komt er zo'n portret in de schouwburg, maar iemand van de groenteafdeling van de Albert Heijn, daar kunt u niet aan tippen'?

Ik vind het lastig. Maar toch, als ik er wat langer over nadenk, dan kan ik niet anders dan tot de conclusie komen dat een inkomen inderdaad iets zegt over de waardering die men voor je heeft. Mits er geen trucs gebruikt worden om dat inkomen op te krikken, en mits dat inkomen betaald wordt door mensen die bij hun volle verstand zijn. Ik kan er niks anders van maken. Robin van Persie wordt hoger gewaardeerd dan ik. (Daar moet ik me overigens niet te veel van aantrekken; dan maar wat minder gewaardeerd.) Een shampooverkoper wordt meer gewaardeerd dan een bejaardenverzorger en een medewerker van de groenteafdeling van de Albert Heijn wordt hoger gewaardeerd dan mijn, in theaterkringen, beroemde zusje. Het is niet anders. Dat is blijkbaar wat de mensen vinden.

Oké, grote verdiensten betekenen grote verdiensten. Oftewel: een hoog inkomen betekent een hoge waardering. Daarmee líjken hoge inkomens gerechtvaardigd, maar dat is niet zo. De vraag blijft: is het terecht dat iemand die bijzonder gewaardeerd wordt ook een hoog inkomen heeft? Want laten we wel wezen, Robin van Persie, laat ik maar even bij hem blijven, heeft natuurlijk ook wel mazzel dat-ie zo goed kan voetballen. Hij traint natuurlijk hard, maar dat doen er meer. Een deel van zijn verhaal is ongetwijfeld een aangeboren talent. Mazzelaar. Dankzij mazzel kan hij goed voetballen; dankzij zijn voetbal wordt hij gewaardeerd; en dankzij die waardering heeft hij zo'n hoog inkomen. Uiteindelijk kan hij als gevolg van een mazzeltje in een grote villa wonen, en kunnen zijn kinderen naar de allerbeste school en krijgt hij de beste medische zorg. Wat vinden we daarvan?

Ik vind het een lastig punt en feitelijk verlaten we hier het domein van de economie en wordt het meer ethiek: wat vinden we acceptabel en wat niet? Het kan haast niet anders dan dat overpeinzingen hierover wat gekleurder en persoonlijker zijn.

Persoonlijk heb ik geen problemen met een samenleving waarin men de mensen met geluk hun geluk gunt. Zoals Robin van Persie. Maar ik hou niet van een wereld waarin men tegen de mensen met pech zegt: 'Pech!' De mensen die pech hebben, die niet gezegend zijn met uitzonderlijke voetbaltalenten of die überhaupt geen enkel talent hebben, die mensen moeten we niet laten stikken. Vind ik. Daar moeten we iets voor vinden.

Nu zijn er mensen die niet geloven in pech. 'Iedereen heeft wel ergens talent voor. En als je maar hard genoeg je best doet, dan kan iedereen wat van zijn leven maken.' Volgens hen is het je eigen schuld wanneer je in de misère zit en is het dus ook niet logisch om te hulp te schieten. Maar ik denk niet zo en ik vind het zelfs vreemd om zo te denken. Sterker nog: ik denk dat het simpelweg niet waar is. Als er mensen zijn met geluk dan moeten er ook mensen met pech zijn. Bovendien zijn het vooral de mensen die geluk hebben en die goed verdienen, die denken dat pech niet bestaat. Totdat ze zelf een keer pech hebben...

Ik ben dus een voorstander van hulp voor pechvogels. Maar zulke hulp kost geld. Als we de pechvogels een steuntje in de rug willen geven dan moet 't ergens vandaan komen. Maar wie gaat dat betalen? Robin van Persie natuurlijk! En alle anderen die relatief veel verdienen. Wie anders?

Het kan heus terecht of rechtvaardig zijn dat veelverdieners veel verdienen, maar de veel interessantere vraag is wat we vinden van de mensen die weinig verdienen. Is het rechtvaardig dat iemand die zijn best doet en werkt weinig verdient? Te weinig om van te leven. Beide vragen zijn gekoppeld. Je kunt moeilijk op de ene vraag 'ja' antwoorden en op de andere 'nee'.

Ik schreef eerder dat de vraag 'Waarom verdient een hoogleraar meer dan een tuinman?' lijkt op de vraag 'Waarom is cola duurder dan melk?'. En de antwoorden lijken ook op elkaar. Maar er zijn ook verschillen. Je kunt je schouders ophalen over die lage prijs van melk. Of die lage prijs nu terecht is of niet, het is maar melk. Maar met inkomens ligt dat toch wat anders. Is het terecht wanneer een schoonmaker minder verdient dan wat nodig is om van te kunnen leven? Je kunt daar toch niet je schouders over ophalen onder het mom van: 'Het is maar een schoonmaker.'

Nóg een argument voor het herverdelen van inkomen: onze samenleving is in de loop van de eeuwen nogal veranderd en voor de meesten is het er flink makkelijker op geworden zichzelf in leven te houden. Eten verbouwen we niet meer zelf, dat doen specialisten voor ons; we lopen nauwelijks, maar pakken de auto; en in plaats van dat we in zelfgebouwde hutten wonen, bewonen we comfortabele huizen die door bouwvakkers zijn neergezet. Bijna iedereen is in de moderne samenleving beter af. Maar niet helemaal iedereen. Er zijn mensen die zo weinig kunnen, en die zo weinig worden gewaardeerd, dat ze te weinig verdienen om van te kunnen leven. Voor hen is de moderne samenleving géén zegen. Het is toch logisch dat zij die profijt hebben van die moderne samenleving degenen die de nadelen ondervinden compenseren?

Wat moet je herverdelen?

Robin van Persie heeft geluk en ik vind het logisch dat hij – die flink profiteert van het feit dat er zoiets als pech en geluk bestaat – iets afstaat ten gunste van de pechhebbers. Net als ikzelf. Bovendien merkt Robin van Persie het nauwelijks. Het minuscule nadeel dat hij ondervindt als-ie duizend euro minder heeft weegt niet op tegen het voordeel van diezelfde duizend euro voor een stel pechvogels.

De totale hoeveelheid rijkdom verandert niet als duizend euro bij Van Persie weggehaald wordt, of bij andere veelverdieners zoals ikzelf, en gegeven wordt aan armeren. Maar de hoeveelheid *gevoelde* rijkdom, of het aantal gelukspunten volgens de terminologie van een paar hoofdstukken terug, verandert wel: die wordt groter. De gevoelde rijkdom van Van Persie neemt nauwelijks af terwijl de gevoelde rijkdom van de armeren flink toeneemt. Twee vliegen in één klap: het totale aantal gelukspunten wordt groter, en de mensen met het minste van die punten krijgen er wat bij. Dat zijn toch twee begerenswaardige doelen: (I) de wereld met meer geluk is een betere wereld (bij een gelijkblijvende verdeling van dat geluk); en (II) de wereld waarin de minst gelukkige gelukkiger is, is ook een betere wereld (bij een gelijkblijvende totale hoeveelheid geluk). Dus de wereld waarin én de totale hoeveelheid geluk groter is én de ongelukkigste wat gelukkiger is, is een dubbel-betere wereld. En de enige die wat inlevert is de persoon die al zoveel had dat-ie heus wel wat kan lijden.

Het probleem is wel dat je helemaal niet weet wat de relatie is tussen die gelukspunten en geld. Het idee is dat ze met elkaar te maken hebben. Hoe meer geld, hoe meer gelukspunten. Maar ze lopen niet synchroon. Hoe meer geld je al hebt, des te meer je extra nodig hebt voor extra gelukspunten. Precies daarom kun je makkelijk duizend euro bij Van Persie weghalen: het kost hem nauwelijks van die punten. Maar het kan best dat Robin van Persie zwaar ongelukkig is en zijn leven waardeloos vindt terwijl iemand die in het derde van IJsselmeervogels voetbalt heerlijk in zijn vel zit. Moet je dan gelukspunten bij die persoon weghalen om die aan Robin van Persie te geven? Dat kan helemaal niet. Gelukspunten kun je niet herverdelen. Geld wel.

Hoeveel moet je herverdelen?

De vraag blijft: hoeveel moet Van Persie inleveren? Als het onterecht is wanneer pechvogels een beroerd leven moeten leiden, en het niet anders kan dan dat de geluksvogels wat inleveren ten gunste van pechvogels, hoeveel moeten die geluksvogels dan betalen?

In eerste instantie zou ik zeggen: precies zoveel totdat het nadeel dat Van Persie ondervindt even groot begint te worden als het voordeel dat de begunstigden ervaren. Als we nog meer bij Van Persie weghalen dan wordt het nadeel groter dan het voordeel en dat is onzinnig.

Voor het gemak ga ik ervan uit dat iedereen op dezelfde manier in elkaar zit en evenveel belang hecht aan geld en om het nog makkelijker te maken ga ik er ook van uit dat er naast Robin van Persie nog maar één ander persoon is: een pechvogel. Hoeveel van zijn tien miljoen per jaar moet Van Persie dan afstaan aan de pechvogel? Vijf miljoen! Pas bij dat bedrag is het nadeel voor Robin van Persie even groot als het voordeel voor de pechvogel. Vier miljoen is niet voldoende. Bij dat bedrag moet-ie sowieso de pechvogel nog eens duizend euro extra betalen. Het nadeel van duizend euro verliezen op zes miljoen is immers kleiner dan het voordeel van duizend euro winnen op vier miljoen. En boven op die duizend euro komt nog eens duizend euro enzovoort. Totdat Van Persie en de pechvogel evenveel verdienen. Als we mijn intuïtie veralgemeniseren dan komt-ie erop neer dat iedereen evenveel moet krijgen. Tja… ik geloof toch niet dat ik dat bedoelde. Dat de rijkeren *iets* inleveren ten gunste van armeren – of de mazzelaars ten gunste van de pechvogels – voelt eerlijk en terecht, maar als ze alles moeten inleveren opdat iedereen hetzelfde heeft, dan geloof ik dat we een vreemde samenleving krijgen.

Als er helemaal geen inkomensverschillen meer zouden zijn dan zou dat onwenselijke consequenties hebben. Dan gaat niemand vermoedelijk vuilnisman worden. Da's toch wel een probleem. Het is zelfs de vraag of er dan nog wel medisch specialisten zullen zijn. Een baan als huisarts of operatieassistent, waar je minder opleiding voor nodig hebt, is dan toch wel verleidelijk. En misschien is tuinmanmanager dan ook te veel gedoe. Liever lekker gewoon tuinman.

Geen inkomensverschillen is onwenselijk en ongebreidelde inkomensverschillen zijn dat wat mij betreft ook. De vraag wat voor inkomensverdeling we willen is een beetje een kwestie van smaak. Maar wat mij betreft moet het lot van de mensen die weinig hebben leidend zijn. De vraag blijft wel: kan herverdelen ongestraft? Alles herverdelen zodat iedereen evenveel verdient heeft onplezierige gevolgen. Heeft een beetje herverdelen dan een beetje onplezierige gevolgen? Maar dat is de volgende vraag.

Het is misschien wel terecht dat veelverdieners veel verdienen, maar de veel interessantere vraag is wat we moeten of willen met de mensen die weinig verdienen: is het terecht dat iemand die zijn best doet en werkt weinig verdient. Te weinig om van te leven. Beide vragen zijn gekoppeld. Je kunt niet op de ene vraag 'ja' antwoorden en op de andere 'nee'. Het geld voor de weinigverdieners moet immers ergens vandaan komen. Hoeveel er precies van de rijkere naar de armere moet laat ik nog even in het midden. En of het ongestraft kan weet ik nog niet.

21 Liever een grote taart met ongelijke stukken of een kleinere taart die eerlijker verdeeld is?

Een vriend van mij gaat altijd het stemhokje in met het motto: 'Liever een grote taart met ongelijke stukken dan een kleinere taart die eerlijker verdeeld is.' En allicht dat-ie rechts stemt. Waar de grootte van de taart precies voor staat is niet direct duidelijk, maar ik ga ervan uit dat het staat voor inkomen. Niet voor vermogen. Vermogen en inkomen zijn verschillende dingen: vermogen is alles wat je hebt, en inkomen is alles wat je er steeds bij krijgt. En het motto van mijn vriend suggereert dat er een dilemma is tussen het totale inkomen van iedereen bij elkaar en de verdeling ervan.

Klopt dat dilemma? Ik heb er altijd een beetje sceptisch naar gekeken: waarom zou een ongelijk verdeelde taart groter zijn dan een taart met gelijke stukken? Kan het niet precies andersom zijn: 'Liever een grote taart met gelijke stukken dan een kleinere taart die ongelijk verdeeld is.' Maar ik begin door te krijgen dat volgens de meeste economen het dilemma inderdaad zo is als het motto van mijn vriend suggereert.

Hun redenering is als volgt en ik had daar geen rekening mee gehouden: wanneer je geld van de mensen met hoge inkomens wilt herverdelen naar de mensen met lage inkomens, dan moet dat via belastingmaatregelen. Hoe anders? En als gevolg van die maatregelen gaan de rijkeren hun gedrag veranderen. De wereld is niet statisch. Misschien gaan ze minder werken of verhuizen ze naar een ander land. Maar in ieder geval zal het ten koste gaan van de totale hoeveelheid activiteiten die er in een land plaatsvindt. Het wordt er misschien wel eerlijker op maar het totale inkomen zal afnemen als gevolg van zo'n belastingmaatregel.

Dat had ik niet gedacht: mensen gaan hun gedrag toch niet veranderen als gevolg van belastingmaatregelen? Ik merk nauwelijks dat ik belasting betaal. Het gaat allemaal automatisch en van mijn werkgever krijg ik nettobedragen betaald. En btw zei me eigenlijk ook niks voordat ik met dit boek begon. Ik wist wel dat ik het moet betalen als ik iets koop, maar ik lette er nooit op. Toch geloof ik die economen uiteindelijk wel. Hoewel 'geloven' een beetje een vreemd woord is in dezen. Er is gewoon veel bewijs voor het idee dat mensen zich anders gaan gedragen als gevolg van belastingmaatregelen. En ik had het kunnen weten, ik heb er zelf namelijk ook weleens aan meegedaan.

Van mijn eerste boek zijn er heel veel verkocht. In één jaar kreeg ik een flinke smak geld aan royalty's uitbetaald, maar daarvan moest ik de helft inleveren bij de Belastingdienst. Toevallig kwam ik erachter dat royalty's op literatuur in Ierland onbelast zijn. Precies daarom wonen er ook zoveel schrijvers, van over de hele wereld. Ik overwoog hetzelfde te doen. Ik heb zelfs een Ierse bankrekening gehad. Uiteindelijk heb ik mijn plannen niet doorgezet en heb ik de helft van mijn royalty's in Nederland afgedragen, maar het had niet veel gescheeld of ik was echt (tijdelijk) geëmigreerd vanwege de belasting. Het is toch wel reëel om te veronderstellen dat mensen hun gedrag gaan veranderen als gevolg van belastingmaatregelen. Dat betekent overigens niet dat mensen direct gaan emigreren of zo, het gaat allemaal een stukje subtieler. Ze gaan wat minder werken als werken minder loont; of ze kiezen er toch niet voor om een extra opleiding te doen.

Het is dus logisch dat we niet ongestraft kunnen herverdelen en geld kunnen weghalen bij Robin van Persie. Hoewel Van Persie in het buitenland voetbalt en ongevoelig is voor Nederlandse belastingmaatregelen, maar voor anderen gaat dat wel zo op. Als we nivelleren, via een belastingmaatregel, dan zal het gevolg zijn dat we met z'n allen bij elkaar opgeteld wat minder gaan verdienen. De taart wordt inderdaad kleiner als de stukken eerlijker worden verdeeld.

Dat had ik niet gedacht en dat maakt 't lastig. Een grote taart is beter dan een kleine. Dat is het hele idee. En een eerlijk verdeelde taart is beter dan een oneerlijk verdeelde taart. Toch? (Hoe je ook aankijkt tegen de begrippen eerlijk en oneerlijk.) Wat nou als een eerlijke taart ook een kleine taart is? Hoe ga je de afweging maken? Wat vind je dan belangrijker: eerlijkheid of omvang?

Eigenlijk vind ik dat je hierover na moet denken zonder je eigen situatie in ogenschouw te nemen. Het is heel makkelijk voor rijke mensen om te zeggen: 'Ik kies voor groot in plaats van eerlijk.' Feitelijk kiezen ze dan voor hun eigen portemonnee. Dat is op zich wel logisch maar geen goede leidraad voor het maken van verstandige keuzes over de inrichting van onze samenleving. Hetzelfde geldt voor de armeren die zeggen de voorkeur te hebben voor een eerlijker verdeelde taart. Allicht: dat levert ze geld op. Maar wederom is dat een beetje flauw. Of in ieder geval zou het flauw kunnen zijn. Probeer te vergeten wie u bent en hoeveel u verdient en beeldt u zich dan nog eens het dilemma in tussen een kleinere taart met gelijke punten en een grotere taart met ongelijke punten. Welke taart verkiest u? Hoe vindt u dat de samenleving eruit moet zien?

Ik hou er zelf van om me dit soort dilemma's heel praktisch voor te stellen. Voor het schrijven van dit boek heb ik een tijdje in Londen gestudeerd en het viel me op dat er daar heel uiteenlopende auto's rijden. Gewone gezinsauto's, maar ook brakke barrels en, zeer opvallend, ook veel Rolls-Royces, Jaguars en dat soort dure wagens. Niet veel later was ik een paar dagen op vakantie in Oostenrijk en daar zag ik precies het tegenovergestelde: bijna alleen maar nette, haast brave gezinsauto's. Geen barrels en geen luxewagens. Wat heeft u liever? Londen of Linz (het stadje waar ik was). Ik kies voor Linz. En dat doe ik omdat ik eerder op de barrels let dan op de luxewagens. Maar ik kan me voorstellen dat u een andere voorkeur heeft.

De keuze is waarschijnlijk wat minder eenduidig dan ik hem nu schets. Er is een veelheid aan taarten – en verdelingen van auto's – waarvan we er gelukkig een aantal direct kunnen afschrijven. Niemand wil een heel klein taartje. Zo'n taart betekent armoe. Armoe voor iedereen. En niemand wil een heel grote taart die uit één stuk bestaat. Die taart betekent feitelijk ook armoe, voor iedereen behalve één. Een taart die groter is omdat *iedereen* een groter stuk heeft is allicht te prefereren boven een kleinere taart. Maar een taart die groter is omdat de grote stukken nóg groter zijn hoeft van mij niet zo.

Sommige taarten kunnen gewoon niet. Een heel grote taart met allemaal gelijke stukken is niet realistisch. Maar misschien kan een grote, heel erg ongelijk verdeelde taart ook niet. Samenlevingen waar het zeer ongelijk verdeeld is zijn eerder arm dan rijk. De Filippijnen, Panama, Tanzania. Landen met veel ongelijkheid, maar ook heel arme landen.

Echt lastig is de vergelijking tussen de volgende twee taarten: een iets kleiner taartje dat relatief eerlijk verdeeld is en een wat grotere, minder gelijk verdeelde taart waarvan het kleinste stukje kleiner is dan het kleinste stukje van die eerste taart. Welke taart heeft uw voorkeur? Ik zou kiezen voor de eerste. Het gaat mij meer om het kleinste stuk dan om de omvang van de hele taart. Maar het hangt er ook van af hoe klein dat kleinste stuk dan is. En hoeveel van die allerkleinste stukken er zijn.

Nog lastiger wordt 't wanneer je de tijd in ogenschouw gaat nemen. Stel je nou voor dat die tweede taart (die grote, ongelijk verdeelde) langzaam groeit terwijl taart nummer één gelijk blijft. Dan kan er een moment komen dat het kleinste stuk van taart twee groter wordt dan het kleinste stuk van taart nummer één. In die situatie zou ik ook voor taart twee kiezen. Sterker nog, dat zou bijna iedereen doen; het is haast objectief de betere taart. En laat dat nou net de argumentatie zijn van mijn rechtse vriend: 'Het krimpen van die gelijker verdeelde taart is niet eenmalig. De een blijft krimpen ten opzichte van de ander. Of die ander blijft groeien, het is maar hoe je 't bekijkt. En op een gegeven moment is die tweede taart toch echt, objectief, te verkiezen boven de eerste.'

Lastig. Als mijn vriend gelijk heeft. Maar dat heeft hij waarschijnlijk niet. Het zou misschien wel waar kúnnen zijn, maar in de voorbeelden die we voorhanden hebben gaat het optimistische verhaal van mijn rechtse vriend niet op. Een mooi voorbeeld vormen de Verenigde Staten, waar de inkomensongelijkheid traditioneel een stuk groter is dan hier. De welvaart in de VS is in de afgelopen decennia flink gegroeid. Ook de Amerikaan die nu het slechtst af is, is beter af dan vijftig jaar terug. Voor zover niets ten nadele van mijn rechtse vriend.

Met Nederland is het in diezelfde periode ook flink beter gegaan. Nederland heeft minder groei gekend dan de VS, maar toch. In Nederland heeft men meer dan in de VS de gewoonte om inkomens te herverdelen en als mijn vriend gelijk heeft dan zou je verwachten dat degene die het slechtste af is in de VS beter af is dan degene die het slechtste af is in Nederland. Hij beweerde immers dat er een moment komt dat 'het kleinste stuk van taart nummer twee groter wordt dan het kleinste stuk van taart nummer één.' Of anders gezegd: 'Als de rijken er rijker op worden, dan profiteren de armen mee.' Maar dat is niet het geval. Pechvogels en laagverdieners zijn veel beter af in Nederland dan in de VS. Daar verdienen schoonmakers bijvoorbeeld regelmatig dermate weinig dat ze twee banen moeten hebben in plaats van één. En de vooruitzichten voorspellen niet veel goeds voor Amerikaanse pechvogels. De laagverdieners zijn het in Nederland steeds beter gaan hebben, terwijl de laagverdieners in de VS maar lichtjes vooruit zijn gegaan. Het zijn mooie woorden, van mijn rechtse vriend, maar ik geloof er geen barst van. Ik vrees dat zijn argumentatie feitelijk een smoesje is. Een smoesje om er niet eerlijk voor uit te hoeven komen dat-ie in het stemhokje kiest voor zijn eigen, dik gevulde portemonnee.

Het wordt allemaal nóg ingewikkelder. Omdat het uiteindelijk niet om rijkdom gaat, maar om *gevoelde* rijkdom, of gelukspunten. Iedereen zal het erover eens zijn dat een wereld vol gelukkige mensen met een rijtjeshuis en een gezinsauto te verkiezen is boven een wereld vol ongelukkige miljonairs. Dat maakt het dilemma tussen een ongelijk verdeelde grote taart en een wat kleinere, eerlijker verdeelde taart nog lastiger.

Het lijkt eenvoudig: er is een zekere rijkdom. Die kunnen we zus en zo verdelen. Als gevolg van die verdeling kan de rijkdom wat toe- of afnemen. Aan u de keus. Maar zo simpel is het niet. Ik zou me als rijke niet zo rijk voelen tussen de armen. Blijkbaar is mijn gevoel van rijkdom afhankelijk van de verdeling van die rijkdom. Een grote taart met ongelijke stukken kon best weleens een stuk minder groot zijn dan-ie op het eerste gezicht lijkt. Omdat de grote stukken ongemakkelijk groot kunnen voelen, omringd door allemaal kleine stukjes.

Ik heb weleens door een krottenwijk gewandeld en hoewel ik me daar bijzonder bewust ben van mijn relatieve rijkdom voel ik me er juist arm. Vanwege de armoe van al die anderen. Het zal best dat nivelleren zorgt voor een kleinere taart in termen van geld. Maar of-ie ook kleiner wordt in termen van gelukspunten is helemaal niet zo duidelijk.

En dan heb je ook nog het tegenovergestelde effect: je kunt je juist rijk voelen wanneer je iets meer hebt dan anderen, terwijl je in absolute zin niet zo rijk bent. In een dorp waar iedereen een barrel heeft voelt degene met een gezinsauto zich rijk. Maar diezelfde persoon voelt zich arm in een stad met slechts Jaguars en Rolls-Royces. Ten slotte, om het helemaal lastig te maken, is niet duidelijk *hoeveel* de taart kleiner wordt als we de stukken wat anders gaan verdelen. Als Robin van Persie gedwongen wordt om duizend euro aan pechvogels te geven, wordt de taart dan duizend euro kleiner? Meer nog of juist minder?

Als ik uiteindelijk moet kiezen, dan zou ik gaan voor de taart die zo verdeeld is dat de minstbedeelden nog een stuk hebben dat groot genoeg is. Dat betekent dat de veelverdieners – Robin van Persie en ikzelf – iets moeten inleveren ten gunste van hen die slechter af zijn. Als de taart dan wat krimpt, dan zij dat zo. Hoeveel krimp ik accepteer is waarschijnlijk niet zo belangrijk. Omdat de krimp die het gevolg is van mijn voorkeur voor nivelleren heus wel valt binnen de marges van wat ik acceptabel vind. Maar dat vind ik. Wat u vindt moet u zelf weten.

Een cadeautje

Het gegeven dat de taart krimpt wanneer we gaan nivelleren is een gevolg van het feit dat mensen hun gedrag gaan aanpassen aan belastingmaatregelen. Mensen gaan andere keuzes maken – minder werken, ander werk doen, elders werken – en daardoor krimpt die taart. Maar daar is een oplossing voor, zij het een nogal theoretische oplossing: geef de pechvogels aan het begin van hun leven een zak geld ter compensatie voor hun pech, en laat de geluksvogels bij het begin van hun leven hiervoor betalen. Dan levert het de geluksvogels niks op om hun gedrag aan te passen. Het leed is

De linker inkomensverdeling is te verkiezen boven de rechter: in beide gevallen is er inkomensongelijkheid maar iedereen verdient links meer dan rechts.

Ook hier lijkt links te verkiezen boven rechts. Er is rechts weliswaar geen inkomensongelijkheid, maar iedereen verdient links meer dan rechts.

Dit is lastig. De minstverdienende links is slechter af dan de minstverdienende rechts. Maar de meestverdienende is beter af. Wat te verkiezen is, is een kwestie van persoonlijke voorkeur.

Wat mij betreft zijn links en rechts nagenoeg identiek. Dat de rijkste aan de linkerkant nóg rijker is dan de rijkste rechts maakt me weinig uit.

Wat te verkiezen is, links of rechts, is een kwestie van smaak. Rechts betekent minder ongelijkheid en bovendien is de armste rechts beter af. Links is de rijkste daarentegen beter af.

Als na verloop van tijd links er relatief meer op vooruitgaat blijft het een kwestie van smaak welk van beide opties te verkiezen is.

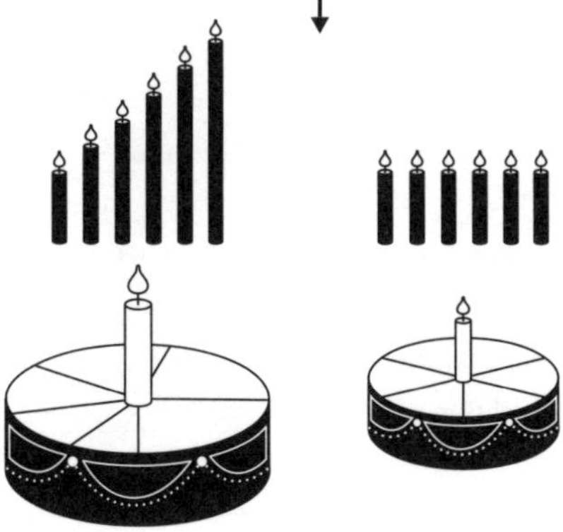

Maar als de linkerkant er na verloop van tijd nóg meer op vooruitgaat, terwijl rechts stagneert, dan wordt op een gegeven moment links objectief toch echt te verkiezen boven rechts.

Inkomensverdeling

hun immers al overkomen en ze winnen er niks meer mee door ander werk te kiezen. En dus krimpt de taart niet als gevolg van deze (vreemde) maatregel. Het is natuurlijk bijzonder onpraktisch omdat je niet kunt weten wie een pechvogel zal zijn en wie geluk zal hebben. En zelfs als je het zou weten is het nogal wrang: 'Goedendag meneer en mevrouw Van Persie en gefeliciteerd met uw kersverse zoon. Hij is nogal een mazzelaar en daarom zal-ie zijn leven beginnen met een schuld van een paar miljoen. Maar maakt u zich geen zorgen, hij heeft zoveel geluk dat hij 't met gemak dubbel en dwars zal terugverdienen.' Wrang of niet, Robin van Persie zal zijn gedrag niet aanpassen als gevolg van deze maatregel. Hij is z'n geld namelijk al kwijt. Herverdelen op deze vreemde manier zal niet tot gevolg hebben dat de taart krimpt. Maar onrealistisch blijft het.

Er is wel een realistische variant van deze 'oplossing': geef iedereéén aan het begin van zijn leven een zak geld. Of iets anders. En geef dan iets waar de mazzelaars minder aan hebben dan de pechvogels. Onderwijs! Gratis onderwijs. Mazzelaars zijn vaak slimmeriken en andersom hebben de pechvogels het vaak juist moeilijker op school. Als je het onderwijs zo inricht dat je de pechvogels zo goed mogelijk helpt, dan geef je hun een extra zetje dat de mazzelaars niet krijgen. Bovendien beïnvloedt dit cadeautje voor de pechvogels het gedrag van de mazzelaars niet: de taart gaat er niet kleiner op worden. Wat interessant! Er is een economisch argument voor gratis onderwijs en een onderwijssysteem dat zich vooral richt op slechte leerlingen in plaats van op de goede. Dit inzicht komt zomaar uit de lucht vallen. Als een cadeautje voor mij, want ik was helemaal niet met dit onderwerp bezig.

22 Wie verdient er meer: degene die werkt of degene die heeft?

'Stel: u heeft wat knikkers. En u kent een meisje dat erg goed kan knikkeren. Wat doet u dan?' Zo begint een radiospotje van een 'vermogensbeheerder'. Een bank voor mensen met een boel geld. 'U leent uw knikkers aan het meisje!' is het antwoord dat het spotje geeft, waarmee de vermogensbeheerder natuurlijk probeert te zeggen: 'Stal uw geld bij ons. Wij zijn dat meisje.'

Je kunt knikkers winnen door goed te knikkeren en je kunt knikkers winnen door knikkers te hebben en deze uit te lenen aan iemand anders die voor je knikkert. Slim! Ik kan me niet herinneren dat iemand dit ooit deed, in de tijd dat ik nog knikkerde, maar het kan natuurlijk.

Er is een manier van geld verdienen die ik vooralsnog compleet genegeerd heb. Naast verdienen door te *werken* kun je ook geld verdienen door te *hebben*. Tuinmannen, hoogleraren, bollenpellers, artsen, piloten, financieel adviseurs en Robin van Persie krijgen een inkomen door iets te doen. Maar er zijn ook mensen die geld verdienen via hun bezittingen. Zoals een zak vol knikkers. Hoe terecht is dat? Hoe kan het dat mensen verdienen door te hebben? Hoeveel verdienen de 'hebbers' ten opzichte van de werkers? En hoeveel zouden ze moeten verdienen? Dat zijn mijn vragen van nu.

Hoe kun je nou verdienen door te hebben?

Als ik een boek schrijf, dan verdien ik geld. Hopelijk. En als ik een succesvol boek schrijf een hele zak. In plaats van dat geld direct uit te geven kan ik er ook andere schrijvers mee sponsoren of helpen. Ik leen ze wat, zodat ze aan de slag kunnen, en in ruil daarvoor krijg ik een deel van hun royalty's. Mocht ik een goede neus hebben voor aankomende schrijvers, dan kan ik op deze manier meer verdienen dan met schrijven. Bij schrijvers klinkt dit misschien wat gekunsteld maar bij talloze beroepen, zoals taxichauffeur, is dit een normale gang van zaken. Een taxichaufeur spaart maandelijks wat, totdat-ie voldoende opzij heeft gezet om nog een taxi te kopen. Die taxi verhuurt hij aan een minder vermogende taxichauffeur en zo verdienen ze alle twee. De een door te werken, de ander door te hebben.

Logisch, maar er zitten ook vreemde kanten aan. Een inkomen is te beschouwen als een blijk van waardering van de samenleving. Robin van Persie krijgt geld uit waardering voor zijn schaarse kunnen. Maar je kunt toch niet gewaardeerd worden voor iets wat je hebt? 'Ik waardeer je omdat je zo goed kunt fotograferen' klinkt logisch. Maar 'Ik waardeer je omdat je een spiegelreflexcamera hebt' niet. De argumentatie uit een vorig hoofdstuk vervalt daarmee: hoge verdiensten zijn gerechtvaardigd omdat het niet voor niets *verdiensten* zijn. Voor inkomsten uit werkzaamheden gaat dat misschien op, maar voor inkomsten uit bezittingen niet. Met het hebben van iets maak je je niet verdienstelijk.

Toch heeft het verdienen met bezittingen iets natuurlijks. Als ik een koe bezit, dan is niet slechts die koe van mij, maar ook de melk die ze geeft. En dan negeer ik even de vraag of je een koe wel kunt bezitten en het idee dat die melk eigenlijk van haar is. En de cola die uit een colamachine komt is van de eigenaar van die machine. Dus los van de vraag of verdiensten uit bezittingen terecht zijn, zijn ze sowieso op de een of andere manier logisch.

Maar misschien zit het nog ietsje subtieler. Het is weliswaar geen verdienste om een spiegelreflexcamera te hebben, maar het is wel een verdienste om zo'n ding uit te lenen. Feitelijk is dat wat er gebeurt. Iemand met bezittingen verdient niet zozeer vanwege het hebben van die bezittingen maar vanwege het uitlenen ervan. Een kasteelheer heeft weliswaar een heel bezit, zo'n kasteel kost 'm waarschijnlijk vooral geld in plaats van dat het hem wat oplevert. Tenzij hij kamers, of het hele kasteel, aan anderen verhuurt. Aandelen in een bedrijf kun je ook zo beschouwen: de aandeelhouder heeft zijn geld aan een bedrijf uitgeleend, en aldus verdient hij wat. Had hij zijn geld in een kluis laten zitten, dan had-ie niks gekregen.

Geld verdienen dankzij het hebben van bezittingen is misschien minder vreemd dan ik in eerste instantie dacht en er is zelfs een woord voor: kapitalisme. Dat is grappig. Ik heb nooit geweten wat 'kapitalisme' eigenlijk precies was. Iets met een nare bijsmaak. Tijdens mijn middelbareschooltijd had ik zelfs een sticker met 'Weg met het kapitalisme' op mijn agenda. Zonder te weten wat kapitalisme was. Maar nu begrijp ik het dus. Bezittingen die je kunt gebruiken om geld mee te verdienen heten 'kapitaal'. Vandaar. En de negatieve klank die aan het begrip hangt is vermoedelijk een gevolg van het feit dat je via kapitaal een inkomen kunt verkrijgen zonder dat je iets hoeft te doen. Geld verdienen door uit je neus te vreten. Bovendien kun je met bezittingen veel meer verdienen dan door te werken. Werktijd heeft iedereen immers slechts in beperkte mate, terwijl je in principe oneindig veel kunt hebben. Kapitalisme gaat haast vanzelf hand in hand met ongelijkheid.

Kan dat anders? Is er een samenleving denkbaar waar mensen slechts kunnen verdienen door te werken? Dat is wat die sticker op mijn agenda indertijd suggereerde. Dat wordt lastig, volgens mij. Dan moet privébezit feitelijk verboden worden. Een auto hebben is dan al te veel. Want die auto kun je uitlenen aan een taxichauffeur, in ruil voor een aandeel in de winst, en dan ben je al een kapitalist.

In kloosters werkt het ongeveer zo. Daar heeft iedereen slechts wat hij of zij nodig heeft (hetgeen overigens niet betekent dat iedereen hetzelfde of evenveel bezit). Al het overige, de gebouwen, de grond, de machines en wat al niet, is geen persoonlijk eigendom maar is eigendom van het gehele klooster. In die zin zijn kloosters antikapitalistisch. Maar ik had niet een klooster voor ogen toen ik die sticker met 'Weg met het kapitalisme' op mijn agenda plakte.

Ondanks het feit dat een klooster voor mij niet direct model staat voor een ideale samenleving, en ondanks het feit dat verdienen middels bezit in zekere mate natuurlijk en logisch is, blijft het in mijn optiek soms toch een beetje wrang. Niet ver van waar ik woon is een café-restaurant. 's Zomers is het er altijd stampvol, en dat is opvallend omdat het eigenlijk een beroerde tent is. Er is veel te weinig personeel, waardoor je je bier lauw krijgt en het toilet er vies is. Maar het is het enige café-restaurant in de omgeving en dus komen er veel mensen. De baas zelf zit ook vaak aan de bar. Een vreemde vent met een cowboyhoed die luidruchtig het personeel achter de vodden zit en openlijk over ze klaagt. Toch verdient hij meer aan het café-restaurant dan de chef-kok of alle serveersters bij elkaar. Die zich het apezuur werken om al dat bier nog een beetje op tijd uitgeserveerd te krijgen. Maar ja, de man met de cowboyhoed hééft het café. Het is van hem en dus verdient hij eraan. Dat is ook wel logisch. Zonder hem was er überhaupt geen café-restaurant geweest. Maar ik kom er niet graag. Ik voel me niet lekker bij de wetenschap dat een halfdronken cowboy meer verdient dan hardwerkend personeel. Alleen maar omdat hij iets heeft, in plaats van iets doet.

Wat is een redelijke verhouding tussen inkomen uit werken en inkomen uit hebben?

In Nederland wordt ongeveer twee derde verdiend door te werken en één derde door te hebben. Dat is de vrij algemene verhouding, die je steeds en overal ongeveer tegenkomt. De loonkosten van een bedrijf zijn gemiddeld ongeveer twee keer de winst. Loon gaat naar de werknemers, twee derde, en de winst gaat naar de eigenaars: de overige één derde.

Nu geldt die verhouding van één derde tot twee derde lang niet overal. Een olieraffinaderij, om maar een voorbeeld te noemen, is nogal een duur ding waar weinig personeel rondloopt. De winst van zo'n raffinaderij is veel hoger dan de loonkosten. En bij een architectenbureau is het net andersom. Die hebben vooral personeel en nauwelijks iets wat een eigenaar zou kunnen bezitten. Maar gemiddeld is het: één derde tegen twee derde. Is die verhouding redelijk? Of wat zou een eerlijke verhouding zijn?

Met betrekking tot het knikkerpotje van die vermogensbeheerder zou de vraag luiden: hoeveel van de winst, vindt u, mag het meisje houden en hoeveel moet ze afstaan?

Er zijn allerlei overwegingen mogelijk: 'Ik vind dat we de winst moeten verdelen naar rato van de inleg. Als het meisje honderd knikkers inlegt en ik ook, dan verdelen we de winst fiftyfifty. Maar als zij maar vijftig knikkers heeft, dan is twee derde van de winst voor mij.' Of: 'Alle winst die het meisje extra maakt dankzij mijn inleg is voor mij. Minus een beloning voor haar werk van één knikker per gespeeld potje.' Maar feitelijk is het antwoord op deze vraag al eerder voorbijgekomen. Bij het onderwerp rente.

Een investering heeft in de regel een rendement van zo'n vijf procent. Dus wanneer je honderd knikkers aan het meisje geeft, dan wil je over een jaar zo'n honderdvijf knikkers terug. Niks geen verdere overwegingen of verhalen over een eerlijke of redelijke verhouding tussen het rendement op uitgeleende knikkers en het belonen van knikkeren. Vijf procent, dat is wat een knikkeruitlener wil, en wat het knikkerende meisje dan verdient is haar zaak.

Overigens kan ik me voorstellen dat in de knikkerbusiness de rentes wat hoger zijn. Rente is het gevolg van een afweging tussen knikkers nu en knikkers in de toekomst. 'Hoeveel knikkers moet ik je over een jaar geven in ruil voor honderd knikkers nu?' Als knikkeraars die vraag met honderdvijf beantwoorden, dan is de rente in de knikkerbusiness vijf procent. Maar het lijkt me dat kinderen eerder tweehonderd zeggen of misschien wel duizend. Een jaar is ver weg en wie weet is knikkeren dan wel uit. Bovendien wordt de rente mede bepaald door de 'knikkermarkt.' Zijn er een boel mensen met een flinke zak knikkers die hun knikkers graag uitlenen, en zijn er naast dat ene meisje nauwelijks anderen die goed kunnen knikkeren, dan zal het meisje een groot deel van de winst in haar eigen zak kunnen steken en hoeft ze weinig knikkerrente uit te keren. En andersom: zijn er weinig knikkers en veel goede knikkeraars dan is de knikkerrente hoog.

Maar hoe hoog de rente ook is, de inkomsten die je krijgt door het hebben van knikkers wordt bepaald door de rente. De verdiensten als gevolg van hebben staan los van de verdiensten als gevolg van werken. En dus is er geen natuurlijke of eerlijke verhouding tussen beide. Die ratio van één derde tegenover twee derde is hoe het in de praktijk blijkbaar vaak is, maar ik heb geen verhaal gevonden dat die verhouding verder verklaart.

Ik begrijp nu iets wat ik eerder nooit begreep: waarom er soms bij een bedrijf gereorganiseerd wordt en mensen worden ontslagen terwijl het bedrijf wel winst maakt. Dat vond ik altijd volkomen vreemd. Er wordt toch winst gemaakt? Dan gaat 't toch goed? Geef de winst aan de werknemers en bezuinig niet op hen. Toen ik bij Shell werkte gebeurde het ook. Honderden mensen werden ontslagen terwijl er winst werd gemaakt.

Maar er zijn niet slechts werknemers, er zijn ook eigenaars. Zij hebben hun geld in Shell zitten zodat deze er olieplatforms en dergelijke van kan kopen en zonder hun geld was Shell er niet eens geweest. Die aandeelhouders delen in de winst en hebben gerekend op een zeker rendement op hun geld. Natuurlijk kan de winst een tijdje tegenvallen, maar als-ie structureel laag is willen de aandeelhouders dat er wat gebeurt. Bovendien zijn die eigenaars niet per se rijke mannen in dure auto's. Misschien onterecht, maar met hén heb ik niet zo snel medelijden. Die aandeelhouders van de Shell zijn ook u en ik. Het geld op uw spaarrekening, waar u rente op wilt, is ook aan Shell uitgeleend. En als u voor uw pensioen spaart rekent u ook op een rendement van al het geld dat u bij elkaar gesprokkeld heeft.

Shell heeft werknemers die verdienen door te werken en aandeelhouders die verdienen door te hebben. Wanneer de laatsten weinig verdienen is het logisch dat de eersten ook wat inleveren, en vice versa. En dus is het niet compleet onlogisch om te reorganiseren als er weinig winst wordt gemaakt.

Uiteindelijk is het vooral logisch en haast onontkoombaar dat je kunt verdienen via bezittingen en of het terecht of rechtvaardig is, is dan direct wat minder relevant. Maar er blijven opvallende verschillen zitten tussen verdienen door te hebben en verdienen door te werken. Met hebben kun je veel meer verdienen. Omdat werken tijd kost en hebben niet. Superrijken zijn dan ook eerder superrijk vanwege bezittingen die ze al hadden dan vanwege hun harde werken. Robin van Persie daargelaten.

Er is nog een opvallend verschil tussen werken en hebben als bron van inkomen. Bezittingen kun je weggeven maar werkzaamheden niet. Ik kan de aandelen die ik bezit wel aan mijn vriendin geven maar mijn schrijfwerkzaamheden niet. Zo kan iemand die nog nooit een vinger heeft uitgestoken een mooie bron van inkomen cadeau krijgen. Uit een erfenis bijvoorbeeld. Hoe terecht is dat? Eén: via hebben kun je in principe meer verdienen dan via werken. En twee: bezittingen als bron van inkomen zijn overdraagbaar. Tel je één en twee bij elkaar op, dan is het logisch dat superrijken regelmatig kinderen van andere superrijken zijn.

Superrijken – mensen die vreselijk veel hebben – bestaan dankzij het feit dat je kunt verdienen middels bezittingen. Als je alleen kon verdienen door te werken zou het lastiger zijn om superrijk te worden. Maar is dat een probleem? Is er iets mis met rijkaards?

23 Wat is er mis met rijkaards?

Een doorsnee Nederlands gezin heeft een reserve van dertigduizend euro. (Met doorsnee bedoel ik dat de helft van de gezinnen minder dan dertigduizend euro heeft en de andere helft meer.) Dat geld staat op een spaarrekening, of het is belegd, maar meestal is die dertigduizend de overwaarde van het huis waarin ze wonen. Dertigduizend euro is voor een normaal gezin genoeg om 't een jaartje vol te houden. Je kunt er natuurlijk ook een leuke auto van kopen. Zoveel is dertigduizend nu ook weer niet.

De tien procent armste mensen heeft helemaal niets. Sterker nog, die staan in het rood. Dat is nogal beroerd. Een beetje reserve maakt heel veel uit. Ik zie dat aan mijn varkens. Die hebben een mooie speklaag en kunnen het prima uitzingen als ze een tijdje niks te eten hebben. Maar ik heb ook konijntjes en die hebben nauwelijks vet. Als ze één dag niet te eten hebben, dan komen ze al in de problemen. Konijntjes moeten continu hun best doen om voldoende binnen te krijgen en dat maakt ze kwetsbaar. Dertigduizend euro op de bank of helemaal niks is echt een wereld van verschil.

Het is misschien logisch om te veronderstellen dat de rijkste tien procent zo'n zestigduizend euro op de bank heeft staan: de armste hebben immers niks, doorsnee is dertigduizend, de rijkste zullen wel zestigduizend euro hebben, maar zo is het niet. De rijkste tien procent heeft per gezin een gemiddeld vermogen van negen ton. Bij elkaar bezitten ze twee keer meer dan dat álle andere Nederlanders bij elkaar bezitten. Twee derde van wat er in Nederland is, is in handen van de rijkste tien procent! En het wordt nog schever wanneer je gaat kijken naar de rijkste één procent. Die mensen bezitten met elkaar een kwart van alle rijkdom van Nederland. Helemaal opvallend zijn de tien rijkste Nederlandse gezinnen. In totaal zijn ze goed voor veertig miljard euro. Dat is drie keer meer dan dat alle provincies aan reserves hebben. Vier miljard euro per gezin levert bij een rente van vijf procent een jaarlijks inkomen op van tweehonderd miljoen euro. Ruim een half miljoen per dag! Die lui kunnen dagelijks mijn huis kopen en als ze hun toilet door zouden spoelen met champagne dan zouden ze dat, financieel gezien, niet merken.

Dat is toch niet in de haak? is mijn eerste reactie. Maar ik heb geleerd mijn eerste reactie in heroverweging te nemen. Waar komt die reactie vandaan?

Het beeld dat ik van een superrijke heb is dat van iemand die ongebreideld kan consumeren. Iemand die inderdaad het toilet kan doorspoelen met champagne; tientallen auto's heeft, zonder ze te gebruiken; ontbijt met kaviaar; en Justin Bieber inhuurt voor het verjaardagsfeestje van de kinderen. Als dat beeld klopt, dan is er inderdaad iets flink mis met die superrijken: champagne door het toilet spoelen is verspilling, net als sportwagens die staan te verpieteren in een garage. Maar het beeld klopt niet. Superrijken besteden weliswaar veel meer dan doorsnee mensen, ze besteden niet veel meer dan gewone rijkaards. Ze ontbijten niet met champagne, laat staan dat ze het door het toilet spoelen, en ze kopen niet dagelijks nieuwe horloges noch auto's. En de dingen die ze wel meer kopen dan anderen – kunst, sieraden en vakantiehuizen – consumeren ze niet echt. In die zin dat die spullen niet opgaan en verdwijnen. Integendeel, ze behouden vaak juist hun waarde. Kunst, sieraden en vakantiehuizen zijn eerder beleggingen dan consumpties.

'Ik verzamel Chinese pentekeningen,' aldus iemand die ik persoonlijk ken maar die liever anoniem wil blijven. Met een vermogen van meer dan honderd miljoen. 'Af en toe koop ik een mooie, oude auto. Verzamelaarsobjecten die hun waarde niet verliezen. Maar van champagne houd ik niet en ik eet zelden buiten de deur. Hoewel ik dat natuurlijk dagelijks zou kunnen. Feitelijk ziet mijn leven er net zo uit als dat van een gewone rijke. Boven de tien miljoen maakt 't allemaal niet zoveel meer uit. Dan is alleen al de rente op je vermogen zo groot dat je het nauwelijks op krijgt. Eigenlijk word ik vanzelf steeds rijker: ik krijg de rente op mijn vermogen niet opgeconsumeerd en de dingen die ik koop stijgen vaak in waarde.'

Oké, mijn beeld van superrijken klopt blijkbaar niet, ze consumeren hun inkomen niet op aan onzin. Maar ik ben nog niet van de gedachte af dat er iets met hen mis is. Dat er nadelen kleven aan een handjevol supervermogende Dagobert Ducks.

Maar ook het beeld van Dagobert Duck klopt niet. Die heeft zijn vermogen voor een groot deel in een geldpakhuis zitten, waar-ie af en toe een duik in de muntstukken neemt. Maar superrijken hebben het op de bank staan, en vooral hebben ze het belegd. Ze hebben er aandelen van gekocht of schuldbekentenissen, obligaties. Feitelijk hebben ze hun eigen geld helemaal niet. In ieder geval niet in een pakhuis of zo. Ze hebben het ter beschikking gesteld van anderen zodat die er wat zinvols mee kunnen doen. In ruil voor een mooi inkomen middels de rente op die uitleningen, dat dan weer wel. Maar bij hoge inkomens heb ik al stilgestaan. Het gaat me nu om grote vermogens: de bezittingen van rijkaards, in plaats van hun inkomen. Is er iets niet in de haak als een handjevol mensen heel veel bezit? En zo ja, wat dan?

Maakt het wat uit of één persoon honderd miljoen euro aan aandelen Shell heeft, en dat geld feitelijk aan Shell heeft uitgeleend, of dat honderdduizend mensen ieder voor duizend euro aan Shell-aandelen hebben? In beide gevallen heeft Shell de beschikking over honderd miljoen en in beide gevallen wordt die honderd miljoen besteed aan een olieplatform, of wat dan ook. Alleen komt de rente bij een ander terecht, maar verder verschillen beide gevallen toch niet zo?

Je zou haast gaan denken dat er niks mis is met rijkaards, of 'scheef verdeelde vermogens'. In de eerste plaats hebben ze hun vermogen *verdiend*. Via een hoog inkomen; hoe hebben ze anders dat vermogen kunnen opbouwen? En als ze het niet zelf verdiend hebben, dan hebben ze het waarschijnlijk geërfd van iemand anders die het wel verdiend heeft. Verder consumeren ze hun vermogen niet op aan onzinnige zaken. En ten slotte hebben ze hun vermogen uitgeleend opdat er zinnige dingen mee gebeuren. Wat is daar nou mis mee? Nederland lijkt helemaal niet slecht af te zijn met één procent rijkaards die ruim een kwart van alle bezittingen hebben.

Maar er zit een addertje onder het gras en dat schuilt in het woord 'vermogen'. Vermogen betekent macht; het voor elkaar kunnen krijgen van zaken. Als veel vermogen bij weinig personen ligt, dan bepaalt een klein clubje mensen dus wat er in de wereld gebeurt. Dat is niet altijd handig. Het ligt helemaal niet voor de hand dat vermogenden ervoor zorgen dat de juiste dingen gebeuren.

Een mooi voorbeeld is Richard Branson, de oprichter en eigenaar van Virgin: vliegmaatschappij, muzieklabel en ze doen er ook aan mobiele telefonie. Richard Branson heeft een vermogen van om en nabij de vijf miljard euro. Daarmee zou hij hoog in de *Quote 500* komen, maar niet bovenaan. Branson heeft het idee opgevat om raketreizen de ruimte in te gaan aanbieden. Wanneer dat precies moet gaan gebeuren is niet helemaal duidelijk, maar er zijn al mensen die een ticket hebben gekocht à tweehonderdduizend dollar om er zeker van te zijn dat ze mee mogen, onder wie Lady Gaga en naar het schijnt vijf rijke Nederlanders die liever anoniem willen blijven. De reis duurt drie uur en brengt je tot 110 kilometer boven de aarde. Dat is volgens de gangbare definitie inderdaad de ruimte. Net. Het komt op mij meer over als een mega-achtbaan dan als het vervoermiddel van de toekomst. De raket waarmee de reizen gemaakt gaan worden is nog niet klaar, terwijl er toch al zo'n vierhonderd miljoen dollar in de ontwikkeling ervan is gestopt. Voor dat bedrag kun je meer dan honderd hoogopgeleide ingenieurs en ruimtevaartdeskundigen twintig jaar lang voor je laten werken.

Dit is vermogen. Macht. Het vermogen om honderden mensen voor je aan het werk te zetten om uiteindelijk iets te realiseren wat jij wilt. In dit geval iets waar slechts een handjevol andere vermogenden van kan genieten. De kans is bovendien groot dat het hele project faalt: in 2014 is een testraket gecrasht en nadien is het een beetje stil geworden rondom de Virgin-ruimtereizen. Honderden mensen zijn dan jarenlang bezig geweest met een onzinnig project. Dát is het probleem van extreem vermogenden: dat ze het vermogen hebben om in extreme mate het verkeerde te doen.

Maar ik kan me nog voorstellen dat u zo'n raket wel interessant vindt. Misschien levert-ie allerlei onvermoede toepassingen op, of wellicht kan men over een tijdje ook voor duizend euro, in plaats van voor een ton, zo'n ruimtereis maken. Mooi toch?

Neem dan de Eclipse, een privéjacht van 162,5 meter met twee helikopterdekken, 24 gastenverblijven waarvan de meeste met een hot tub, en een eigen discotheek. Hij heeft 340 miljoen euro gekost maar daar draaide de Russische miljardair Roman Abramovitsj zijn hand niet voor om. Het jacht kan op papier gehuurd worden, maar dat is slechts om minder belasting te hoeven betalen, en het gebeurt feitelijk nooit. Abramovitsj heeft dat ding helemaal voor zichzelf en hij vaart er een paar dagen per jaar op.

Het probleem is niet zozeer dat Abramovitsj die boot heeft en ik ben ook echt niet jaloers. Het probleem van dat jacht is het feit dat er honderden mensen jarenlang aan dat ding gebouwd hebben, terwijl ze ook iets anders hadden kunnen doen. En dat er tonnen aan schaarse materialen in verwerkt zijn die ook anders gebruikt hadden kunnen worden. Wat heeft u liever? Dat honderd mensen een jaar lang aan een luxe privéjacht werken dat haast ongebruikt in de haven blijft liggen, of dat diezelfde honderd mensen een jaar lang iets anders doen? Laat ik het nog anders formuleren. Wat heeft u liever: dat honderd mensen een jaar lang een heel diepe kuil graven om hem daarna weer dicht te gooien; of dat die mensen iets nuttigs doen, laten we zeggen de dijk ophogen tussen Hoorn en Volendam? (Dat laatste schijnt nodig te zijn.) Ik denk dat u zult kiezen voor optie twee. En als u kiest voor één, dan scheiden hier onze wegen. Dan kijkt u zo vreselijk anders tegen zaken aan dan ik dat we elkaar nooit zullen begrijpen.

Of die mensen betaald worden voor hun werk doet niet terzake. Wat nu als een of andere malloot honderd mensen betaalt om zo'n kuil te graven. Om wat voor reden dan ook. Misschien vindt-ie zo'n kuil gewoon leuk. Voor een dagje. Wordt 't dan plots zinvol om zo'n kuil te graven? Nee toch? Het graven van een kuil om hem daarop weer dicht te gooien wordt niet plots een zinvolle activiteit als je ervoor betaald krijgt. En als je 't mij vraagt lijkt het bouwen van een jacht als de Eclipse meer op het zinloos graven van een heel diepe kuil, dan op het zinvol verhogen van de dijken. Dat is het probleem van superrijken.

Nu zijn Roman Abramovitsj en Richard Branson uitzonderlijke personen, die hun vermogen aanwenden voor uitzonderlijke zaken. Het gros van de superrijken zal z'n geld in minder twijfelachtige dingen stoppen. Toch blijft het probleem van geconcentreerde rijkdom geconcentreerde macht. Daar kleven gewoon risico's en nadelen aan.

Moeten we er wat aan doen dan? Aan die superrijken? Dat is lastig. Het zonder goede reden bezittingen afnemen van mensen voelt bijzonder onterecht. Zolang we het rechtvaardig vinden dat mensen middels hoge verdiensten een vermogen kunnen opbouwen, we het logisch vinden dat mensen dat vermogen mogen doorgeven aan wie ze willen, en we het vanzelfsprekend vinden dat je met dat vermogen ook weer een inkomen kunt verwerven, is het onontkoombaar dat er extreme rijkaards zullen zijn. Mensen die zoveel geld hebben dat ze de rente op hun vermogen niet eens op kunnen krijgen, waardoor hun vermogen alleen maar stijgt. Tel daarbij op dat ze dat vermogen in de familie kunnen houden – ze mogen het immers geven aan wie ze willen – en de concentratie van vermogen, of macht, houdt wel een paar generaties stand.

Ik ben nu wel tegen iets problematisch aan gestoten. Problematisch voor een uitgangspunt dat eerder voorbijgekomen is, in het hoofdstuk over de vrije markt. Het idee was dat het zinvol is wanneer iets gaat naar de persoon die dat het meeste waardeert, of die er, met andere woorden, het meeste voor betaalt. Andersom zou het ook opgaan: om te bepalen wat er allemaal moet gebeuren in een samenleving kun je het beste kijken naar waar men het meest voor overheeft. Heeft men, om maar een voorbeeld te noemen, meer over voor cappuccino dan voor filterkoffie, dan moet men in koffietentjes cappuccino in plaats van filterkoffie zetten. De markt lost 't allemaal op. Maar hier heb ik nu een voorbeeld waarbij dat hele idee niet lijkt op te gaan. Het feit dat Roman Abramovitsj 340 miljoen euro overheeft voor een jacht dat de haven nauwelijks uit komt en waar verder niemand gebruik van maakt, betekent niet dat 't zinvol is om zo'n jacht te maken. Ik denk dat bijna iedereen de Eclipse een zinloos jacht vindt. Verspilde tijd, energie en materialen. Blijkbaar is het niet altíjd zinvol om te produceren waar het meest voor wordt betaald.

24 Zijn wij rijk dankzij de armoe van anderen?

Ik kan dan wel problemen hebben met superrijken, en van mening zijn dat er nadelen kleven aan hun bestaan. Feitelijk ben ikzelf ook superrijk. In de ogen van een doorsnee Congolees of Liberiaan. Ze verdienen daar gemiddeld vierhonderd euro per jaar en daarmee behoren Congo en Liberia tot de armste landen ter wereld. Nu is het leven er goedkoper dan hier, maar als je daarvoor compenseert kom je maar een klein beetje hoger uit: achthonderd euro. Bovendien wordt dat gemiddelde flink beïnvloed door een paar rijke mensen, die ook daar heus wel wonen. Ik vrees voor wat de *doorsnee* Congolees en Liberiaan verdienen. Hoeveel vermogen ze hebben kan ik niet achterhalen, maar een gemiddeld inkomen van een paar honderd euro per jaar voorspelt niet veel goeds.

Je moet je toch eens voorstellen hoe het is om van zeventig euro per maand te moeten leven. Ik hoop dat het water in Congo en Liberia gratis is en dat de mensen thuis wat groenten kunnen verbouwen, anders kan ik me niet voorstellen dat je van dat bedrag in leven kunt blijven. Aan laptops en mobiele telefoons hoeven ze daar niet te denken; die zijn in Congo en Liberia even duur als hier. Het leven is er heus goedkoper, maar smartphones zijn dat niet. Anders zou de hele wereld ze daar gaan kopen.

Hoe kan dat? Waarom zijn wij hier zoveel rijker dan in sommige andere landen? 'Maar dat weet iedereen toch?' zei een collega van me op een symposium waar we alle twee een lezing moesten geven. 'Wij zijn rijk dankzij de armoe van anderen. Wij zijn rijk omdat ze in Congo en Liberia arm zijn.' Het klinkt als een eenvoudig en op het eerste gezicht misschien ook logisch antwoord. Er is een beperkte hoeveelheid rijkdom op de wereld; alles wat wij hebben, hebben anderen niet. Ergo: wij zijn rijk ten koste van de armen.

Maar klopt het antwoord? Dat zou onplezierig zijn, omdat ik dan medeschuldig ben aan de armoe van die Congolezen en Liberianen. Feitelijk ontneem ik hun dan hun rijkdom, of steel ik het eigenlijk een beetje. Zonder dat ik me daar bewust van ben, overigens. Want ik heb helemaal niet het gevoel dat ik van Congolezen steel.

Gelukkig begrijp ik ondertussen genoeg van economie om te weten dat de redenering niet klopt en dat er geen beperkte, vaste hoeveelheid rijkdom op de wereld is. De wereld kan er in zijn totaliteit heus een stuk rijker op worden dan-ie nu is. Als Congolezen en Liberianen rijker worden, dan gaat dat niet ten koste van ons. Toch? Dat ziet iedereen vrij gemakkelijk in. En andersom is dat ook zo: het feit dat wij rijker zijn dan zij betekent niet per se dat onze rijkdom ten koste van hen is gegaan. Of, om het nog op een andere manier te verhelderen: als ik een boek schrijf betekent dat niet dat iemand anders geen boek kan schrijven. Zo zit 't ook met rijkdom.

Volgens de standaardverklaring zijn we hier in Nederland relatief rijk omdat we veel voor elkaar krijgen; produceren. Zoals een tuinman die meer struiken kan snoeien rijker is, zo is men in een land waar men meer voor elkaar krijgt ook rijker. Er is geen maximale hoeveelheid rijkdom waarvan wij een deel verwerven of inpikken, we maken de rijkdom zelf. Blijkbaar doen we een boel in Nederland. Krijgen we het voor elkaar om relatief veel melk te produceren, software te schrijven, advies te geven, struiken te snoeien enzovoort. En omdat we veel produceren, hébben we ook veel. Er zijn overigens ook landen waar ze nog meer voor elkaar krijgen, zoals de VS, en waar men dus nog rijker is, maar ik zou niet met Amerikanen willen ruilen. Ze zijn daar rijker omdat ze meer werken. Logisch dat je daar rijk van wordt, maar ik laat 't graag aan me voorbijgaan. Liever voldoende produceren en veel vrije tijd hebben, dan veel produceren en een leven leiden dat uit louter werken bestaat.

Het is toch eigenlijk wel vreemd. Doen ze iets verkeerd in Congo en Liberia? En in India, de Filipijnen, Afghanistan, Nepal, Haïti en Honduras. Of hebben ze gewoon pech? Hoe komt 't dat men elders zoveel minder voor elkaar krijgt dan in bijvoorbeeld Nederland?

Dat heeft diverse oorzaken. Om te beginnen zijn daar nauwelijks middelen om zaken mee te produceren. Feitelijk bestaan zulke landen hoofdzakelijk uit mensen en land. Voor het overgrote deel laagopgeleide mensen bovendien en beroerd land. Want hoewel de meeste derdewereldlanden in de tropen liggen en daar de zon vaak schijnt, is het klimaat er toch minder geschikt voor landbouw. Er zijn nauwelijks kantoorpanden, fabrieken, tractoren, er is slecht internet, er zijn geen banken. Ik kom weleens in armere landen, niet in Liberia of Congo, maar ik ben wel in Madagaskar geweest, Panama, de Filipijnen, Suriname; en het valt direct op dat de wegen er slecht zijn. Allicht, het zijn arme landen en dus kunnen ze er geen goede wegen betalen. Maar het causale verband werkt ook de andere kant op: doordat de wegen er zo slecht zijn duurt alles er een stuk langer, krijgt men minder voor elkaar en is men armer.

Daarnaast missen ze in de meeste arme landen instituties die achter de schermen toch wel reuzehandig zijn: een kadaster, een belastingdienst, rechtbanken. En ten slotte helpen corruptie en vriendjespolitiek ook niet. Congo is weliswaar een arm land, maar er leven daar een paar heel rijke mensen, die bijzonder profiteren van het mineraal coltan dat er gevonden wordt en dat vooral bekend is vanwege het gebruik in mobiele telefoons. Een paar machtige mensen steekt alles in zijn zak en de rest leeft in armoe.

De meeste arme landen zitten vast in een beroerde spiraal: ze verdienen er weinig omdat er geen middelen zijn om mee te verdienen; en die middelen zijn er niet omdat ze niks verdienen. Een laagopgeleide bevolking; slecht onderwijs; nauwelijks infrastructuur; geen geld om die aan te leggen omdat er geen belastingdienst is; corrupte boeven aan de macht; en slecht werkende rechtbanken waar gedupeerden hun recht niet kunnen halen. Ga er maar aan staan. Het is allemaal reuze-ellendig en ik vind dat we er zoveel mogelijk aan moeten doen om het leven van de mensen daar te verbeteren, maar de suggestie dat ze hun armoe aan ons te danken hebben gaat een stap te ver.

Is er geen manier om aan die ellendige spiraal te ontsnappen? Jawel, die is er wel: investeren. Investeren in onderwijs, infrastructuur, instituties, fabrieken. Alleen is er vaak geen geld om te investeren, dat is nu net het probleem. Dan moet men daar dus of sparen en geduld hebben, of lenen. Van buitenlanders die wel geld hebben. Of ze moeten die buitenlanders overhalen zelf te investeren. Je zou toch denken dat dat moet lukken. Het loont immers om te investeren in bijvoorbeeld wegen in Congo en Liberia. Een extra weg in Nederland levert niet zoveel op. Maar diezelfde weg in Congo maakt een wereld van verschil. Je zou verwachten dat investeerders, mensen met geld, staan te springen om hun geld juist in de armere gebieden van de wereld te stoppen; daar levert het namelijk meer op. Helaas valt dat een beetje tegen omdat die investeerders bang zijn hun geld niet terug te krijgen. Vanwege onder andere corruptie en vriendjespolitiek: het kan maar zo gebeuren dat een lokale baas alle buitenlandse bezittingen nationaliseert en dan zijn de investeringen weg. Maar zelfs als die investeringen toch plaatsvinden, dan hebben ze een vreemde keerzijde. Dat wij, de rijke investeerders, dáár, in die arme gebieden, geld verdienen.

Iemand die zijn geld belegt wil daar rente voor terugkrijgen. Ook als-ie dat in Congo of Liberia doet. De wrange situatie doet zich dan voor dat een deel van wat er daar verdiend wordt naar rijkere landen verdwijnt. Alle Nederlanders verdienen bij elkaar zo'n 800 miljard euro. Twee derde van hen door te werken en één derde door te hebben. Het deel dat Nederlanders verdienen via hun vermogen verdienen ze deels elders, via beleggingen in andere landen, maar andersom zijn er ook buitenlanders en buitenlandse ondernemingen die in Nederland beleggen en investeren. Netto houdt dat elkaar ongeveer in evenwicht. Als wij met elkaar 800 miljard euro verdienen, dan kunnen we ook 800 miljard euro uitgeven. Dat ligt bij armere landen anders. De landen aan de Afrikaanse westkust van Senegal tot en met Congo verdienen met elkaar ook zo'n 800 miljard euro. (Moet je nagaan: er wonen daar 400 miljoen mensen, ruim twintig keer meer dan in Nederland, en ze verdienen evenveel.) Maar ze hebben minder dan 800 miljard te besteden omdat ze rente moeten betalen aan buitenlandse investeerders. In die zin lijkt hun situatie op die van een armlastige huurder die net de huur kan opbrengen maar die daardoor nooit genoeg kan sparen om zelf een huis te kopen. Als de verhuurder van goede wil is, dan rekent-ie een lage huur zodat de huurder kan sparen. Ik hoop maar voor de armere landen dat ze zulke goede verhuurders, of geldverstrekkers in hun geval, kunnen vinden.

Uiteindelijk moet ik mijn collega toch een beetje gelijk geven. De uitspraak 'Wij zijn rijk dankzij de armoe van anderen' kun je op twee manieren interpreteren.

Eén: rijkaards *veroorzaken* de armoe van anderen.

Of twee: rijkaards *profiteren* van de armoe van anderen.

Die eerste uitspraak is niet waar. Of is hoogstens soms waar, maar dan betreft het half criminele rijkaards die meedoen aan corruptie, vriendjespolitiek en andere manieren om mensen uit te zuigen.

Maar de tweede uitspraak is wel waar. Als er in een land geen middelen zijn om dingen voor elkaar te krijgen, dan loont het om te investeren in zulke middelen: fabrieken, wegen, onderwijs. Dat is voordelig voor het land in kwestie, maar ook voor de investeerders: zij verdienen geld in dat armlastige land. Dat is wrang en misschien vreemd, maar ik zie niet zo een-tweedrie in hoe het anders kan. Ik hoop maar dat de gerekende rentes niet te hoog zijn, en dat de investeringen zinvol en verstandig zijn.

Veroorzaken wij de armoe van koffieboeren door goedkope koffie te kopen?

Ik heb het er nog eens met die collega over gehad en ze vond dat ik iets over het hoofd had gezien: 'Wij hebben toch profijt van de lage lonen elders? Dankzij kinderarbeid hebben wij goedkope T-shirts, en omdat Peruaanse koffieboeren nauwelijks iets verdienen is onze koffie zo goedkoop.' Hier had ze een punt. Wij zijn rijk, in termen van T-shirts en koffie, vanwege lage lonen elders. Dat die T-shirtjes niet in de haak zijn lijkt me helder. Kinderarbeid is in strijd met fundamentele mensenrechten en we zouden niet moeten profiteren van arme kinderen die gedwongen worden voor een schamel loontje kleding in elkaar te zetten. Maar de zaak van die koffieboeren vind ik lastiger. Feitelijk probeerde mijn collega me aan te sporen om duurdere koffie te kopen, 'fairtradekoffie', waar kleinschalige koffieboeren, onder andere in Peru, wat meer aan verdienen. Ben ik het daarmee eens?

Ik koop eigenlijk nooit fairtradekoffie, maar ik koop wel altijd biologische kip. Die is een flink stuk duurder, maar ik hou graag rekening met het leven dat de kip heeft gehad. Als ik door wat extra te betalen de ellende op de wereld kan verminderen, dan doe ik dat. Moet ik dan, als ik consequent wil zijn, ook duurdere koffie kopen? Koffie die geen twee euro vijftig per pak kost, maar drie euro of drie euro vijftig. Opdat de koffieboer die de koffie verbouwde er beter aan verdient. Op zijn minst voldoende om van te leven.

Het lijkt consequent maar er is toch een verschil. Zo'n koffieboer heeft een keus en een kip heeft die niet. Misschien heeft zo'n boer niet veel te kiezen, maar hij heeft meer keus dan een kip. Daar ga ik tenminste van uit. Dat maakt beide situaties toch verschillend. Als ik van die dure fairtradekoffie koop, ben ik zo'n kleinschalige koffieboer dan niet feitelijk aan het belonen voor het feit dat-ie een achterhaalde keuze heeft gemaakt? Namelijk koffieboer worden. Eerder schreef ik dat ik het niet vreemd of onterecht vind dat schaapherders zo weinig verdienen. Het is een beetje een irrelevant beroep; er zijn tegenwoordig toch makkelijker manieren om op de schapen te passen? Waarom zou ik niet hetzelfde vinden van zo'n Peruaanse koffieboer?

Ik vind het lastig, maar laat ik het dilemma eens naar Nederland verplaatsen. Een Peruaanse koffieboer boert op gemiddeld twee hectare grond. Dat is weinig. Twintig keer zo groot als de volkstuin van mijn moeder, en je kunt er vier koeien op laten grazen. Er is geen boer in Nederland die zijn hoofd boven water kan houden met zo weinig land. Zou ik bereid zijn om extra te betalen voor de melk van een boer die slechts vier koeien heeft? Ik geloof van niet. Zo'n boer kan beter iets anders gaan doen, vind ik. Of zijn bedrijf vergroten. Het is een beetje onduidelijk met welke situatie die Peruaanse koffieboeren zich het best laten vergelijken: met plofkippen die geen kant op kunnen; of met fictieve Nederlandse boeren die kiezen voor een extreem klein bedrijf? In het eerste geval vind ik het volkomen logisch om extra voor fairtradekoffie te betalen, en in het tweede geval vind ik dat niet.

In Nederland verdwijnen gemiddeld drie boerenbedrijven per dag. Ze worden opgeslokt door de bedrijven die nog wel doorgaan en die steeds groter worden. Dat is niet leuk voor de boeren wie het overkomt, maar op de lange termijn is het voor iedereen prima. Hadden we nog evenveel boerenbedrijven als in 1960 gehad, dan had een pak melk ongeveer een tientje gekost en een kilo aardappels ook. Dat is geen ramp, maar leuk is anders. Ik gun de kopers van koffie dezelfde ontwikkeling als de kopers van melk. Mits koffieboeren, in Peru en elders, de mogelijkheid hebben om ander werk te vinden.

Wij profiteren inderdaad van de lage lonen van koffieboeren. Maar dat is iets anders dan het veroorzaken ervan. Bovendien is het profiteren van anderen helemaal niet vreemd of verwerpelijk. Ik profiteer ook van mijn tuinman en van het feit dat hij minder verdient dan een hoogleraar. Andersom profiteert hij ook van mij, en van anderen die bereid zijn om hem voor zijn werk te betalen.

Uiteindelijk ga ik toch overstag en zal ik in het vervolg fairtradekoffie kopen. Niet om kleinschalige boerenbedrijven in Peru in stand te houden, integendeel: om de mensen daar te helpen in de toekomst iets anders te gaan doen. Zoals landen in ellendige spiralen kunnen zitten, kunnen mensen dat ook. Het zou best zo kunnen zijn dat Peruaanse koffieboeren eigenlijk nauwelijks keus hebben en in die zin meer lijken op een plofkip dan op een schaapherder. Ik hoop met het kleine extraatje dat ik in het vervolg zal gaan betalen iets bij te dragen aan een verandering. Opdat de dochters en zonen van de boeren aldaar meer mogelijkheden krijgen en geen kleine koffieboer meer hoeven te zijn.

Toch is er één vraag waar ik nog mee blijf zitten. Waarom is het wel toegestaan om elders te investeren maar is het niet, of in veel mindere mate, toegestaan om elders te werken? Of, met andere woorden, waarom is er meer vrij verkeer van kapitaal dan dat er vrij verkeer van arbeid is? Het is veel moeilijker voor Congolezen om in Nederland te komen werken, dan dat het voor Nederlanders is om in Congo te investeren. Toch zouden volgens het idee van de vrije markt beide bijdragen aan een betere wereld. Als mijn duizend euro meer oplevert in Congo dan-ie in Nederland doet, dan is het voor mij en voor Congo beter wanneer ik mijn geld daar investeer. En als een Congolees meer in Nederland kan verdienen dan aldaar, dan is het zowel voor hem als voor zijn werkgever hier profijtelijk wanneer-ie hier werkt.

Het antwoord is uiteindelijk simpel, maar ook illustratief voor hoe de wereld in elkaar steekt. Het kan heus zijn dat het in totaal voordelig is wanneer Congolezen, en wie dan ook, in Nederland mogen komen werken. Dat het profijtelijk kan zijn voor zo'n Congolees is vrij helder. Voor de werkgever van die Congolees idem dito; grote kans dat een Congolees bereid is te werken voor een lager salaris. Voor de Nederlandse werknemer die zijn baan verliest is het echter niet zo leuk. Tel kosten en baten bij elkaar op en je komt waarschijnlijk positief uit. De wereld is beter af wanneer Congolezen hier wel mogen komen werken, alleen is het netto voor Nederlanders nadelig. (Hoewel dus minder nadelig dan het voor Congolezen voordelig is.) En dáárom willen wij het niet.

Mensen die beargumenteren dat een vrije markt voor iedereen het beste is – 'Een vrij verkeer van geld, diensten en goederen garandeert de meest efficiënte "allocatie" van dat geld, die diensten en die goederen' – moeten zich realiseren dat precies dezelfde argumentatie opgaat voor een vrij verkeer van arbeid en mensen. Uiteindelijk zorgt het feit dat dat vrije verkeer er niet is er ook voor dat wij meer hebben dan sommige mensen elders. In die zin moet ik mijn collega dus toch weer een beetje gelijk geven: doordat wij arme mensen van elders niet toestaan om hier te komen werken houden we onszelf rijker en hen armer.

25 Waar komt geld vandaan?

Op 23 augustus 1994 verbrandden de bandleden van de KLF – een van de meest succesvolle Britse housebands uit die tijd – een miljoen Britse pond. In totaal hadden ze zo'n zes miljoen pond verdiend, dat ze voor een groot deel steeds weer investeerden in nieuwe platen. Toen de band ermee wilde stoppen hadden ze een miljoen op hun rekening staan. En dat ging allemaal in de fik. Met een klein vliegtuigje vol cash vlogen ze naar het Schotse eilandje Jura, alwaar ze balen briefjes van vijftig pond in de open haard van een landhuis gooiden. Het kostte ongeveer een uur om op te branden.

Waarom de bandleden dat deden is nooit helemaal duidelijk geworden. 'Om een keer de macht over geld te hebben in plaats van andersom,' is een van de gehoorde verklaringen. Wel heeft bandlid Bill Drummond in een interview met de BBC in 2004 toegegeven dat-ie er spijt van had. Dat kan ik me voorstellen.

Ik ben al een eind gevorderd met dit boek en het lijstje met vragen, maar ik heb nog niet stilgestaan bij geld. Terwijl ik in eerste instantie zou denken dat economie vanaf het begin over geld zou gaan. Dat was blijkbaar een vergissing. Maar wat is geld eigenlijk voor mysterieus spul?

In Nederland is er ongeveer een biljoen euro. Dat is de waarde van al het papiergeld en alle muntjes die in Nederland in omloop zijn, plus het geld op betaalrekeningen en spaarrekeningen (maar alleen de spaarrekeningen waarvan je het geld direct kunt opnemen). Bijna tien procent van dat bedrag is papiergeld en de rest is elektronisch geld. Per persoon is dat ongeveer 60.000 euro, waarvan dus zo'n zesduizend euro papiergeld is. Best een boel.

Waar komt het vandaan en wat gebeurt er als er een miljoen verbrandt?

Verdwijnt er dan echt iets van waarde, of verdwijnt er dan slechts papier? Elektronisch geld is helemaal raadselachtig. Het is feitelijk niets meer dan wat nummertjes in computers. Wie bepaalt welk nummertje waar staat? En als je al die nummertjes bij elkaar optelt, is er dan een maximum? Of kan die som ongebreideld groter worden? Erg onduidelijk allemaal.

Met m'n boerenverstand kan ik een aantal dingen wel bedenken. Allereerst: geld is een soort van eenheid. De eenheid van waarde, zoals meters de eenheid van lengte zijn. Ten tweede is geld een middel om waarde op te slaan. De meeste spullen bederven of gaan in waarde achteruit terwijl duizenden euro's in een laatje jarenlang goed blijven. En ten slotte gebruiken we geld om dingen tegen elkaar te ruilen: 'U dit boek, ik twintig euro.' Geld is een ruilmiddel, een rekeneenheid en een opslagmiddel. Dat is allemaal niet zo ingewikkeld. Maar wat is geld écht? Ik blijf het ongrijpbaar vinden. En vooral: waar komt het vandaan?

Uit de muur. Dat zullen kinderen denken. Toen ik klein was waren er nog geen pinautomaten maar ook ik heb me vergist in de herkomst van geld. Ik dacht dat 't iets was wat volwassenen gewoon konden ophalen in een kantoor. Waarom mijn moeder dan nooit met een Albert Heijn-tas vol met geld de bank uit kwam heb ik me nooit afgevraagd.

Hoe ik aan míjn geld kom begrijp ik wel. Dat krijg ik door te werken; boeken te schrijven en dergelijke. En ook degenen die mijn boeken kopen krijgen hun geld door te werken. Maar waar komt geld oorspronkelijk vandaan?

'Geld als water' is best een verhelderende kreet. Zoals water over de aarde rondstroomt in een 'waterkringloop' stroomt geld ook in de rondte. Het gaat van individuen – consumenten – naar bedrijven; van die bedrijven weer naar andere bedrijven; en uiteindelijk naar de mensen die eigenaar van een bedrijf zijn of ervoor werken. Geld stroomt rond zoals water. Maar van water vraag ik me niet af waar het vandaan komt. Water is er gewoon. Water is er al zo lang de aarde bestaat. Er komt geen water bij, en er verdwijnt geen water. Maar geld is door mensen uitgevonden. Ooit was er geen geld en nu is het er wel. Is er ergens een 'geldbron'? Een of andere instantie die geld creëert? Is er een natuurlijke hoeveelheid geld op de wereld? Of maakt het helemaal niet uit hoeveel geld er is en wordt het naar believen gemaakt en vernietigd?

Feitelijk is geld niets meer dan een briefje waarop staat 'Dit briefje is vijftig euro waard.' Nu is geld op een betaalrekening iets anders dan zo'n briefje, maar je kunt dat elektronisch geld wel inwisselen voor die briefjes. Bovendien is er eigenlijk nauwelijks verschil tussen papiergeld en elektronisch geld. Als ik u vijftig euro moet betalen, en u moet ene Kees vijftig euro betalen, en die Kees moet mij weer vijftig euro betalen, dan is het natuurlijk onhandig om drie keer vijftig euro te overhandigen. Het is handiger om gewoon bij te houden hoeveel iedereen van elkaar krijgt; dat scheelt een boel gesleep met papier. En dat is feitelijk wat elektronisch geld is. Het is een soort van administratie van papiergeld en je kunt het bedrag dat je volgens die administratie te goed hebt altijd opnemen in de vorm van briefjes. De vraag blijft natuurlijk waar de waarde op die briefjes vandaan komt. Ik kan ook wel zulke briefjes maken: 'Dit briefje is vijftig euro waard. Getekend, Bas Haring.' Het probleem is allicht dat anderen die briefjes niet zullen accepteren. Maar een briefje waarop staat 'Degene die dit briefje inlevert bij Bas Haring krijgt van hem een taart' werkt misschien wel. Ik kan me prima voorstellen dat zo'n briefje geloofd wordt. Ik kan best taarten bakken.

Ik vind zo'n briefje eigenlijk helemaal geen vreemd verjaardagscadeau. Iemand die jarig is heeft waarschijnlijk voldoende taarten en zit helemaal niet te wachten op nog een taart. Een taarttegoedbon is dan handiger. Mocht de jarige helemaal geen zin hebben in taart dan kan-ie het briefje ook proberen door te geven: 'Als jij nou mijn gras maait, dan geef ik je dit briefje en daarmee kun je een taart bij Bas Haring halen.' Zou kunnen lukken. En wanneer voldoende mensen het briefje accepteren heb ik feitelijk een soort van geld gemaakt. Iets wat niet bederft, wat je kunt gebruiken om mee te betalen en wat bovendien in een portemonnee past.

Ik kan meer van die taarttegoedbonnen gaan maken en het mooie is dat ik er zelf ook mee kan gaan betalen. Het enige wat ik in de gaten moet houden is dat ik voldoende taarten moet kunnen bakken voor al die tegoedbonnen die rondgaan. Maar als ik mazzel heb hoef ik helemaal geen taarten te bakken. Misschien blijven de tegoedbonnen eeuwig rondzingen en komt nooit iemand zijn tegoedbon inleveren. Dat kan. Dat maakt voor de mensen die zo'n tegoedbon gekregen hebben niet zoveel uit. Die kunnen hun bon immers ook inruilen voor iets anders dan een taart, maar voor mij maakt het heel veel uit. Alle betalingen die ik met die briefjes gedaan heb waren dan immers gratis. Ik heb zelf die briefjes gemaakt.

De conclusie is dat ik uit het niets geld gemaakt heb. Ik heb geen taart hoeven bakken, ik heb wel dingen kunnen kopen, en andere mensen hebben mijn taartenbriefjes, oftewel geld. Dat suggereert het volgende antwoord op mijn vraag: geld kan uit het niets ontstaan, zomaar.

Het leest misschien als een belachelijk scenario. 'In theorie kan zo'n taartentegoedbon misschien wel, maar in de werkelijkheid en met echt geld gaat dat natuurlijk helemaal anders.' Toch gaat het ongeveer wel zo. Bleek, toen ik wat meer begon te begrijpen van banken.

Wat is een bank?

Een van de vragen die ik had voordat ik met dit boek begon was: 'Wat is een bank?' Wat gebeurt er eigenlijk in zo'n gebouw? Om antwoord te krijgen had ik een college 'bankwezen' aan een universiteit kunnen volgen maar het leek me een stuk efficiënter om met een bankdirectie af te spreken. Gelukkig vond ik een stel bankdirecteuren die daartoe bereid waren. Het waren bijzonder aardige mensen en ik heb twee uur van hun tijd gekregen. Aan het begin van het gesprek legde ik hun mijn eerste naïeve ideeën over banken voor en daarna konden zij uitleggen hoe het echt zat. Dat leek me een handige manier om het gesprek te voeren.

'Volgens mij is een bank een vrij simpel bedrijf. Je brengt er je spaargeld naartoe. En zij lenen dat geld weer uit aan bedrijven, aan particulieren of aan wie of wat dan ook. Dat levert rente op. De rente krijg ik weer op mijn spaarrekening. Zij het wat minder dan de rente die de bank ontving en zo verdient de bank geld. Voilà. Dat is een bank.' Tot mijn verbazing kwam het daar inderdaad op neer, aldus de bankdirectie. Mijn naïeve beeld was blijkbaar goed. Maar daar moest ik niet te makkelijk over doen, vonden ze. In het uitlenen zat 'm de bijzondere expertise van de bank. *Van wie* je geld leent maakt niet uit, *aan wie* je geld leent wel. En bovendien, dat moest ik ook niet onderschatten, zorgen banken voor het betalingsverkeer. Dat moet je inderdaad niet onderschatten, weet ik uit ervaring. Ik ben weleens in een land geweest waar je alles contant moet betalen en dat is een vreselijk gedoe.

Diezelfde avond, na de afspraak met die bankdirectie, sprak ik tijdens een etentje een bekende Nederlandse econoom. Ik vertelde hem dat ik ontdekt had dat dat hele bankieren zo ingewikkeld niet is en herhaalde mijn verhaal over banken. Maar in plaats van dat-ie zei: 'Ja ja, zo zit dat ongeveer', begon-ie te tieren en zo hard te schreeuwen dat ik me een beetje begon te schamen. 'Wie heeft je deze lariekoek op de mouw gespeld?! Welke bankdirectie is dit? Of ze zijn zo naïef dat ze per direct ontslagen moeten worden, of ze hebben je gewoon voor de gek gehouden. Er is één ding dat banken doen,' en de aderen op zijn voorhoofd zwollen op. 'Het échte ding. En dat is geld scheppen. Banken scheppen geld!'

Ik suste hem een beetje. Nam een hapje van m'n eten en begreep ondertussen niet waar-ie het over had. Geld scheppen? Hoe doe je dat? En hoe doet een bank zoiets? Inmiddels begrijp ik het, en het gaat op ongeveer dezelfde manier als met die taartenbonnen.

Als je geld stalt bij een bank, dan lenen zij dat weer uit. Die uitleningen zijn allicht niet direct terugeisbaar. Als de bank duizend euro heeft uitgeleend aan een bakker zodat deze een nieuwe broodsnijmachine kan kopen, dan kan je moeilijk verwachten dat deze z'n snijmachine weer gaat verkopen als je je geld op wilt nemen. Toch kun je bij je spaargeld. Dat kan omdat de bank een deel van het spaartegoed in reserve houdt en niet uitleent. Zo'n tien procent – het scheelt van land tot land. Tien procent is voldoende omdat het zelden of nooit voorkomt dat iedereen tegelijkertijd al z'n spaargeld komt opnemen.

Maar wat gebeurt er als je geld *leent* in plaats van uitleent? U komt bij de bank en u meldt zich bij een balie voor een lening. Wat nou als er even geen duizend euro aan reserves zijn en ze u toch graag willen helpen door u duizend euro te lenen? Dan gebeurt er helemaal niks bijzonders: ze lenen u gewoon duizend euro uit. Dat is een zeer eenvoudige ingreep. In een of andere computer verandert het nummertje nul in het nummertje duizend en klaar is Kees. U loopt naar buiten, naar de eerste de beste pinautomaat en u pint duizend euro. Uit het niets! Het enige wat ertegenover staat is dat er nóg een nummertje nul verandert in duizend. Het nummer dat staat voor het bedrag dat u ooit moet terugbetalen.

Zo scheppen banken dus geld. Door het uit te lenen. Ze maken werkelijk geld dat er in eerste instantie niet was. U heeft duizend euro in handen die er eerst niet waren, en daartegenover staat dat u die duizend euro ooit in de toekomst moet terugbetalen. Dat is een groot verschil tussen geld en water. Het waterschap, of wie dan ook, kan niet in tijden van droogte water creëren in ruil voor de belofte dat dat water later ooit weer teruggegeven wordt. Met geld gaat dat wel.

Een bank is niet zoals bij een gewone winkel: daar kun je slechts kopen wat er is. Maar bij een bank kun je blijven kopen. Om duizend euro uit te kunnen lenen heeft de bank geen duizend euro nodig maar slechts honderd: de tien procent van duizend die ze als reserve achter de hand moet houden. Wanneer de bank de inschatting maakt dat ze het geld ooit terugkrijgt dan leent ze het aan u uit. Ook als ze het niet heeft. Dat is vrij wonderlijk, maar dat is wel zoals het werkt. En als de bank het aan u heeft uitgeleend, dan kunt u ermee betalen en kunt u pinnen. Dan heeft u echte briefjes in uw handen en die zijn dan ontstaan uit het niets. Wat interessant!

Inmiddels realiseer ik me, dankzij het feit dat ik iets meer begrijp van dat zogenaamde geld scheppen, dat die vergelijking tussen geld en taartenbonnen toch niet helemaal opgaat. Het leek al onwaarschijnlijk. Maar de werkelijkheid is nog onwaarschijnlijker. In plaats van dat geld vergelijkbaar is met een bon waarvoor je een taart kunt krijgen lijkt 't op een bon waarop staat: 'Degene die dit briefje inlevert bij Bas Haring krijgt van hem spunk.' Of iets anders waarvan niemand weet wat het is. Zo'n briefje werkt net zo goed als zo'n taartenbon. Het kan gewoon gebruikt worden om mee te betalen en mocht iemand bij me langskomen om het in te wisselen voor spunk, dan stuur ik hem met lege handen weer naar huis en zeg ik dat dat spunk is.

Het duurde even voordat dit kwartje bij me viel, maar feitelijk is er helemaal geen directe relatie tussen geld en de dingen die je voor geld kunt kopen. Ergens, onbewust, ging ik ervan uit dat geld net zoiets zou zijn als een bioscoopkaartje: een stukje papier dat recht geeft op het zien van een film. Een bioscoop kan niet ongebreideld bioscoopkaartjes verkopen of uitdelen. Het aantal stoelen is immers beperkt. Maar met geld is dat echt anders. Geld bestaat als het ware in een soort van parallelle wereld die niet direct in relatie staat met de wereld van ons. De hoeveelheid geld kan dan ook toe- of afnemen zonder dat we daar meteen iets van merken. Zoals er ook niks gebeurt wanneer er plots meer briefjes verschijnen waarop staat 'In ruil voor dit briefje krijgt u spunk van Bas Haring', of wanneer er juist van zulke briefjes verdwijnen.

Maar de Centrale Bank dan?

Dus gewone banken, zoals de ABN AMRO en Triodos, maken geld door het uit te lenen?! Dat kan toch niet waar zijn? Het is toch helemaal niet de taak van dat soort commerciële banken om geld te maken? Er zal toch wel een overheidsinstantie zijn, zoals de Centrale Bank of zo, die dat geld maakt?

Ja en nee. De Centrale Bank is uiteindelijk wel verantwoordelijk voor de totale hoeveelheid geld die in omloop is, maar het is niet echt een overheidsinstantie. Ik heb altijd gedacht dat de Centrale Bank net zoiets zou zijn als het Centraal Bureau voor de Statistiek, de Belastingdienst of Rijkswaterstaat. Die doen werk in opdracht van de overheid. Zo zou het toch ook wel werken bij de Centrale Bank, dacht ik. Hoge ambtenaren vertellen die bank om nog wat geld te maken; daar luisteren ze braaf naar en gaan dan aan de slag. Maar dat is niet zo en daar is een goede reden voor. De overheid geeft namelijk geld uit. Als je én geld kunt maken én geld kunt besteden, dan is het nogal verleidelijk om onbeperkt geld te maken zodat je meer kunt besteden. Heb je een snelweg nodig? Dan maak je gewoon wat extra geld. Of lopen de ziektekosten uit de klauwen? Bijprinten! Dat dat uiteindelijk niet kan werken voelt iedereen op z'n klompen aan.

Zo'n Centrale Bank kan op verschillende manieren de totale hoeveelheid geld die rondgaat beïnvloeden. Ze kunnen regels opleggen aan commerciële banken zodat het voor hen makkelijker of moeilijker wordt geld uit te lenen en aldus geld te scheppen. En een Centrale Bank kan zelf ook geld scheppen. Precies zoals ik ook taarten- of spunkbonnen kan 'scheppen'. Voor zo'n Centrale Bank is het zelfs nog makkelijker: ze hoeven daar slechts een nummertje in een computer te veranderen en voilà, daar is het geld. Maar hoe krijgen ze dat geld dan in omloop? Je kunt wel een nummer in een computer veranderen, maar dan gebeurt er nog niks in de wereld. Spullen kopen is geen optie voor een Centrale Bank. Wat moet zo'n bank met gebouwen, pennen en auto's? Ze kunnen het geld weggeven, maar dat is zeer ongebruikelijk. In de regel wil zo'n bank er wat voor terug: schuldbekentenissen; de belofte dat er in de toekomst betaald gaat worden. Zoals staatsobligaties, de belofte van een overheid om in de toekomst te betalen. Maar zo'n Centrale Bank kan ook hypotheken en andere schuldbekentenissen kopen. In ieder geval creëren ze in het heden geld, en ruilen ze dat in voor de belofte dat het in de toekomst terugbetaald gaat worden. Uiteindelijk kunnen ze die belofte natuurlijk ook kwijtschelden. Dan hebben ze hun geld de facto weggegeven.

Uiteindelijk werkt het dus als volgt: zo'n Centrale Bank maakt geld uit het niets; dat geld ruilen ze in voor de belofte dat het in de toekomst terugbetaald zal worden. Dat geld belandt bij banken als de ABN AMRO. En deze kunnen daar nog weer meer geld van maken door het verder uit te lenen. Helder, maar wel vreemd. 'Geld als water' is misschien wel een verhelderende vergelijking in die zin dat ze beide rondstromen, maar de vergelijking gaat ook mank omdat geld uit het niets gemaakt kan worden, terwijl dat met water niet lukt.

Overigens kan het proces ook in de omgekeerde volgorde lopen: geld kan ook verdwijnen. Dan verkoopt de Centrale Bank die schuldbekentenissen. Het geld dat ze voor die schuldbekentenissen krijgen verdwijnt gewoon. Het zijn immers toch slechts nummertjes in computers. Ze hoeven dat geld ook niet te bewaren, ze kunnen het immers met een druk op de knop zo weer opnieuw maken.

Goud en ander geld

Het voelt heel vreemd dat geld naar believen gemaakt en vernietigd kan worden. Het geeft een gevoel van gebrek aan houvast. Geld is alleen maar waardevol omdat we met z'n allen denken dat 't waardevol is. Een soort van selffulfilling prophecy. We vertrouwen erop dat het waarde heeft en daarom heeft het waarde. Het heet niet voor niets 'vertrouwensgeld'. Wat nou als we eraan beginnen te twijfelen? Dan verliest geld zijn waarde en verdampt ons spaargeld als sneeuw voor de zon.

Tja, zo'n selffulfilling prophecy – of beter: een waarheid die waar is omdat we met z'n allen denken dat-ie waar is – werkt twee kanten op: als we er niet meer in geloven dan is het ook terstond niet meer waar. Maar de kans dat zoiets gebeurt is erg klein en bovendien worden we omringd door dit soort selffulfilling prophecies. De betekenis van het woord 'boom' is feitelijk net zoiets. 'Boom' verwijst naar een groeiend stuk hout in de grond met takken en bladeren. Maar het woord 'boom' betekent alleen maar boom omdat we met z'n allen geloven dat het boom betekent. Dat woord had net zo goed naar iets heel anders kunnen verwijzen, en voor wat we nu bomen noemen hadden we ook het woord 'tjoep' kunnen gebruiken. Toch is niemand bang dat het woord 'boom' ooit zijn betekenis gaat verliezen. Als we allemaal geloven dat boom boom betekent, dan zal dat toch heus wel zo blijven. En zo is het toch ook met het vertrouwen in de waarde van geld? Dat blijft heus wel overeind.

En hoe zit 't dan met goud? Geld kun je blijkbaar uit het niets creëren maar bij goud gaat dat niet. Is goud niet veel betrouwbaarder dan?

Iedereen die even nadenkt zal zich realiseren dat papiergeld van zichzelf waardeloos is. Nee, dan goud! Goud is wél waardevol. Goud heeft iets magisch.

Heel veel mensen denken dat papier niet echt van waarde is, maar goud wel. Maar dat valt tegen. Waarom zou goud waardevol zijn? Het is een mooi glimmend metaal dat niet roest en je kunt het vrij makkelijk bewerken. Maar er zijn meer materialen met zulke eigenschappen. Zoals niobium en palladium. Het idee dat goud van zichzelf bijzonder waardevol is, is vermoedelijk een gevolg van het feit dat goud al eeuwenlang gezien wordt als hét voorbeeld van waardevol materiaal. Dagobert Duck zwemt in een pakhuis vol gouden munten en rijke koningen in sprookjes barsten van het goud. Ik heb zelf weleens een echte goudstaaf in mijn handen gehouden en daar ging m'n hart toch wel iets sneller van kloppen. Ik had echt goud in handen! Het echtste geld dat er is.

Maar feitelijk is er helemaal niet zoveel verschil tussen geld en goud. Het is beide vooral waardevol omdat we met z'n allen geloven dat het waardevol is. Toch is er een belangrijk verschil: van goud is er een beperkte hoeveelheid terwijl de hoeveelheid geld in principe oneindig is. Er is wereldwijd nu eenmaal niet meer goud dan er is, terwijl je geld makkelijk kunt bij maken. Maar verder is de waarde van goud net zo'n selffulfilling prophecy als de waarde van geld.

Naast goud zijn er nog meer alternatieven voor geld. Zoals lokaal geld: de Rotter-dam, de Makkie in Amsterdam, Tijdgeld in hoofdzakelijk Den Haag. Het is allemaal geld dat in een beperkte kring gebruikt wordt. Het idee is best sympathiek: door zulk geld te gebruiken zou je de lokale gemeenschap stimuleren. Je moet het immers dáár uitgeven omdat het elders niet geldig is.

Tijdgeld is een mooi voorbeeld. Dat gebruik je met vrienden en bekenden. Ik gruwel van het idee dat ik geld zou krijgen van een vriend die ik heb geholpen met verhuizen. Toch hou ik onbewust een beetje bij of mijn hulp in balans is met de hulp die ik ontvang. Van vrienden die ik steeds help, maar die nooit terug helpen word ik op een gegeven moment een beetje chagrijnig. Tijdgeld biedt dan uitkomst. Als je een uurtje hebt geholpen krijg je een uurtje hulp terug, in de vorm van een briefje waarop je tegoed staat. Dat briefje kun je dan weer bij die vriend uitgeven, maar ook bij een vriend van die vriend of nog een vriend verder. Handig! Het klinkt een stuk sympathieker dan geld en het zorgt ervoor dat je ongeveer evenveel vriendendiensten krijgt als geeft.

Maar toch... als ik er wat langer over nadenk, dan weet ik niet of ik dat Tijdgeld wel zoveel sympathieker vind dan gewoon geld. Gewoon geld is hetzelfde als Tijdgeld, alleen met iedereen als vriend. Wat is sympathieker: dingen doen voor iedereen? Of slechts dingen doen voor vrienden? Als ik geld ga zien als vriendengeld, met de hele wereld als mijn vriend, dan vind ik het wellicht wat minder lastig om geld van vrienden te krijgen – echte vrienden.

Van bank geswitcht

Ik heb uiteindelijk een antwoord op mijn vraag. Ik weet nu beter wat geld is, waar het vandaan komt en ik ben ondertussen ook meer van banken gaan begrijpen. Da's allemaal leuk en aardig, maar mijn zoektocht heeft ook nog een concreet effect gehad: ik ben van bank geswitcht.

Ik had nooit goed beseft dat er met mijn spaargeld achter de schermen van alles gebeurt; dat het wordt uitgeleend aan anderen die feitelijk mijn rente betalen. Voor mij was zo'n bank een abstract kantoor waar ik geld naartoe stuurde en af en toe weer wat opnam. Een groot gebouw met veel glas waar ze het over specialistische zaken hebben als indexfondsen, dividendbelasting en obligatieportefeuilles. Zo'n bank is voor mij net als een autofabriek of een aannemer: ik wil helemaal niet weten hoe een auto wordt gemaakt of hoe een huis gebouwd wordt. Maar zou het met een bank niet eigenlijk anders moeten zijn? Moet ik niet weten wat er met mijn geld gebeurt en ben ik daar niet ook een beetje verantwoordelijk voor?

Ik denk uiteindelijk van wel. Ik heb een flinke betonschaar en soms wil iemand die van me lenen. Dan wil ik wel weten wat die persoon ermee van plan is. Van betonscharen is bekend dat je er fietssloten mee kunt doorknippen en ik vind het mijn verantwoordelijkheid dat mijn betonschaar daar niet voor wordt gebruikt. Dat is met spaargeld toch net zo? Dat wil je toch niet uitlenen aan iemand die er verkeerde dingen mee gaat doen? Het lastige is echter dat tussen en mij en de mensen die mijn geld gebruiken dat bankkantoor zit. Daardoor voel ik de verantwoordelijkheid niet zo, die ik eigenlijk wel heb.

Ik zou een louche vent die ik niet ken mijn betonschaar niet uitlenen. Ik zou diezelfde persoon ook geen geld lenen als ik zou weten dat-ie er een betonschaar van ging kopen. Ingewikkelder wordt 't wanneer er een aantal stappen tussen mij en die louche vent zit. Zou ik mijn geld uitlenen aan iemand die het uitleent aan iemand die er een betonschaar van gaat kopen? Eigenlijk vind ik dat ik dat niet zou moeten doen. Op zijn minst moet ik mijn best doen om erachter te komen wat zo iemand met mijn geld gaat doen, en die ander moet me dat ook vertellen. Doet-ie dat niet, dan krijgt-ie m'n geld niet. En met banken zou het eigenlijk net zo moeten werken. Ik moet mijn best doen te achterhalen wat er met mijn geld gebeurt, en de bank moet zijn best doen mij dat te vertellen. Uiteindelijk kan ik dan de beslissing nemen waar wel en waar niet mijn spaargeld te stallen.

Grappig genoeg heeft mijn kennis over banken ervoor gezorgd dat ik nu bewuster met mijn spaargeld omga en heb ik m'n spaargeld verhuisd. Naar een bank die een heel klein beetje minder rente uitbetaalt maar geen dingen met mijn spaargeld doet die ik niet wil.

26 Wat gebeurt er als iedereen een miljoen krijgt?

Geld kan blijkbaar simpelweg gecreëerd worden. Waarom krijgen we dan niet allemaal een miljoen op onze rekening gestort? Iedereen miljonair. In principe zou dat toch mogelijk zijn?

Het kan wel, maar het zou niets helpen. Als iedereen plots meer geld heeft, dan zijn we met z'n allen weliswaar rijker in geldtermen, maar we zijn er niet écht rijker op geworden. Echte rijkdom, materiële rijkdom, komt van huizen, lekker eten en een tuinman die het gras voor je maait. (Nog echtere rijkdom komt allicht van vriendschap, gezondheid, wijsheid, berusting en dat soort immateriële zaken maar die laat ik even voor wat ze zijn.) Als we en masse een miljoen op onze rekening gestort krijgen, dan worden de huizen, het eten en de tuinmannen er niet talrijker noch beter op. Wat gebeurt er dan wel? De huizen, het eten en de tuinmannen worden duurder.

Ik weet niet wat ik precies zou doen als ik op een goede dag een miljoen op mijn bankrekening zou vinden, maar ik zou toch wel het een en ander gaan kopen. Misschien een auto maar op zijn minst een nieuw bankstel of meerdere paren schoenen voor mij en mijn vriendin. Vermoedelijk zal iedereen een deel van zijn miljoen gaan spenderen. Probleem is echter dat het rondstrooien van geld er weliswaar voor zorgt dat er meer geld is, maar er niet voor zorgt dat er ook meer spullen zijn om voor dat geld te kopen.

Een handelaar in sportwagens die tien auto's op voorraad heeft en die 's ochtends een rij van honderd mensen voor zijn zaak ziet staan verhoogt terstond zijn prijzen. Helemaal als die handelaar zelf ook een miljoen gekregen heeft en hij niet op zijn achterhoofd gevallen is. Misschien dat een paar mensen mazzel hebben, de mensen die als eersten heel snel een sportwagen konden kopen of iets anders, maar al snel zal ons miljoen als sneeuw voor de zon verdwijnen. De winst die we dachten te maken met dat miljoen verliezen we weer door prijsstijgingen. Oftewel 'inflatie': het steeds duurder worden der dingen.

Ik heb altijd gedacht dat dingen vanzelf duurder worden. Tien jaar geleden kostte een frietje gemiddeld één euro vijftig en tegenwoordig twee euro. En het eerste bakje friet dat ik zelf kocht kostte slechts één gulden twintig, nog geen zestig eurocent. Ik ben me er nooit bewust van geweest dat zoiets een verklaring behoeft. Dingen worden gewoon steeds duurder.

Toch is dat niet zo. Er zijn eeuwen voorbijgegaan met nauwelijks inflatie. Melk, brood en aardappels kostten in 1900 ongeveer evenveel als in 1800, terwijl ze de afgelopen honderd jaar meer dan twintig keer zo duur geworden zijn. Dat is voor een flink deel een gevolg van het 'vertrouwensgeld' dat we pas sinds de twintigste eeuw hebben. Geld dat naar believen gecreëerd kan worden. Dat was nog niet of nauwelijks het geval in 1800. Toen gebruikte men hoofdzakelijk goud, waarvan de totale hoeveelheid vaststaat, en stegen de prijzen dus minder sterk.

Toch was er in het verleden, toen men nog geen papiergeld maar gouden munten gebruikte, ook wel sprake van inflatie. Soms. Vaak was dat een gevolg van het feit dat er een nieuwe goudmijn gevonden was. Er kwam meer goud, en dus meer gouden muntjes, het geld werd minder waard, en de prijzen stegen. Een helder verhaal eigenlijk, maar ik had 't niet gedacht en het illustreert maar weer hoe je je kunt vergissen.

Overigens hoeft het niet per se zo te zijn dat dingen duurder worden als iedereen een miljoen krijgt. Wanneer iedereen zijn miljoen in een matras stopt en verder niks aan zijn bestedingspatroon verandert gebeurt er helemaal niks. Iets dergelijks is er nu aan de hand. Nu, tijdens het schrijven van dit boek: de Europese Centrale Bank 'schept' zo'n 700 miljard euro – tweeduizend euro per inwoner in de eurozone – en koopt daar obligaties voor. In de hoop dat de inflatie toeneemt. Waarom ze dat zouden willen wist ik in eerste instantie niet, maar dat komt zo dadelijk. Alleen neemt de inflatie niet toe. Die blijft hangen op ongeveer nul. De banken, die die obligaties hebben verkocht en nu dus miljarden hebben, lenen dat geld namelijk niet uit. Tja, dan ligt dat geld feitelijk in een soort van matras en gebeurt er niet zoveel. Totdat die miljarden op een gegeven moment toch uitgegeven worden, dan krijg je alsnog inflatie.

Is inflatie erg?

Op de een of andere manier voelt inflatie erg of op zijn minst onplezierig. Als ik nu honderd euro heb, en ik over een jaar voor diezelfde honderd euro minder kan kopen dan nu, dan is die honderd euro dus minder waard geworden. Dat is niet leuk.

Die negatieve intuïtie over inflatie wordt door de overheid versterkt – of beter gezegd door de Centrale Bank. Die streeft immers een inflatie na van ongeveer twee procent. Dat is een van de belangrijkste taken van die bank. Blijkbaar is een inflatie van meer of minder dan twee procent niet handig en misschien zelfs erg.

Toch, als ik er wat langer over nadenk begin ik me af te vragen wat er nu zo erg is aan voortdurende prijsstijgingen. Het is toch helemaal geen drama wanneer dingen per jaar, zeg, tien procent duurder worden. Mits de inkomens ook met tien procent stijgen natuurlijk. Het is misschien een beetje onhandig en je moet waarschijnlijk steeds wennen aan die nieuwe prijzen, maar veranderende prijzen zijn geen drama, zeker niet als die veranderingen voorspelbaar zijn en niet heel grillig verlopen.

Als alle linialen van een meter per jaar steeds tien procent in lengte groeien, dan worden alle dingen jaarlijks steeds korter. In meters gemeten. Ikzelf, de lengte van mijn tuin. Maar in werkelijkheid wordt mijn tuin natuurlijk niet korter als de meetlatten er langer op worden. Zo zit 't toch ook met de waarde van geld? Als alles duurder wordt, inclusief salarissen, dan is er toch helemaal niks aan de hand?

De Britse heavy-metalband Spinal Tap (uit de gelijknamige film: de band bestaat niet echt) heeft een gitaarversterker die tot elf gaat in plaats van tien. 'Andere bands moeten stoppen bij tien, maar kijk eens, onze gitaarversterker kan tot elf!' aldus de trotse gitarist van de band.

'Maar kan die gitaarversterker ook harder dan?' vraagt een interviewer in de film. 'Hij ziet er verder hetzelfde uit als andere gitaarversterkers.'

'Nou, onze gitaarversterker kan tot elf,' is het enige antwoord dat de gitarist kan geven.

Iedereen begrijpt dat tien of elf niet uitmaakt. Dat zijn slechts nummertjes; het gaat om de versterker en daar gebeurt verder helemaal niks mee als de nummers veranderen. Inflatie is net zoiets: er veranderen wat nummertjes maar in het echt gebeurt er niets. Ergo: wat is het probleem van inflatie nou helemaal?

Toch zit er een addertje onder het gras. Spullen worden duurder en inkomens stijgen in principe mee. Maar het spaargeld wordt niet plots meer en schulden worden ook niet groter. Iemand met honderdduizend euro spaargeld heeft bij een inflatie van tien procent na een jaar de facto nog maar negentigduizend euro over. Hij is tien procent van zijn spaargeld kwijt. Andersom worden schulden juist tien procent kleiner. Had je in het ene jaar een hypotheek van honderdduizend euro, een jaar later rest als vanzelf nog maar een schuld van negentigduizend euro. (Die schuld is natuurlijk nog wel steeds honderdduizend euro, maar die honderdduizend euro is minder waard geworden.)

Een hoge inflatie betekent dat er 'koopkracht' verdwijnt bij de mensen die koopkracht hebben, en dat er koopkracht bij komt bij de mensen met schulden. Dat voelt toch wel een beetje onrechtvaardig en bovendien ongefundeerd. Waarom zou je zonder enige onderbouwing iets bij de ene groep mensen weghalen en dat geven aan een andere groep? Of inflatie erg is hangt ervan af aan wie je het vraagt. De mensen met geld vinden het erg, de mensen met schulden juist niet. Feit blijft dat inflatie een willekeurige en daarom ook wat onrechtvaardige manier is van het overhevelen van geld van de een naar de ander.

Waarom dan een inflatie van twee procent?

De Europese Centrale Bank streeft een inflatie van twee procent na. Dat vinden ze een mooi getal. Maar waarom die twee procent? Waarom niet nul?

Omdat een negatieve inflatie onhandig schijnt te zijn. Dan liever het zekere voor het onzekere nemen en gaan voor een lage, maar positieve inflatie. Bij een negatieve inflatie – 'deflatie' – wordt je geld steeds meer waard. Ik weet niet of ik er een probleem mee zou hebben wanneer mijn spaargeld steeds meer waard wordt en ik vanzelf over een jaar meer kan kopen dan nu het geval is, eenvoudigweg door die zogenaamde deflatie. Is het erg dat ik over een jaar voor honderd euro vijf boeken kan kopen als ik er vandaag maar vier kan kopen?

'Jazeker! Want dan koop je die boeken niet vandaag maar pas over een jaar. Dan krijg je er namelijk nog een boek gratis bij. En als er over een jaar nog steeds deflatie is, dan koop je die boeken weer niet. Enzovoort. Bovendien raakt de boekhandel zijn boeken aan de straatstenen niet kwijt en kan-ie niet anders dan de prijzen laten zakken. Wat nog meer deflatie tot gevolg zal hebben. Een oneindige spiraal van ellende waarin iedereen aankopen blijft uitstellen. Deflatie wil je echt niet.'

Mwoah, zou ik nou echt een jaar wachten met het kopen van een boek omdat het tegen die tijd goedkoper is? Ik twijfel. Voor grotere dingen als een huis is het misschien wat anders, maar ook dan zou het mee kunnen vallen. Ik moet toch ergens wonen?

Er is hier iets grappigs aan de hand. Er zijn twee soorten economen: macro-economen en micro-economen. Macro-economen houden zich bezig met de economie als geheel: het reilen en zeilen van hele landen en onderwerpen als inflatie, werkloosheid en de staatsschuld. Micro-economen houden zich ondertussen bezig met individuen en bedrijven: welke prijs vraagt een boer voor zijn melk? En waarom kopen mensen huizen in plaats van dat ze huren? Het zijn heel verschillende vakgebieden met verschillende theorieen en verschillende manieren van werken. Macro-economen hebben grote verhalen die ze staven met allerlei statistische gegevens. Gegevens als werkloosheid, de bevolkingsopbouw en de totale hoeveelheid spaargeld. Een uitspraak als 'Inflatie is het gevolg van het creëren van geld' is typisch een macro-economische uitspraak. Micro-economen redeneren technisch vanuit een aantal fundamentele uitgangspunten over bedrijven en individuen. Uitgangspunten als: mensen betalen liever minder dan meer, en bedrijven proberen hun winst te maximaliseren.

De verhalen die macro-economen vertellen moeten natuurlijk wel in overeenstemming zijn met de verhalen van micro-economen. Uiteindelijk worden zaken immers veroorzaakt door de handelingen van bedrijven en individuen. Een statistisch verband zegt op zichzelf niet zoveel. Een macro-econoom kan bijvoorbeeld wel beweren dat prijzen stijgen wanneer de hoeveelheid geld toeneemt. En dat kan-ie vast staven met allerlei gegevens die in het verleden verzameld zijn over de hoeveelheid geld die in omloop was en prijzen van allerhande producten. Maar daarmee is nog niet verklaard *waarom* een snackbarbaas de prijs van friet verhoogt. En uiteindelijk zorgt dát natuurlijk echt voor inflatie.

'Deflatie zorgt voor een negatieve spiraal van nog meer deflatie,' is een macro-economische uitspraak die alleen maar waar is wanneer op micro-economisch niveau bedrijven en individuen uitgaven inderdaad uitstellen als dingen steeds goedkoper worden. En het is helemaal niet helder in hoeverre dat zo is.

Maar uiteindelijk is het met deflatie net als met inflatie: of het erg is hangt ervan af aan wie je het vraagt. Deflatie is plezierig voor de mensen met geld en onplezierig voor de mensen met schulden. In die zin is deflatie toch nog wel wat onredelijker dan inflatie. Bij inflatie verdwijnt er koopkracht bij de mensen die het hebben naar de mensen die het niet hebben, en bij deflatie gaat 't net andersom. Dan liever inflatie.

Een inflatie van twee procent heeft een voordeeltje ten opzichte van een inflatie van nul. Of een handigheidje eigenlijk. Salarisverlagingen liggen altijd een beetje lastig. Mensen willen niet graag salaris inleveren. Maar gelijk blijven vinden ze nog wel oké. Net oké. En een inflatie van twee procent is feitelijk hetzelfde als een jaarlijkse salarisverlaging van twee procent voor iedereen. Die allicht gecompenseerd kan worden door een salarisverhoging van diezelfde twee procent.

Over salarisverlaging valt meestal niet te praten. Maar door een inflatie van twee procent geef je iedereen een jaarlijkse salarisverlaging. Niet dat ik een voorstander ben van salarisverlagingen, maar dankzij die inflatie van twee procent is het in ieder geval *mogelijk* om aan salarisverlaging te doen, terwijl het zonder inflatie haast niet gaat. Daarom dus die beoogde inflatie van twee procent.

Toch is het uitdelen van geld niet per se een slecht idee

Terug naar het begin van dit hoofdstuk. De vraag was: als geld makkelijk gemaakt kan worden, waarom krijgen we niet allemaal een miljoen op onze rekening? En het antwoord: omdat het niet helpt. Toch helpt 't soms wel. Sommige problemen kunnen worden opgelost door geld uit te delen.

Een van de problemen van dit moment is dat er te veel auto's worden gemaakt. Wereldwijd staan er duizenden auto's te verpieteren op grote asfaltvelden terwijl autofabrieken de capaciteit hebben voor de productie van nog veel meer auto's. Dat is allemaal vreselijk onhandig: er gaan energie, tijd, mankracht en materialen verloren in nutteloze auto's en nutteloze autofabrieken. Maar je schroeft niet zo een-twee-drie de productiecapaciteit naar beneden; die fabrieken staan er immers al en dat zijn prijzige dingen. Zonde om ze af te breken. Bovendien is het niet zo dat er echt geen behoefte is aan auto's. Als auto's goedkoper zouden zijn, dan waren ze heus wel verkocht.

Een auto gaat gemiddeld een jaar of vijftien mee en dat betekent dat jaarlijks één vijftiende van alle auto's vernieuwd moet worden. Stel je nou eens voor dat de wereldwijde productiecapaciteit precies goed is, maar dat toch al die auto's niet kunnen worden verkocht. Mensen hebben er wel geld voor, maar geven het niet aan auto's uit omdat ze zich zorgen maken over de toekomst. In plaats van auto's te kopen spaart men liever of lost men schulden af.

U bent alwetend en ziet het schouwspel van een afstandje aan: het juiste aantal auto's rolt van de lopende band; mensen willen heus wel een nieuwe auto en kunnen het zich ook veroorloven maar zetten hun geld voor de zekerheid opzij. Ondertussen dreigen werknemers in de auto-industrie werkloos te worden en worden dure fabrieken stilgezet. Wat nu? Geld rondstrooien! Deel geld rond in de hoop dat 't niet weer direct opzij wordt gezet maar wordt gebruikt voor nieuwe auto's.

Het lastige is evenwel dat niemand echt alwetend is. Niemand weet wat de juiste productiecapaciteit is en de werkelijke behoefte is aan auto's. Misschien heeft de auto afgedaan en wil men liever met de fiets of neemt het auto-delen een vlucht en staan al die autofabrieken er écht voor niks. Maar als die autofabrieken op de wat langere termijn waardevol zijn, en als er slechts sprake is van een tijdelijke dip in de vraag naar auto's, dan is het geen slecht idee om geld uit te delen opdat er wat meer auto's worden verkocht.

Geld uitdelen is een truc die echt gebruikt wordt. Niet dat we plots allemaal een miljoen op onze rekening gestort krijgen; er zijn subtielere manieren om iedereen wat geld toe te spelen. Een paar jaar geleden mochten we redelijk onverwacht plots ons 'spaarloon' incasseren. Spaarloon was geld dat je heel gemakkelijk bij elkaar kon sparen als je in loondienst was. Je zette een vinkje op een formulier en je spaarde automatisch. Bovendien kreeg je een belastingvoordeel als je meedeed. De voorwaarde was wel dat het geld minstens vier jaar op je spaarrekening moest blijven staan. Maar in 2011 werd anders besloten: je mocht het gespaarde geld direct opnemen. Iedereen die met de spaarloonregeling had meegedaan had plots wat extra geld. Geen miljoenen maar vaak toch een paar duizend euro. En waarom? Allerlei redenen, maar een ervan was het 'stimuleren van de vraag'. Oftewel, ervoor zorgen dat mensen wat makkelijker dingen gingen kopen. Dat is geen onlogisch plan als er meer te koop is dan dat mensen willen kopen.

Het is overigens vreemd om te merken dat ik geen weerstand voel bij het intypen van de frase 'het stimuleren van de vraag'. Dat zou een tijd geleden anders geweest zijn. Voordat ik begon met dit boek zou ik het belachelijk gevonden hebben om vraag te stimuleren. Vraag is iets willen wat je nog niet hebt. Als er geen vraag is, dan zijn we dus tevreden. Wat is er mis met tevredenheid? Helemaal niets toch? Het stimuleren van de vraag is hetzelfde als het aanwakkeren van ontevredenheid.

Maar het lastige is dat er mensen zijn die gerekend hebben op vraag, op ontevredenheid. En met die mensen moeten we ook rekening houden.

27 Moeten we bang zijn dat het allemaal instort?

Eind 2008 begon de meest recente recessie of crisis. In het begin was het alleen nog maar een 'kredietcrisis'; een crisis in de zogenaamde financiële economie, aldus commentatoren op de radio en in stukken in de krant. 'Maar, pas op,' aldus diezelfde commentatoren, 'hij zou over kunnen slaan op de reële economie, en dan hebben we een groter probleem.' Abracadabra voor mij: wat is in vredesnaam het verschil tussen de 'reële economie' en de 'financiële economie'?

Economie is nogal een fors onderwerp, blijkt, en moet ik nu echt wel stilstaan bij zoiets als de 'financiële economie'? Ik stel me er een hele eigen wereld bij voor, Wall Street, de Londense City, de Zuidas in Amsterdam, met een eigen jargon als opties, futures en swaps. Ik heb helemaal niet de ambitie om ook nog te begrijpen hoe het er daar aan toegaat. Toch wil ik er wel iets van weten, de hoofdlijnen, omdat het zo'n angstaanjagend onderwerp is.

Naast de wereld die we kennen – de reële wereld – is er blijkbaar nog een tweede wereld. Een geheimzinnige wereld waar bankiers en andere financiële experts op ondoorgrondelijke wijze hun dingen doen. Een wereld die nogal groot is: er schijnt meer geld om te gaan in die financiële economie dan in de reële economie. En bovendien een wereld die niet compleet losstaat van die van u en mij. De crisis in de financiële economie kon immers overslaan naar de reële economie, aldus die commentatoren, en dat is ook gebeurd. De financiële wereld is groot, ondoorzichtig, en ook nog van invloed op ons. Redenen dus om bang te zijn. Als het fout gaat in die schimmige financiële economie, dan worden wij misschien wel meegesleurd.

'Ik ben bang, Bas,' zei een vriend van me onlangs. 'Ik ben bang dat onze wereld in gaat storten. Mee ten onder gaat als de financiële wereld écht instort.'

Mijn ervaring is dat dingen minder eng worden als je ze beter kent.

Een economie van weddenschappen

In de 'financiële economie' verdient men geld met geld. Bankiers, verzekeraars, optiehandelaren, ze verdienen wel geld, maar hoe het kan dat ze geld verdienen is niet een-twee-drie duidelijk. In tegenstelling tot leraren, meubelmakers en managers van een IT-afdeling. Die doen iets zinvols – voegen waarde toe – en krijgen in ruil daarvoor een inkomen.

De meeste mensen doen werk dat je als win-win kunt beschouwen. Als ik een lezing geef dan heb ik daar wat aan, en degene voor wie ik die lezing geef heeft er ook wat aan. Als het goed is. Maar het werk in de financiële sector is, op zijn minst deels, win-verlies. Wat de een daar wint, verliest een ander. Het gaat daar immers om het op en neer schuiven van geld dat al verdiend is. Door anderen.

In die zin heeft de financiële sector wel wat weg van de 'pokerbranche'. Er bestaan professionals die met pokeren hun geld verdienen. Ze worden niet betaald omdat ze pokershows geven of lesgeven in pokeren. Nee, ze spelen online poker, vaak gewoon vanuit huis, en winnen geld dat anderen hebben verdiend. Professionele pokeraars doen niet echt iets waardevols in de samenleving – niemand is slechter af als ze zouden stoppen met hun werk – en toch verdienen ze geld. Datzelfde heeft de financiële sector een beetje. Niet dat er helemaal niks gebeurt als de financiële sector zou verdwijnen – wat moeten we dan met ons spaargeld en wie zorgt dan voor het betalingsverkeer? – maar een deel van de activiteiten in de financiële sector lijkt op professioneel pokeren: op een slimme manier geld verdienen met geld dat er al is, zonder dat de wereld er beter op wordt.

Die vergelijking tussen pokeren en de financiële sector gaat nóg een keer op. Pokeraars gokken. Maar wel met kennis van zaken en met inachtneming van statistiek. Het is eerder wedden dan gokken: 'Ik wed voor drie fiches dat ik betere kaarten heb dan jij.' In de financiële sector wedden ze ook. Het klinkt misschien wat vreemd, maar een verzekering, bijvoorbeeld, is te beschouwen als een weddenschap. Ik wed maandelijks dat mijn huis afbrandt. Ik betaal steeds een tientje en als ik de weddenschap win krijg ik de herbouwwaarde van mijn huis uitgekeerd. Het is niet een weddenschap die ik graag win.

Weddenschappen hebben een lange historie in de economie. Vooral in de landbouw. Ze heten dan geen weddenschap maar bijvoorbeeld 'future', 'optie' of 'swap'. De koffiebranche is bekend om zijn weddenschappen. Eén kilo koffie kost bij de supermarkt ongeveer een tientje. Een koffieboer verkoopt die kilo koffie voor ongeveer een euro aan een koffiehandelaar. Maar in plaats van die koffie te verkopen op het moment dat de koffiebonen geplukt en gedroogd zijn kan zo'n boer die koffie ook van tevoren verkopen. Dat kan handig zijn als die boer wat zekerheid wil. Liever de koffie een jaar van tevoren verkopen voor één euro per kilo dan op het moment zelf, als de koffieprijs misschien heel laag staat. De koper van die koffie neemt een risico – misschien is over een jaar de koffie wel veel goedkoper dan een euro per kilo – en betaalt in ruil voor dat risico relatief weinig voor de koffie.

Maar de koffieboer kan ook nog iets ingewikkelders doen: hij kan het recht op die koffie verkopen. 'U mag over een jaar duizend kilo koffie kopen voor één euro per kilo. Dat hoeft u echter niet. Maar voor dat recht moet u nu wel al vijf cent per kilo vooruitbetalen.' Als de koffiehandelaar hierin meegaat – en een optie koopt op die koffie – dan gaat-ie feitelijk een weddenschap aan. Hij wedt dat over een jaar de koffie meer oplevert dan één euro per kilo.

Dat is een handige weddenschap. Het geeft de boer wat zekerheid en inkomsten op voorhand, en het geeft de koffiehandelaar de mogelijkheid een flinke zak geld te verdienen. Is de koffie over een jaar goedkoper dan één euro per kilo, dan heeft-ie simpelweg de weddenschap verloren. Hij gebruikt z'n optie niet en is duizend keer vijf cent per kilo kwijt. Dat is te overzien. Maar levert de koffie meer op, dan gaat-ie verdienen. In principe zijn de winsten onbeperkt.

Die koffie is natuurlijk maar één voorbeeld. Het stikt van de weddenschappen in de financiële wereld. Of derivaten, afgeleide producten. En in het algemeen geldt dat ze handig zijn voor partijen die zich willen indekken tegen ellendige gebeurtenissen en dat ze mogelijkheden bieden voor andere partijen om met een relatief geringe inleg flinke winst te maken. Precies zoals gewone weddenschappen, op paarden of op Ajax-Go Ahead.

Weddenschappen zijn iets fundamenteel anders dan het andere veelvoorkomende financiële product: leningen. Een lening is meestal gekoppeld aan een *ding*. Je hebt een lening voor een auto, een huis of een fabriek. Terwijl een weddenschap is gekoppeld aan een *gebeurtenis*. Weddenschappen zijn daarom linker dan leningen: als je een weddenschap verliest ben je je inzet kwijt, maar als een lening niet wordt terugbetaald heb je altijd het onderpand nog.

Voor een weddenschap die duizend euro uitbetaalt wanneer Go Ahead van Ajax wint heb ik wel een tientje over. Ik schat die kans groter dan één procent. En een mooi portfolio van duizend van zulke weddenschappen is toch een aardige som geld waard, zou ik denken. De kans dat je duizend ongerelateerde weddenschappen verliest is nihil. Toch is er een groot verschil tussen de waarde van een weddenschap en de waarde van, laten we zeggen, een baal koffie. Een weddenschap kan in één keer al z'n waarde verliezen, terwijl zo'n baal altijd nog een zak koffie is. Weddenschappen zijn heus handig, maar ze zijn wel gevaarlijk.

'Weddenschap' klinkt misschien wat overdreven simpel, maar het is wel illustratief. En met het beeld van weddenschappen in m'n achterhoofd kan ik wel een aantal ingewikkelde, reële casussen begrijpen. Zoals de bekende Vestia-zaak. (De woningcorporatie die een aantal hoofdstukken geleden ook al voorbijkwam.) Vestia ging bijna failliet omdat het zogenaamde renteswaps had gekocht. Feitelijk wedde Vestia dat de rente ging stijgen. Dat is een handige weddenschap want een hoge rente is onprettig voor Vestia. Vestia heeft veel geld nodig, voor het kopen van huizen, en hoe lager de rente, des te beter voor hen. Maar bij Vestia wedden ze veel meer dan nodig was. Ze zetten feitelijk al hun geld, zeven miljard euro, op: 'Wij wedden dat de rente gaat stijgen.' Dat heeft helemaal geen zin. Dan dek je je niet in tegen eventuele rentestijgingen, maar dan ben je al je geld aan het vergokken. Dat kan goed uitpakken. Als de rente inderdaad stijgt. Maar in het geval van Vestia gebeurde dat niet. Vestia ging het schip in. Tot groot plezier overigens van degene met wie ze die weddenschap hadden afgesloten. Bij weddenschappen geldt dat bij iedere verliezer een winnaar hoort. De financieel experts in dit geval, die Vestia 'hielpen'.

Hoe de kredietcrisis begon

Vestia maakte de fout om veel te veel in te zetten op één weddenschap. Dat is link. Maar soms weet je helemaal niet dat je op één weddenschap inzet.

Stelt u zich eens voor dat er iemand bij u langskomt met de volgende weddenschap: 'U krijgt van mij een tientje en als ik een zes gooi betaalt u mij vijftig euro terug.' Ik zou ervoor gaan: er is een kans van vijf-zesde op een tientje winst en een kans van één zesde op veertig euro verlies. Dat is netto een positief resultaat. Later komt er nog zo iemand langs en weer gaat u ervoor. Zo gaat het een tijdje door en u voelt zich spekkoper: er zal heus wel af en toe een zes gegooid worden, maar vast niet de hele tijd. Totdat u tot de ontdekking komt dat steeds dezelfde langsgekomen is en dat-ie één keer met een dobbelsteen gaat gooien. U heeft onverhoopt al uw geld ingezet op geen zes. Dat is nogal een risico. Bij een zes bent u al uw geld kwijt.

Iets dergelijks is gebeurd bij het uitbreken van de kredietcrisis in 2008. Het is niet eens zo'n ingewikkeld verhaal, alleen zijn de gemoeide bedragen onbegrijpelijk groot. Het gaat om miljarden. Alleen pensioenfondsen, banken, overheden en heel grote bedrijven hebben zoveel geld.

Veronderstel een pensioenfonds met een grote zak geld. Dat geld wil het pensioenfonds uitlenen om er rente voor terug te krijgen. Aan bijvoorbeeld een projectontwikkelaar die er kantoorpanden van neer wil zetten. Het idee is dat met de huuropbrengsten die rente wordt betaald. Maar het is wel een risicovolle lening; misschien blijven die kantoorpanden leeg. En dus verzekert het pensioenfonds zich. Of, met andere woorden, het sluit een weddenschap af, bij een heel grote bank: 'Wij wedden dat die projectontwikkelaar zijn verplichtingen niet na kan komen.' Een verstandige weddenschap. Het kost wat, maar het pensioenfonds krijgt er zekerheid voor terug: mocht de projectontwikkelaar inderdaad verzaken dan winnen ze tenminste hun weddenschap. Die bank, waarmee die weddenschap werd afgesloten, maakt natuurlijk meer van dat soort weddenschappen. Ze zullen er heus af en toe een verliezen, maar de kans dat ze al hun weddenschappen verliezen is nihil. Netto heeft de bank een mooie business met die weddenschappen.

Totdat het wat minder gaat met de vastgoedbranche en blijkt dat niet één maar meerdere projectontwikkelaars hun verplichtingen niet na kunnen komen. Bovendien blijkt de bank meerdere afspraken te hebben inzake projectontwikkelaars. Feitelijk heeft die bank in plaats van een heel stel kleine, ongerelateerde weddenschappen één heel grote weddenschap afgesloten. De weddenschap: 'Wij wedden dat het over een tijdje nog steeds goed gaat met de vastgoedbranche.' Dat is linke soep, zeker als je al je geld erin hebt zitten.

En het wordt nog erger. Anderen, die niets met de vastgoedbranche te maken hebben, kunnen namelijk ook van die weddenschappen afsluiten. En dat doen ze ook. Niet om zich in te dekken tegen eventuele betalingsproblemen van een projectontwikkelaar, maar simpelweg omdat ze het een goede weddenschap vinden. Als ik een heel lage premie betaal voor mijn brandverzekering, minder dan de kans dat er brand uitbreekt maal de waarde van mijn huis, dan wordt het voor anderen interessant om ook zo'n brandverzekering te nemen. Op míjn huis welteverstaan. Bij brandverzekeringen mag dat in Nederland niet. Maar in de financiële wereld mag dat wel. En dat gebeurt. Dus als ze niet opletten bij zo'n bank, dan hebben ze talloze weddenschappen lopen die ze allemaal in één keer kunnen verliezen.

Je zou denken dat dat niet gebeurt. 'Zo'n bank weet toch wel wat voor weddenschappen het afsluit?' Maar dat valt tegen. Die weddenschappen, of verzekeringen, deals, worden samengevoegd met andere weddenschappen, herverpakt en doorverkocht van de ene financiële instelling naar de andere en na verloop van tijd is helemaal niet meer zo duidelijk wat de weddenschap ook alweer was. Totdat iemand aan de bel trekt natuurlijk en geld eist.

Zo ongeveer is de kredietcrisis ontstaan. In hoofdlijnen. Amerikaanse banken bleken veel te vaak in één en dezelfde weddenschap te zitten: 'Wij wedden dat de huizenprijzen blijven stijgen.' En toen dat niet zo was leden ze grote, grote verliezen.

Hoe groot is die financiële sector dan?

Oké, er is dus een financiële sector waar ze geld verdienen met weddenschappen. Wat de een wint verliest de ander. Maar wat merk ik daarvan? Zolang ze daar van elkaar geld verdienen vind ik het allemaal prima. Zoals ik het ook prima vind wanneer mensen professioneel pokeren. Anders wordt 't wanneer ze míjn geld winnen. In het bijzonder wanneer ze heel veel geld winnen. Dan wordt 't wrang.

Hoeveel geld gaat er in die financiële sector om dan? Veel! De jaarlijkse omzet in de financiële sector is tientallen keren het nationaal inkomen. Dat is op het eerste gezicht vreemd. Er wordt meer geld verdiend met geld, dan dat er met echte zaken verdiend wordt. Maar als je er wat langer over nadenkt, is het helemaal niet zo vreemd. Als u iets eenvoudigs als een brood koopt voor twee euro, dan kan het heel goed dat er achter de schermen wel tien keer twee euro rondgaat. Eerst van uw privérekening naar een hoofdrekening van uw bank; dan van deze hoofdrekening naar net zo'n rekening, maar dan van de bank van de bakker; dan naar de rekening van de bakker zelf; de bakker sluist die twee euro misschien direct door naar een speciale bedrijfsrekening enzovoort.

Ik check dagelijks mijn bankrekeningen – ik heb er een paar. Regelmatig maak ik wat geld over van mijn spaarrekening naar mijn lopende rekening of juist andersom en dat telt allemaal mee in de omzet van de financiële sector, terwijl er in werkelijkheid natuurlijk niks gebeurt. Helemaal vreselijk wordt 't wanneer je het zogenaamde *high frequency trading* mee gaat tellen. Dat is het heel snel kopen en verkopen van aandelen of andere makkelijk te verhandelen zaken. Tussen aankoop en verkoop zit vaak maar een fractie van een seconde en het gebeurt allemaal automatisch door software. Miljoenen aandelen wisselen per seconde van hand en nogal wiedes dat de omzet in deze tak van sport gigantisch is.

Die koffieopties van daarnet zijn ook wel illustratief. Er wordt meer gehandeld in koffieopties dan in koffie zelf. Dat is eigenlijk heel logisch. Het kopen en verkopen van zo'n koffieoptie is immers een fluitje van een cent. Dat kan gewoon elektronisch. In tegenstelling tot het kopen van echte koffie. Dat is een boel gesjouw met zware balen.

Er gaat dus veel geld om in de financiële sector, maar dat betekent nog niet dat 'r daar bakken met geld verdiend worden ten koste van ons. Waar je naar moet kijken is hoeveel mensen er in die financiële sector werken en wat ze met elkaar verdienen. Op dit moment zijn dat er in Nederland zo'n 250.000 (vertaald naar de klas van dertig personen in het begin van dit boek is dat een half persoon). Het is niet veel meer of minder dan in de rest van Europa en klinkt niet als overdreven veel. Wat je niet wilt is dat de helft van de mensen in de financiële sector werkt, zoals je ook niet wilt dat de helft van de mensen professioneel pokeraar is. In een wereld van louter pokeraars zingt er geld rond maar gebeurt er verder niks. Gemiddeld verdienen die 250.000 mensen wel meer dan dat er met veel andere beroepen verdiend wordt en er zitten vooral een paar tussen die heel erg veel verdienen, maar het beeld dat er achter de schermen door een geheime kaste van bankmedewerkers, financieel adviseurs en dergelijke bakken met geld verdiend worden ten koste van ons, dat beeld klopt niet.

Vanuit het oogpunt van de samenleving als geheel gezien blijft 't wel een beetje jammer dat zoveel intelligente en capabele mensen ervoor kiezen in de financiële sector te gaan werken. Ze zijn daar toch een soort van pokeraars. Vanuit die mensen prima te begrijpen: als ik goed zou kunnen pokeren en ik zou er rijk mee kunnen worden zou ik misschien hetzelfde hebben gedaan. Maar voor de samenleving als geheel is het waarschijnlijk handiger als ze iets anders zouden doen. Uitvinder, chirurg.

En die ineenstorting dan?

Ik begrijp iets meer van die zogenaamde financiële economie. Ik begrijp in hoofdlijnen wat ze daar doen, en ik begrijp dat er vreselijk veel geld in omgaat. Maar ik begrijp nog niet waarom er specifiek dáár een ramp zou kunnen gebeuren die ons raakt. Toch klinkt de zin 'het financiële systeem staat op instorten' geloofwaardiger dan de zin 'de melkveehouderij dreigt in te storten'. En ook bedreigender. Blijkbaar vind ik zo'n aanstaande ineenstorting van het financiële systeem niet geheel onwaarschijnlijk. Dat is niet alleen omdat die financiële sector omvangrijk en ondoorzichtig is, maar ook omdat er concrete aanwijzingen of suggesties zijn van dreigende rampen. Of bijna-rampen.

De volgende headline is zo'n aanwijzing: 'Er is gisteren voor een miljard aan waarde op de beurs verdampt'. Ik heb dergelijke berichten regelmatig gehoord en het klinkt even rampzalig als 'Er zijn gisteren vierduizend huizen in de fik gevlogen' (vierduizend gemiddelde huizen is ook ongeveer een miljard euro). Tussen 2008 en 2015 is er alleen al in de woningmarkt naar schatting 130 miljard euro verdwenen. Evenveel als de waarde van alle huizen in Amsterdam bij elkaar. 'Amsterdam is afgebrand' klinkt toch echt wel rampzalig. En er zijn meer van zulke aanwijzingen of suggesties. Banken die dreigden failliet te gaan en de Nederlandse overheid die bijsprong om vreselijke dingen te voorkomen. Dat doen ze echt niet bij het dreigende faillisement van een warenhuis.

Maar wat is eigenlijk een ramp? In financiële zin. Ik zou het een ramp vinden als een flink deel van mijn spaargeld zou verdwijnen. Hoeveel 'flink' is weet ik even niet. De helft is sowieso flink, maar tien procent van mijn spaargeld verliezen vind ik te overzien en geen ramp. Voor iedereen zal 't een beetje anders zijn. Niet kunnen pinnen, niet kunnen betalen, en niet kunnen lenen zou ik ook vrij rampzalig vinden. Als dan ook nog een flink deel van onze bezittingen verdwenen is, dan is dat toch wel een ramp. De ineenstorting van onze samenleving waar mijn vriend zo bang voor is.

Laat ik twee financiële half- of bijna-rampen bekijken om erachter te komen hoe die in elkaar zitten. Dat leert me waarschijnlijk wel iets over financiële superrampen die wellicht in het verschiet liggen. Te beginnen met de bekende 'bankrun'. Er is sprake van een bankrun als klanten van een bank en masse hun spaargeld willen opnemen. Omdat er maar een zeker percentage in kas gehouden wordt, zo'n tien procent, kan niet iedereen tegelijkertijd zijn spaargeld opnemen. De bank kan zijn verplichting niet nakomen en gaat failliet, tenzij een derde bijspringt. Dat lijkt een ramp, de spaarders die te laat waren met het opnemen van hun geld zijn hun spaargeld kwijt, maar het ligt iets genuanceerder. Die spaarders kunnen weliswaar niet bij hun geld, ze zijn het heus niet allemaal kwijt. Dat geld is namelijk uitgeleend en de leners moeten het nog steeds een keertje terugbetalen. Daar gaat misschien wat tijd overheen en de spaarders krijgen misschien niet al hun spaargeld terug maar ze zijn het echt niet allemaal in één keer kwijt bij een bankrun.

In de loop van 2009 kwam de schimmige DSB Bank steeds vaker slecht in het nieuws totdat uiteindelijk op 1 oktober de mensen het niet meer vertrouwden. Men begon massaal geld op te nemen: een bankrun. Na een paar dagen was het geld op en op 19 oktober was DSB failliet. Mensen konden niet meer bij hun spaargeld en honderden miljoenen euro's aan spaargeld leken verdwenen. Een ramp! Maar uiteindelijk viel het wel mee. Na een paar jaar heeft vrijwel iedereen bijna al zijn spaargeld teruggekregen. Het is niet leuk om zo lang op je spaargeld te moeten wachten en ik kan me voorstellen dat je er zenuwachtig van wordt, maar uiteindelijk is zo'n bankrun toch een wat minder grote ramp dan ik in eerste instantie dacht.

De tweede financiële ramp is die van het verdampen van waarde. Dat is eigenlijk heel begrijpelijk vanuit het idee dat er nogal wordt gewed.

Als ik honderd euro inzet op Go Ahead Eagles en wed dat ze van Ajax winnen dan krijg ik waarschijnlijk zo'n duizend euro terug als Go Ahead wint. Mocht ik de weddenschap verliezen dan verdampt er geen waarde: er verhuist simpelweg honderd euro van mij naar het wedkantoor. Als Go Ahead wint verdampt er ook geen waarde: dan heeft het wedkantoor weliswaar negenhonderd euro verlies, maar ik heb dat aan winst.

Maar stel je voor dat ik vind dat Go Ahead wordt onderschat. Dat ik de kans dat ze van Ajax winnen veel hoger inschat dan dat het wedkantoor doet. Ik had wel tweehonderd euro voor die weddenschap overgehad. Dan is tweehonderd euro de waarde die de weddenschap voor me heeft. Ik denk dan met die weddenschap tweehonderd euro in handen te hebben. Wat gebeurt er dan als ik de weddenschap verlies? Het wedkantoor wint honderd euro, maar ik verlies er tweehonderd. Er is honderd euro verdwenen! Verdampt.

Dit voorbeeld is minder fictief dan ik dacht en ik doe er zelf al jaren aan mee zonder dat ik me daar bewust van was. Ik gok bijvoorbeeld dat mijn huis drie ton waard is. Ik heb een hypotheek van tweeënhalve ton en in mijn hoofd heb ik nog een halve ton speelruimte. Voor het geval ik een nieuwe auto wil kopen of een keer een lange reis wil maken. Maar het is allemaal een gok. Ik weet helemaal niet of mijn huis wel drie ton op gaat leveren. Als puntje bij paaltje komt en ik maar twee ton voor mijn huis krijg, is er een ton verdwenen. En het is niet zo dat iemand anders die ton dan heeft. Die ton is weg. Of beter gezegd: hij was er nooit. Ik heb me gewoon vergist.

Zo zit het verdampen van waarde dus in elkaar. Water dat verdampt wordt waterdamp en verdwijnt niet echt. Maar waarde kan wel echt verdwijnen. En dat kan gebeuren als de waarde die iets heeft bij verkoop lager is dan de waarde waar we op hadden gerekend. En wat op kleine schaal gebeurt bij mij en mijn huis gebeurt op grote schaal bij financiële instellingen. Die gokken erop tal van waardevolle bezittingen te hebben: aandelen in andere bedrijven, vorderingen, hypotheken. Maar als puntje bij paaltje komt kunnen ze zich flink vergissen in de waarde van die bezittingen.

Als gevolg van een soort van kettingreactie kan er in één keer heel veel waarde verdampen. Een groot bedrijf heeft erop gegokt dat zijn bezittingen in waarde zouden stijgen. Maar dat bleek een verkeerde gok. Om het verlies te compenseren moet 't een deel van die bezittingen verkopen waardoor de waarde daarvan nog verder daalt. Dubbel pech. Bovendien hebben andere bedrijven erop gegokt dat 't juist heel goed met dat eerste bedrijf zou gaan. Zij verliezen ook en zo kan het nog wel een tijdje doorgaan; en kan er in één klap een boel waarde verdampen.

Dus als er in de kranten staat: 'Een drama op de beurs; er is gisteren voor een miljard aan waarde verdampt', dan kunt u dat ook als volgt lezen: 'Men heeft zich in het verleden vreselijk vergist. Gisteren is gebleken dat bezittingen een miljard minder waard zijn dan men dacht.' Dat is toch een ander soort ramp dan het afbranden van vierduizend huizen. Dat is écht rampzalig. Bij het verdampen ter waarde van vierduizend huizen is er sprake van een inschattingsfout die gemaakt is in het verleden. Dat is toch een stukje minder erg.

Uiteindelijk heb ik niet dezelfde angst als die vriend van mij, die bang was dat de wereld in zou storten als gevolg van problemen in de financiële sector. Ik zou bang kunnen zijn voor het onbekende, maar dat ben ik niet meer. Ik weet nog steeds heel weinig van de financiële wereld maar toch net zoveel dat 't niet meer één groot, ondoorzichtig gebeuren voor me is. En ik zou bang kunnen zijn om te verliezen wat ik heb. Maar ook die angst heb ik niet meer. Ik realiseer me dat ik helemaal niet heb wat ik denk te hebben. Ik hoop dat mijn huis overwaarde heeft, maar zeker weten doe ik het niet. En ik denk dat ik gespaard heb voor mijn pensioen, maar het kan best zijn dat ik te zijner tijd minder blijk te hebben dan ik dacht. Nu ik me realiseer dat de waarde van mijn bezittingen onzeker is realiseer ik me ook dat ik niet heel erg bang moet zijn een deel van die waarde te verliezen. Die waarde is immers een gok. Ik zal hoogstens verliezen wat ik feitelijk helemaal niet had.

28 Moet de overheid meer of minder geld uitgeven tijdens een recessie?

Ik ben dit boek begonnen met een lijst met vragen. Op de meeste ervan heb ik inmiddels een antwoord dat ik voldoende vind. Tijdens het schrijven heb ik die lijst weleens aan anderen voorgelegd. 'Leuke vragen!' kreeg ik gelukkig meestal te horen, 'maar je gaat toch niet echt een antwoord geven op de vraag of de overheid moet bezuinigen of moet stimuleren tijdens een recessie? Dat is een controverse. Dat weten economen zelf niet eens.' Als economen het antwoord op die vraag niet kennen, dan zou het inderdaad vreemd zijn om in een boek als dit een antwoord te geven. Maar ik kan op zijn minst mijn best doen te begrijpen wat de controverse dan behelst. Waarom is het een raadsel en welke argumenten zijn er vóór extra geld uitgeven en welke zijn ertegen?

Het is bovendien een relevant raadsel. Ik ken politici die beweren dat 'het huishoudboekje van de staat' op orde moet zijn: 'Tijdens een recessie komt er minder aan belasting binnen en dus kan er ook minder uit.' Maar ik hoor andere politici precies het tegenovergestelde beweren: 'Juist in een recessie moet de overheid de economie een zwengel geven en extra uitgaven doen.' Nu zijn politici in de regel geen economen, maar het zijn wel economische uitspraken die die politici doen. Uitspraken met consequenties omdat ze direct van invloed zijn op beleid.

In eerste instantie lijkt extra geld uitgeven een heel vreemde oplossing, voor wat voor probleem dan ook – en een recessie is een probleem. Geld uitgeven is in de regel leuk. Je ruilt je geld immers in voor iets wat je op prijs stelt. Hoe kan het oplossen van een probleem nu leuk zijn? Normaliter gaat het oplossen van problemen gepaard met pijn en moeite.

Dat sparen daarentegen helpt om het beter te krijgen, begrijp ik. Wil je dat het in de toekomst beter is, dan moet je in het heden wat laten. Logisch toch? Sparen is ook in overeenstemming met een eerdere vraag: armere landen kunnen er welvarender op worden door te investeren en dus te sparen. Het zou absurd zijn om te suggereren dat armere landen het beter kunnen krijgen door het beperkte bezit dat ze hebben te verbrassen. Maar... recessies gaan niet over de lange termijn, maar over de korte. Typisch een jaar of wat. Dan wordt 't allemaal net iets anders.

Als je kijkt naar de lange termijn, dan gaat 't met Nederland consequent en structureel steeds beter. In materiële zin. We zijn vier keer zo rijk als in de jaren vijftig. Met vier keer meer en betere auto's, vier keer meer te eten en vier keer betere gezondheidszorg. Als je een grafiek tekent van onze rijkdom in de afgelopen zeventig jaar dan zie je één lange stijgende lijn met hier en daar een klein kuiltje naar beneden. Die kuiltjes zijn de recessies. Formeel is er sprake van een recessie als ons nationale inkomen meer dan een halfjaar achtereen krimpt.

Is dat nou werkelijk zo erg? vraag ik me dan direct af. Af en toe een dipje? De afgelopen jaren zijn we regelmatig in recessie geweest, maar ik heb geen hordes bedelende mensen gezien, de ziekenhuizen puilden niet uit, de wegen werden onderhouden en er reden gewoon auto's op. Het zal best zo zijn dat we af en toe in een recessie zitten, maar echt ellendig ziet zo'n recessie er op het eerste gezicht niet uit.

Het probleem is dat die dipjes nogal ongelijk verdeeld zijn. Als iedereen er een procentje of twee op achteruitgaat, is er niet zoveel aan de hand. Maar zo gaat het niet: een paar mensen gaan er heel erg op achteruit. De mensen die hun baan verliezen. Later, als de recessie voorbij is, krijgen ze misschien wel weer een nieuwe baan, maar dan hebben ze toch een flinke tijd in de misère gezeten.

Helder: recessies zijn ellendiger dan ik in eerste instantie dacht. Het is verstandig om er iets aan te doen en het is logisch dat de overheid zichzelf hier een rol toedicht. Wie anders? Dat er recessies bestaan vind ik overigens niet zo vreemd. Een economie is een groot en grillig ding. Dat 't niet gestaag rechtuit gaat is wel logisch. Af en toe een beetje omhoog, dan weer naar beneden. Toch blijft nog steeds de vraag hoe het in vredesnaam mogelijk is dat een tijdelijke dip verkort of verzacht kan worden door extra veel geld uit te geven.

Het idee is dat zo'n recessie veroorzaakt wordt door een tijdelijke afname van de vraag. Oftewel: het tijdelijk bij veel mensen ontbreken van de wens om dingen te kopen. Onze rijkdom wordt bepaald door wat we produceren: hoe meer we maken, hoe meer we hebben. Tenzij we niet gebruiken wat we produceren. Als de auto's, fietsen en huizen die we maken ongebruikt blijven liggen dan lijken we, op basis van wat we produceren, rijker dan dat we in werkelijkheid zijn. En die situatie doet zich voor tijdens een recessie. Naar het schijnt.

Dat 'probleem' van die achterblijvende vraag is eerder voorbijgekomen. Soms is het handig om geld rond te strooien, was de voor mij verbazingwekkende constatering. Als er meer auto's worden geproduceerd dan er worden gekocht (die auto's zijn maar een voorbeeld) en als de verwachting is dat de vraag naar auto's wel weer aan zal trekken, dan kan de overheid, of de Centrale Bank, overwegen geld uit te delen. In de hoop dat dat geld gebruikt zal worden voor auto's. Autofabrieken kunnen in de tussentijd gewoon blijven draaien en de mensen die in die fabrieken werken raken niet werkloos. Goed plan!

Ik zette overigens het woord 'probleem' zojuist tussen aanhalingstekens omdat ik het 'achterblijven van de vraag' nog steeds een vreemd probleem vind. In eerste instantie vind ik 't helemaal geen probleem. Hoe minder men nog te wensen heeft, hoe beter het is, toch? Maar als die achterblijvende vraag werkloosheid tot gevolg gaat hebben, dan lijkt dát me sowieso wel een probleem. En als dat probleem opgelost kan worden door het 'stimuleren van de vraag', dan zij dat zo.

Extra geld creëren is maar één manier om de vraag naar auto's, of wat voor zaken dan ook, op te krikken. Je kunt ook gewoon mensen oproepen om auto's te kopen. 'Koop nou toch die nieuwe auto,' moedigde premier Mark Rutte ons tijdens een toespraak in 2013 aan, 'dat helpt de economie.'

Ik begrijp nu waarom. Maar Rutte, of de overheid in het algemeen, kan natuurlijk ook zélf nieuwe auto's gaan kopen. Of andere zaken die de overheid gewend is aan te schaffen: kantoorgebouwen, fietspaden en pennen. Dát is het hele idee van extra overheidsuitgaven tijdens een recessie. Dus: op de lange termijn gaat het prima; maar op de korte termijn zijn er dipjes; tijdens die dipjes worden mensen werkloos en dat is onwenselijk; die dips worden veroorzaakt doordat mensen tijdelijk veel minder kopen dan dat mogelijk is; de overheid vindt dat zij wat aan die dips moet doen; en gaat dus zelf maar zaken kopen. Helder.

Geld uitgeven in plaats van besparen gedurende een tijdelijke dip is toch begrijpelijker dan ik dacht. Bovendien wordt de overheid geholpen door de zogenaamde *multiplier*. Geven ze een euro extra uit, dan is het effect daarvan meer dan die ene euro.

Dat klinkt vreemd maar als ik een euro aan de tuinman betaal, of aan wie dan ook, dan wordt die euro nog een keer uitgegeven. Door diezelfde tuinman. Een deel van die euro legt-ie opzij, maar het grootste deel geeft hij weer uit. En degene aan wie hij dat uitgeeft geeft het ook weer uit. Zo wordt één euro een veelvoud van euro's. Stopt de overheid één euro extra in de economie om deze tijdens een recessie te stimuleren, dan neemt het nationale inkomen met veel meer dan één euro toe. Dat geloof je toch haast niet?

Toen ik voor het eerst over die multiplier hoorde dacht ik dat het een soort van boekhoudkundige truc was. Een manier om kunstmatig ons inkomen op te krikken. Maar dat was een vergissing. Het effect bestaat wel degelijk en dat werd me duidelijk dankzij mijn varkens. Geef ik mijn varkens één kilo voer, dan hebben ze echt voor één kilo te eten. Maar een groot deel van dat voer schijten ze weer uit: hun stront zit vol met onverteerde graan- en maiskorrels. In de buurt van onze tuin hangen altijd wat kraaien rond die mijn varkens goed in de gaten houden en die, zodra mijn varkens hebben gescheten, de graan- en maiskorrels uit de stront proberen te vissen. Die kraaien schijten op hun beurt natuurlijk ook en er zullen ook heus beesten zijn die kraaienpoep eten, enzovoort. Zo kan één kilo voer dus veel meer dan één kilo worden. Het multipliereffect. Een extra reden voor de overheid om tijdens een recessie niet te bezuinigen maar juist te spenderen.

Eén vraag rest nog en dan is het plaatje helder: waar haalt de overheid het geld vandaan om die extra uitgaven te doen? Dat ligt niet ergens in een kluis te wachten. De overheid zou de belasting kunnen verhogen, maar dan is het effect weg. Dan heeft de overheid weliswaar meer om uit te geven, maar de mensen in de straat, u en ik, juist niet en dus wordt er netto niet extra gespendeerd.

De overheid moet lenen. Bij de mensen met geld, bij hun pensioenfondsen of bij de banken waar die vermogende mensen hun geld hebben geparkeerd. Zo'n lening moet allicht weer worden terugbetaald. Na die recessie. Door de mensen die dán geld verdienen en belasting betalen.

Dus hoe ziet 't er uiteindelijk van een afstandje uit? Je hebt een land, met rijke en minder rijke mensen. Dat land doet 't op de lange termijn prima maar zit in een tijdelijke dip. Een klein deel van de mensen in dat land dreigt onevenredig veel ellende te ervaren als gevolg van die recessie. Zij worden werkloos als het tegenzit. Om dat te voorkomen leent de overheid geld bij de rijkere inwoners. Dat geld geeft de overheid uit en als gevolg daarvan blijven de niet-zo-rijke aan het werk. Jaren later, als de dip voorbij is, krijgen de uitleners een mooie rente op het door hen uitgeleende bedrag en betaalt iedereen een tikkeltje extra belasting om die rente aan de rijkeren uit te kunnen keren.

Oké, ik begrijp het idee achter extra geld uitgeven tijdens een recessie. Maar wat is de controverse dan? Het klinkt toch als een heel plausibel verhaal. Eén 'maar' kan ik zelf wel bedenken, maar dat is eerder een moreel puntje dan een economische controverse: de mensen die die extra belasting moeten gaan betalen profiteren niet van de lening. Ze betalen wel, maar krijgen niks. Wat moet ik daarvan vinden?

Stel, de overheid leent tijdens een recessie een paar miljoen en koopt daar extra fietspaden voor. Als gevolg daarvan kan een aantal stratenmakers aan het werk blijven en de recessie uitzingen. Tegen de tijd dat de stratenmakers met pensioen gaan moeten hun kinderen extra belasting gaan betalen. En andere kinderen ook. Is dat een goed idee?

Ik vind er wel wat voor te zeggen. Ik vind het wel acceptabel dat de volgende generatie betaalt voor profijten die de vorige generatie heeft gehad, omdat die volgende generatie precies hetzelfde kan overkomen. Maar ik kan me voorstellen dat die volgende generaties er zelf anders over denken. Dan loopt het hele verhaal wel in de soep. Maar los van deze morele onduidelijkheid zijn er ook nog economische controverses. Het is niet evident dat dat schema van lenen tijdens een recessie, en het geleende gebruiken om de inzakkende vraag een beetje aan te zwengelen, inderdaad ook werkt. Ik ken vast niet alle bezwaren maar een paar ervan kan ik wel noemen.

Het duurt allemaal veel te lang

Een van de argumenten tegen het tijdelijk verhogen van de overheidsbestedingen tijdens een recessie is dat het veel te veel tijd kost om die extra uitgaven te doen. Heeft de politiek eindelijk besloten hoe het geld precies te besteden, is de recessie alweer over. In plaats van het geld zelf uit te geven zou de overheid het aan particulieren of bedrijven moeten geven. Die besteden het veel sneller. Volgens dit argument is het dus niet per se verkeerd om extra geld uit te geven tijdens een recessie, maar is het wel verkeerd wanneer de overheid dat zelf doet.

De overheid heeft een setje standaardinstrumenten om iets aan de bestaande economische situatie te veranderen: belasting verhogen of verlagen, meer of minder uitgeven, meer of minder geld maken (hoewel dat laatste feitelijk door de Centrale Bank gebeurt). Het zijn de 'managementtools' van de politiek: bekende reacties in standaardsituaties. Er is discussie en onduidelijkheid over de vraag welke maatregelen of welke combinatie ervan het beste werken, maar die discussie suggereert niet dat extra uitgeven sowieso een stom plan is. Er zijn echter wel economen die dát beweren.

Slimme mensen gaan juist extra sparen in plaats van uitgeven

'Weldenkende mensen zullen zich realiseren dat het geld voor al die overheidsbestedingen ergens vandaan moet komen, en dat de overheid dat heeft moeten lenen,' aldus sommige economen. 'Ooit zullen die leningen weer terug moeten worden betaald en dat kan eigenlijk alleen via een verhoging van de belasting. Anticiperend op die onafwendbare belastingverhoging zal men zoveel mogelijk opzijzetten in plaats van uitgeven. En weg is de multiplier. Alles voor niets.'

Interessant argument. Alleen geloof ik niet dat de samenleving uit louter slimmeriken bestaat. Sterker nog, ikzelf zou niet zo redeneren. Het is typisch een economenargument, dat slechts opgaat als iedereen econoom zou zijn. Als de overheid mij duizend euro geeft dan zet ik die echt niet op een spaarrekening in de wetenschap dat ik die duizend euro ooit weer terug moet geven. Ik weet niet wat ik ermee zou doen, maar voor mij zouden het net zulke euro's zijn als alle andere euro's. Dat is grappig: irrationaliteit, of een gebrek aan economisch inzicht, kan dus helpen bij het verzachten van een recessie. Ik had niet gedacht dat onwetendheid nog een positief effect zou kunnen hebben.

De lange termijn is belangrijker dan de korte

En dan is er nog een argument tegen het verzachten van recessies an sich; of dat nu via extra bestedingen door de overheid is, via belastingmaatregelen of via het drukken van extra geld. Het gaat allemaal niet werken, volgens dit argument: die korte termijn van een recessie lijkt belangrijk, maar je moet de effecten op de lange termijn niet vergeten. Wat denkt u dat er gebeurt als de overheid, bedrijven, of mensen zoals u en ik extra uitgaven gaan doen? Uitgaven die ze eigenlijk helemaal niet willen. Laat ik die auto maar kopen, denkt u misschien, ik kan het lijden en het is crisis. Ik heb hem nog niet echt nodig, maar toch. Het gevolg is dat de autoverkoper denkt dat er vraag is naar zijn auto's. Hij gaat uw aankoop meenemen bij volgende bestellingen en als meer mensen zo'n ongewenste auto hebben gekocht, dan kom je van de regen in de drup. Autofabrieken blijven te veel auto's maken, en we zitten feitelijk die fabrikanten voor de gek te houden. U kunt beter eerlijk zijn en laten zien dat u geen behoefte aan auto's heeft. Beter hard en eerlijk dan aardig en oneerlijk.

Zo had ik het nog niet bekeken. Dit argument suggereert feitelijk dat we een recessie beter op z'n beloop kunnen laten en moeten uitzingen. Als we de recessie proberen te verzachten zal dat een averechts effect hebben.

De geschetste situatie lijkt op die van een etentje bij vrienden. U heeft meer op uw bord gekregen dan dat u op kunt en u dubt: eerlijk zeggen dat 't te veel is of uw bord leegeten? Het laatste is beleefd maar heeft als nadeel dat u de volgende keer weer zo'n vol bord zult krijgen, en het eerste is zo lullig voor de kok.

Ik weet eerlijk gezegd niet wat wijsheid is in dezen. Maar ik begrijp wel dat hier een controverse over kan bestaan. Ik denk dat ik uiteindelijk voor de middenweg zou kiezen. Wel m'n bord leegeten en daarna aangeven dat ik in het vervolg wat minder wil. Vertaald naar de economische pendant zou dat betekenen: wel stimuleren op de korte termijn en zoveel mogelijk proberen langetermijneffecten te voorkomen. Maar misschien is het een hoopvolle illusie dat zoiets kan.

Ik begrijp het idee achter het doen van extra overheidsuitgaven, maar ik begrijp een aantal van de bezwaren ook. Het blijft natuurlijk iets wat sowieso alleen maar tijdelijk kan werken. Dat maakt dat 'stimuleren van de economie' wel lastig en risicovol. Wat nu als we denken in een dipje te zitten, terwijl we feitelijk aan het begin zitten van een periode van zeer langdurige stagnatie? Als we dan lenen om dat zogenaamde dipje door te komen, dan zadelen we de mensen die in de toekomst leven wel op met een probleem. Zij moeten immers die lening terugbetalen, tijdens een nog immer voortdurende 'dip'.

Maar wat voor bezwaren er ook zijn, ik lees nergens, in wat voor economische literatuur dan ook, het bezwaar dat de overheid haar 'huishoudboekje' op orde moet houden. Een bezwaar dat ik wel heb horen gebruiken en dat ook wel logisch klinkt: tijdens een recessie verdienen mensen minder en betalen ze dus ook minder belasting. De overheid heeft minder inkomsten en kan dus ook minder uitgeven. Logisch!

Maar het is een misverstand. De overheid hoeft helemaal geen huishoudboekje op orde te houden.

Een huishoudboekje is iets wat gezinnen hebben. 'Maak niet de fout om de economie van een heel land te vergelijken met de economie van zoiets als een gezin. Landen en gezinnen zijn echt heel erg verschillend!' – zo werd ik verschillende keren door economen gewaarschuwd. Maar gezinnen zijn lekker overzichtelijk. Veel overzichtelijker dan iets omvangrijks als een land. Helemaal in het begin van dit boek verkleinde ik Nederland tot een klas met dertig leerlingen. Dertig is te overzien, net als een gezin. Wat zou dan het fundamentele verschil tussen een land en een gezin kunnen zijn? Toch niet de omvang? Een beetje land heeft tien miljoen inwoners maar met honderd keer minder inwoners heb je zoiets als Tonga, en Tonga is toch echt een land. Weer honderd keer kleiner en je krijgt een school: duizend mensen. En nog een keer honderd keer kleiner en je komt uit op tien. Een flink gezin. Nergens in deze schaalverkleiningen gebeurt iets magisch, toch? Waarom zou een gezin dan niet vergelijkbaar zijn met een land?

Feitelijk zie ik maar twee fundamentele verschillen tussen landen en gezinnen. Eén: een gezin stopt op een zeker moment te bestaan terwijl een land in principe oneindig door kan gaan. En twee: leden in een gezin verdienen hun geld voor het grootste deel buiten het gezin en besteden hun geld ook daarbuiten, maar de inwoners van een land verdienen hun geld over het algemeen in het land zelf en geven het daar ook uit. Twee flinke verschillen dus tussen landen en gezinnen. Toch is het best handig om Nederland, of welk land dan ook, te verkleinen en overzichtelijker te maken.

De vergelijking met een studentenhuis werkt waarschijnlijk beter. Ook daar verdienen ze hun geld weliswaar niet binnen de deur, maar zo'n studentenhuis kan, net als een land, wel eeuwig doorgaan. Bovendien hebben veel studentenhuizen een gemeenschappelijke rekening die mooi te vergelijken is met de nationale schatkist. Maandelijks storten alle bewoners een bedrag, en gemeenschappelijke uitgaven gaan van die rekening af. Moet het huishoudboekje van zo'n gemeenschappelijke rekening in orde zijn? Of, met andere woorden, is het een probleem als de rekening rood staat?

Nee hoor, dat is geen probleem. De gemeenschappelijke rekening van het studentenhuis waar ik ooit woonde stond regelmatig rood. Dan lapten we op een gegeven moment wat bij en dan was het weer goed. Zo'n rekening mag heus wel in het rood staan zolang je er maar op kunt vertrouwen dat de inwoners van het huis de gemeenschappelijke rekening kunnen en willen spekken. Dat hoeft helemaal niet direct, dat kan best een tijdje wachten. Als de studenten in een studentenhuis voldoende geld hebben, dan mag de gemeenschappelijke rekening best in het rood.

Op het landniveau geldt hetzelfde: zolang de inwoners van Nederland voldoende verdienen, nu of ergens in de toekomst, en zolang ze bereid zijn bij te lappen, óf via het betalen van belasting óf door de overheid te lenen, dan is het geen probleem wanneer de overheid een tijdje in het rood staat en meer uitgeeft dan erin komt. Of zelfs meer uitgeeft dan ze dacht uit te geven.

Of het nu echt werkt of niet, dat 'stimuleren van de economie' tijdens een recessie, het blijft vreemd voelen dat de overheid iets goeds kan doen door extra te besteden. Ook omdat nergens staat waaraan dat extra geld besteed moet worden. Het is natuurlijk handig om iets te kopen waar men wat aan heeft: snelwegen, scholen, heel snel internet. Maar geld steken in onzin zou ook moeten werken. Louter straatkranten kopen of werklozen inhuren om kuilen te graven en weer dicht te gooien. Het is onbegrijpelijk maar het schijnt toch echt zo te zijn. Een miljoen besteed aan diepe kuilen zou voor een groei van het nationaal inkomen zorgen van meer dan een miljoen. Dat is toch volkomen in tegenspraak met een belangrijk uitgangspunt dat eerder is voorbijgekomen: economen verkiezen een efficiënte wereld. Een wereld waarin dingen op een verstandige manier gebeuren en waar zo min mogelijk verspild wordt. En dan adviseren ze even later om kuilen te gaan graven en die weer dicht te gooien. Heel veel inefficiënter gaat niet.

Uiteindelijk kan ik dit hoofdstuk niet eindigen met een antwoord. Dat zou ook vreemd zijn. Maar ik begrijp wel beter wat het idee is achter extra overheidsuitgaven tijdens recessies. En ik begrijp ook een aantal van de bezwaren ertegen.

Maar is er dan geen andere vraag waar ik wél antwoord op kan geven? Is wellicht bekend wat de overheid sowieso *niet* moet doen tijdens een recessie? Jazeker, dat weten economen wel: tegelijkertijd bezuinigen én geld in de fik steken, dat is geen goed plan. Hoewel geld zelden letterlijk in de fik gestoken wordt. De hoeveelheid geld wordt in de regel verminderd door het verkopen van staatsobligaties; dan daalt de hoeveelheid geld die in omloop is en in ruil daarvoor krijgen mensen schuldbekentenissen. Je zou het 'geld verbranden' kunnen noemen. Net als 'geld drukken', wat ook niet letterlijk gebeurt.

Als de centrale bank midden in een recessie de hoeveelheid geld vermindert en als tegelijkertijd de regering besluit om te bezuinigen, dan wordt de tegenvallende vraag nóg tegenvallender en dan verergert zo'n recessie alleen maar. Dat weten de meeste economen wél zeker.

29 Kunnen die economen nu echt zo'n recessie niet voorspellen?

Hoe kan het nu toch dat economen van die uiteenlopende ideeën hebben over een onderwerp als het al dan niet werken van het stimuleren van de economie? Economen spreken elkaar wel vaker tegen. Zegt de ene op tv A, beweert een ander een dag later glashard B. Dan ga je ze vanzelf minder serieus nemen. Tel daarbij op dat economen notoir slecht zijn in het doen van correcte voorspellingen – de meest recente crisis, die begon in 2008, is door heel weinig economen voorzien – en het is niet zo vreemd dat het vakgebied een nogal slechte naam heeft bij veel mensen. Er is zelfs een kreet voor: '*The dismal science*' (de armzalige wetenschap). Die kreet, van de Schotse schrijver en filosoof Thomas Carlyle, komt weliswaar uit de negentiende eeuw maar klinkt nog steeds actueel. Als ik googel op de term '*dismal*', dus zonder '*science*', dan krijg ik eerst een aantal pagina's met uitleg over de betekenis van dat woord (deprimerend, onvakkundig, troosteloos, deerniswekkend) en direct daarna een verwijzing naar het vakgebied van de economie. Ik ken geen ander vakgebied dat zo sterk gelinkt is met zo'n negatief trefwoord.

Ik kan me twee mogelijke oorzaken voorstellen van de beroerde reputatie van economen: (I) ze rommelen maar wat aan in dat vakgebied; of (II) hun domein is uitermate complex. Ik denk dat ik dan toch voor reden twee ga.

Om te beginnen kunnen economen maar lastig experimenten doen om eventuele geschillen te beslechten. Je hakt niet zomaar een land in tweeën om in de ene helft het ene te doen en in de andere helft het andere. Economen moeten het doen met de gegevens die er zijn. Vaak zijn dat gegevens op landniveau – het aantal werklozen, de prijs van cola, de totale hoeveelheid geëxporteerde melk – en dat maakt het moeilijk want er zijn niet zoveel landen. Een stuk of tweehonderd. Bovendien hebben niet alle landen een goed werkend bureau voor de statistiek en als ze wel zo'n bureau hebben, dan vaak toch pas een decennia of wat. Economen moeten het doen met weinig data, recente data en beroerde data.

En zelfs als goede gegevens in voldoende mate beschikbaar zijn, dan nog steeds is het lastig om causale verbanden te vinden. Mochten bijvoorbeeld de cijfers van een aantal landen laten zien dat het economisch beter ging nadat de overheid ging spenderen, dan mag je nog niet concluderen dat het ene een gevolg is van het andere. Misschien was het andersom en gingen die overheden extra uitgeven omdat ze al doorhadden dat het einde van de recessie nabij was. Natuurwetenschappers kunnen in zo'n geval een laboratoriumexperiment ontwerpen om te achterhalen wat oorzaak en wat gevolg is. Maar nogmaals, dat kunnen economen niet.

Economen moeten beginnen met het verzinnen van een verhaal. 'Verhaal' klinkt misschien wat simpel en kleinerend, 'theorie' klinkt ernstiger, maar een theorie is feitelijk gewoon een verhaal. Een verhaal dat beschrijft hoe iets gebeurt of in elkaar steekt. Zo'n economisch verhaal heeft vaak de volgende basisvorm: als het ene omhooggaat dan gaat het andere omlaag (of ook omhoog natuurlijk). En het heeft als aanleiding vaak een economisch inzicht of vermoeden. Een mooi voorbeeld van hoe dit werkt is de Phillips-curve. Een grafiek die de relatie uitdrukt tussen werkloosheid en inflatie. Een dalende grafiek: minder werkloosheid betekent meer inflatie en vice versa. Niet een vreselijk relevant onderwerp voor mijn lijstje met vragen, maar de geschiedenis van de Phillips-curve laat wel mooi zien hoe die economen te werk gaan. (Overigens is Bill Phillips, de man naar wie de Phillips-curve genoemd is, een van de meest boeiende economen die ik tegengekomen ben. Via krokodillenjager en cv-monteur werd-ie, toen hij al begin dertig was, student economie. Een bijzonder slechte student. Om het vakgebied beter te doorgronden bouwde hij een cv-installatie-achtige machine die de economie van een land moest voorstellen; met water, leidingen, kleppen en een pomp. En uiteindelijk werd hij dankzij die machine een gevierd hoogleraar.)

In de jaren vijftig dacht Bill Phillips een verband te zien tussen werkloosheidscijfers en inflatie. Ik stel me zo voor dat-ie naar tabellen met getallen tuurde en dat hem opviel dat in periodes met veel werkloosheid de inflatie laag was, en juist hoog in periodes met weinig werkloosheid. Daar kun je best een plausibel verhaal bij verzinnen: als het goed gaat, dan is er voldoende werk. Veel vraag naar werk zorgt voor een hoger salaris voor werknemers. Dat hoge salaris zorgt ervoor dat ze zich relatief veel kunnen permitteren en de vraag naar van alles zal toenemen. Een tweede consequentie van die hoge salarissen zijn hogere kosten. Zowel hoge kosten als een grote vraag geven hoge prijzen. Helder: een geringe werkloosheid gaat hand in hand met een hoge inflatie. Een prima verhaal, geïnspireerd op cijfers, maar klopt het ook?

Dat bleek een beetje tricky. Af en toe leek het wel te kloppen en af en toe niet. Met wat kunstgrepen kon de Phillips-curve standhouden en het is een tijdje een invloedrijke grafiek geweest. Hij gaf politici namelijk een keus: óf inflatie óf werkloosheid. Verlaag je het een, dan verhoog je het ander. Tegenwoordig is de Phillips-curve echter achterhaald. Het is een te simpel verhaal en er is hoogstens een *trade-off* op korte termijn tussen werkloosheid en inflatie; op de lange termijn is dat verband er niet.

Helaas voor Bill Phillips. Maar wat had-ie moeten doen? Dit is de manier waarop economen werken en het kan ook nauwelijks anders. Ze bedenken een verhaal en toetsen dat aan de hand van beschikbare gegevens. Het is dan niet zo vreemd dat economen met elkaar overhoop kunnen liggen. Er kunnen meerdere verhalen naast elkaar bestaan die stuk voor stuk, min of meer, bij de data passen. Zoals er ook meerdere verdachten passen bij de gegevens die je voorgeschoteld krijgt in een tv-detective.

Bovendien zijn veel van die verhalen stiekem gefundeerd op ideologische aannames. Er zijn economen met een diep, diep wantrouwen jegens de overheid. Zulke economen zullen eerder met verhalen komen die vertellen dat de overheid steeds vreselijke fouten maakt. Gestaafd met gegevens. Terwijl andere economen helemaal niet zo'n wantrouwen hebben en met evenveel bewijzen laten zien dat de overheid juist goede dingen kan doen.

Beide verhalen zijn kloppend te maken bij de gegevens die beschikbaar zijn.

Nog een bron van onduidelijkheid is het feit dat 't vaak lastig is om verhalen of theorieën te kwantificeren. Het is misschien nog wel te beredeneren dat het ene omlaaggaat als het andere omhooggaat. Maar hoe snel dat precies gebeurt en in welke mate, dat is lastiger. Als gevolg daarvan kan het lijken dat economen elkaar tegenspreken. Daalt de rente wanneer de Centrale Bank meer geld print? Of stijgt-ie? 'De rente daalt want er komt meer geld beschikbaar. Rente is de prijs om geld te lenen, en bij een groter aanbod hoort een dalende prijs.' Of: 'De rente stijgt want er komt meer geld beschikbaar. Meer geld betekent een hogere inflatie en die inflatie wordt opgeteld bij de rente die men elkaar rekent.'

Twee elkaar tegensprekende verhalen en ze zijn beide waar. Het eerste verhaal gaat over de wat kortere termijn en het tweede over de wat langere. Maar wat is lang en wat is kort? Dat is allemaal niet zo helder. Die economen hebben het gewoon niet zo makkelijk. En ten slotte hebben ze last van iets waar geen enkele andere wetenschap last van heeft: als economen iets voorspellen, dan kan die voorspelling van invloed zijn op datgene wat voorspeld was.

Toen ik op de middelbare school zat was ik fan van Isaac Asimov, een sciencefictionschrijver. In een aantal van zijn boeken is ene Hari Seldon een belangrijk personage. Seldon is de uitvinder van het vakgebied van de 'psychohistorie'. In dat vakgebied probeert men het gedrag van grote groepen mensen te voorspellen. Hari Seldon had op basis van bergen statistische gegevens een model gemaakt van de gehele mensheid. Dat model deed langetermijnvoorspellingen over het verloop van de toekomst en kon gebruikt worden door politici, of andere machthebbers, om de mensheid een zo goed mogelijke toekomst te bieden. Ik vind de economische wetenschap wel wat hebben van psychohistorie. Maar die psychohistorie had een belangrijke voorwaarde, wilde ze überhaupt kunnen werken: de voorspellingen die ze deed moesten geheim blijven. Anders zouden mensen gaan reageren op die voorspellingen, en dan kwamen ze allicht niet meer uit.

Economen hebben het lastiger dan Hari Seldon want hun voorspellingen blijven niet geheim.

Stelt u zich voor dat ik een balpen voor u in de aanbieding heb. Het is een gebruikte, niet bijzondere pen maar hij wordt niet meer verkocht in de winkel. Ik vraag er een tientje voor en de kans is klein dat u dat ervoor overheeft. Tenzij u iemand kent aan wie u morgen diezelfde balpen voor elf euro kan doorverkopen. Toch weer een euro verdiend. Die koper van morgen is wellicht een vreemde vogel, maar het kan ook dat hij zeker weet het ding te kunnen slijten voor twaalf euro, weer een dag later. Dan wordt 't in één keer rationeel om elf euro voor een oude balpen te betalen. En voor die laatste koper is het tevens rationeel als hij of zij zeker weet het ding een dag later voor nóg meer te kunnen verkopen.

Zo'n pen die continu duurder wordt in nette stapjes van één euro per dag is een beetje kunstmatig, maar het idee is dat niet: het is vergelijkbaar met de zeepbellen of bubbels die eerder in dit boek voorbijkwamen. In de huizenmarkt en de aandelenmarkt – in diverse markten eigenlijk – heb je regelmatig van die zeepbellen. Ooit knapt zo'n bel natuurlijk, maar wanneer?

Is het verstandig om 37 euro voor de pen te betalen, in de hoop dat u hem een dag later voor 38 euro verkopen kan? U vraagt een econoom wanneer de bel knapt en hij zegt: 'Over een weekje.' U kunt met een gerust hart die pen voor 37 euro kopen in de wetenschap dat de balpenbel nog wel even voortduurt. Pas over een week is er niemand meer die de pen wil kopen en dat is niet uw probleem.

Maar... als die potentiële koper van over een week ook weet dat hij de laatste zal zijn, dan gaat hij die pen natuurlijk nooit kopen. Hij zal immers die pen niet meer kunnen slijten – voor een bedrag van meer dan veertig euro. Dus spat de balpenzeepbel feitelijk een dag eerder dan voorspeld uiteen: niet over zeven, maar over zes dagen. Hola, denkt de koper die over zes dagen de pen zou kopen, als die laatste afhaakt, dan ben ik nu de laatste en dan haak ik dus ook af. Enzovoort. U zult uw pen niet meer kunnen slijten en het haasje zijn. En bovendien, en dat is waar het me om ging, de econoom die u consulteerde heeft het fout gehad: niet over een week, maar per direct is de bel geknapt. En waarom? Omdat hij voorspelde dat de bel over een week zou knappen.

Dat maakt 't extra lastig voor die economen. Ze kunnen heus wel wat voorspellen, maar hun voorspellingen worden meegenomen en als gevolg daarvan kloppen ze uiteindelijk niet. Dat ligt niet aan die economen. Dat ligt aan de complexiteit van hun vakgebied.

Zo helder en precies als in dit fictieve voorbeeld zal het in de werkelijkheid nooit lopen, maar economen hebben het fundamenteel lastiger dan de meeste andere wetenschappers. Omdat datgene wat ze bestuderen reageert op de voorspellingen die economen doen. Daar hebben weerkundigen geen last van. Als een meteoroloog voorspelt dat het morgen gaat regenen gaat niet ineens de zon schijnen.

Uiteenspattende bellen zijn belangrijke economische gebeurtenissen. Een paar jaar geleden knapte de huizenbel. Jaren achtereen stegen de huizenprijzen harder dan de inflatie. Plotseling was het in 2008 voorbij en kelderden de prijzen in één jaar een procent of twintig. Dat heeft wel impact. Mensen die dachten in een huis te wonen van vijf ton woonden plots in een huis van vier ton. Honderdduizend euro weg. Als dat je overkomt word je voorzichtig, ga je sparen in plaats van uitgeven, en als veel mensen hetzelfde doen dan krijg je een recessie. Dat gebeurde dus ook. Die recessie was echter niet voorspeld. Prutsende economen! Maar recessies zijn gewoon lastig te voorspellen.

De metafoor van lucht- of zeepbel is wel verhelderend. Vraag eens aan een natuurkundige of hij kan voorspellen wanneer een zeepbel uiteenspat. Een echte zeepbel. Het zal u nog verbazen hoe lastig dat is. Dat een zeepbel uiteenspat kan-ie goed voorspellen, maar dat kan ik ook. Sommige zeepbellen bestaan een paar seconden maar andere houden 't wel een minuut vol. Geen natuurkundige kan voorspellen hoelang één zeepbel leven zal. Het is niet dat-ie helemaal niks over zeepbellen te melden heeft: 'Naarmate je meer zeep in het zeepsop doet leeft een zeepbel gemiddeld langer.

Maar er zit een zeker maximum aan.' En een natuurkundige kan vast een aantal wiskundige vergelijkingen opstellen die iets vertellen over wat er in een zeepbel allemaal gebeurt, maar voorspellen wanneer een zeepbel gaat knappen lukt 'm niet. Dat ligt niet aan die natuurkundigen, dat ligt aan de aard van zeepbellen. Dat zijn nu eenmaal lastig te voorspellen dingen. Dat nemen wij natuurkundigen niet kwalijk. We vinden het allang knap dat-ie iets zinnigs over zeepbellen te melden heeft. Maar economen nemen we wel kwalijk dat ze recessies niet kunnen voorspellen, terwijl recessies ingewikkelder dan zeepbellen zijn.

Uiteindelijk zijn er talloze complicaties die economie een lastiger vakgebied maken dan biologie of natuurkunde: er zijn minder goede gegevens beschikbaar; het is in de economie moeilijker om laboratoriumexperimenten te doen; bij de bestaande gegevens passen meerdere en verschillende verhalen; en het onderwerp dat economen bestuderen, de economie, kan reageren op de voorspellingen die economen doen. Toch dragen die economen ook zelf bij aan het negatieve imago dat ze hebben. Door elkaar tegen te spreken op tv, maar ook door te doen alsof ze 't beter en exacter weten dan werkelijk het geval is.

Het Centraal Planbureau, bijvoorbeeld, lijkt daar wel een handje van te hebben. Dat is een wetenschappelijk bureau van de overheid dat à la de psychohistorie voorspellingen doet over ontwikkelingen in de samenleving. Hoeveel werklozen zijn er over een jaar? En hoeveel spaargeld hebben we tegen die tijd op onze rekeningen staan? In Nederland bestaat de wettelijke plicht dat de regering haar plannen door het CPB laat doorrekenen. Dat is uniek in de wereld. Nergens anders bestaat een dergelijke wettelijke plicht. Sterker nog, er zijn nauwelijks landen met een CPB-achtige organisatie. In Duitsland en de VS, bijvoorbeeld, gaan politici naar universiteiten om zaken door te laten rekenen. Maar wij hebben daar één instituut voor dat met een schijn van objectiviteit en accuratesse voorspellingen doet als: 'Komend jaar groeit de Nederlandse economie met 1,6 % en zullen er 570 duizend werklozen zijn.' Dat zijn nogal precieze cijfers.

Zijn ze daar bij het CPB zo knap dat ze dat soort zaken met dergelijke precisie kunnen voorspellen? Nee hoor, bij het CPB doen ze precies wat andere economen doen: verhalen vertellen. Natuurlijk gebruiken ze bij het CPB modellen die er wiskundig uitzien en die gesimuleerd worden op computers, maar een model is feitelijk gewoon een gekwantificeerd verhaal. En de problemen die het vakgebied van de economie kent, gelden ook voor het CPB. Bij de beschikbare data passen meerdere verhalen of modellen, en de gegevens waar het CPB zich op kan baseren zijn recent, gering en allesbehalve perfect. Ook daar kunnen ze echt niet met twee cijfers achter de komma voorspellen hoe zaken gaan lopen. En toch doen ze zulke voorspellingen wel.

'Nou, wij weten ook wel dat zulke nauwkeurige voorspellingen helemaal niet kunnen,' aldus Albert van der Horst van het CPB. 'We zijn ook nooit zo precies en melden altijd marges en onzekerheden. Maar die worden meestal niet gehoord en gelezen. Media en publiek willen graag precisie. Als wij zeggen dat als gevolg van een of andere maatregel het aantal werklozen met ongeveer tienduizend zal toenemen, maar dat 't er ook twintigduizend kunnen zijn, en dat het aantal zelfs lichtjes zou kunnen dalen, dan hoort men slechts die tienduizend. Daarmee wordt het beeld bevestigd dat we in ons vakgebied nauwkeurig kunnen voorspellen. Maar dat is schijn. Economen bestuderen een grillige realiteit. Daar hoort onzekerheid bij en we hebben altijd een gebrek aan kennis. Dat is gewoon niet anders.'

Klaar!

Op alle vragen van het lijstje heb ik iets wat op een antwoord lijkt. En ondanks het feit dat talloze onderwerpen niet voorbijgekomen zijn – de rol van de overheid, belastingen, wisselkoersen, eigendom – is economie een minder mysterieus vakgebied voor me dan voorheen. Ik begrijp de krant nu anders en ik ga wellicht anders stemmen. Maar wat helemaal boeiend is: ik kan nu zelf vragen beantwoorden waarmee ik voorheen nauwelijks uit de voeten kon. Een mooi voorbeeld is de vraag: gaan robots ons werkloos maken? Een actuele vraag waar veel om te doen is.

De vrees bij veel mensen is dat wij niks meer te doen zullen hebben als robots al het werk gaan uitvoeren. Wat gaan wij dan doen met onze levens? En als we niks doen, verdienen we ook niks en kunnen we ons niets permitteren. De robottoekomst ziet eruit als een jarenlange vakantie zonder geld.

Voordat ik met dit boek begon zou ik vermoedelijk dat beeld weersproken hebben met de suggestie dat er toch ook banen bij komen: robotontwerper en dergelijke. Of zou ik gezegd hebben dat we dan maar moeten leren iets met onze vrije tijd te doen.

Maar nu reageer ik anders. Nu denk ik te weten dat we helemaal niet werkloos worden als robots het werk gaan overnemen en bovendien blijven we geld houden om leuke dingen te doen.

Stelt u zich eens het extreme toekomstscenario voor waarin alle materiele zaken die we nodig hebben worden gemaakt door robots. Huizen, kleding, fietsen, voedsel, alles. Zelfs de grondstoffen die nodig zijn om dat allemaal te produceren worden door robots gemaakt. Gaan we dan een tekort hebben aan huizen, kleding, fietsen en voedsel? Natuurlijk niet. Die zullen er juist in overvloed zijn. Die robots maken ze immers niet voor zichzelf maar voor ons.

Wie zal die spullen krijgen? Hoe zullen die huizen, kleding, fietsen en voedsel over de samenleving worden verdeeld als robots al het werk doen? Ik zie geen enkele reden om te veronderstellen dat dat anders zal gaan dan nu het geval is.

Nu is het zo dat we zo'n veertig uur per week werken. Werken is simpelweg iets doen vóór anderen. De een melkt koeien, de ander geeft les en ik schrijf boeken. Ten behoeve van anderen. In ruil voor dat werk krijg ik een inkomen. Hoe meer mijn werk gewaardeerd wordt, des te meer huizen, kleding, fietsen en voedsel ik me kan permitteren. Waarom zou dit anders worden als de robots komen?

Wat wél anders gaat worden zijn de werkzaamheden waarmee je toegevoegde waarde kunt hebben. Het heeft natuurlijk geen zin om koeien te gaan melken als robots dat al doen. Daar zit niemand op te wachten. Huizen bouwen en kleding naaien zal ook niet worden gewaardeerd in de denkbeeldige toekomst waarin robots alles maken. Wat dan wel? Dat weet ik niet, maar het zullen vast werkzaamheden zijn die op dit moment nog niet als werk voelen. Misschien wel grapjes maken. Hoewel er feitelijk op dit moment al mensen zijn die daarmee hun geld verdienen.

Vergelijk de werkzaamheden die we nu doen 'ns met de werkzaamheden van vijfhonderd jaar terug; ik denk dat een middeleeuwer zal vinden dat slechts weinigen van ons werken. Een groot deel van de mensen zit achter een beeldscherm te communiceren met andere mensen. Maar ja, dat is hoe we tegenwoordig een toegevoegde waarde hebben. Zo betekenen wij nu iets voor anderen. Er zijn mensen die geld verdienen door advies te geven over hoe je je huis moet inrichten. Anderen maken foto's op bruiloften. En ik ken iemand die onderzoekt of je langer leeft als je minder suiker eet. Dit soort dingen zou een middeleeuwer, gok ik, allemaal niet als werk beschouwen.

In een wereld waarin alles wat we nodig hebben wordt gemaakt door robots zullen zaken nog steeds worden verdeeld naar rato van de toegevoegde waarde die iemand heeft. Maar de manier waarop iemand toegevoegde waarde kan hebben zal veranderen. Ik ken een dame die filmpjes maakt over hoe je make-up moet aanbrengen. Van de verdiensten heeft ze onlangs een Amsterdams grachtenpand gekocht. Misschien zijn dergelijke activiteiten wel het werk van de toekomst.

En gaan we korter werken? Meer vakantie hebben? Dat lijkt logisch: als robots ons werk overnemen, dan kunnen wij lekker in het gras gaan liggen. Maar ook dit gaat, denk ik, niet gebeuren. Onze veertigurige werkweek heeft niets te maken met de hoeveelheid dingen die we in veertig uur voor elkaar kunnen krijgen maar is simpelweg een gevolg van het feit dat we per week ongeveer veertig uur kunnen besteden aan anderen in plaats van aan onszelf.

We slapen acht uur per dag. Daarnaast hebben we nog tijd nodig om te eten, te poepen en te plassen, en om onszelf te wassen. We voeden onze kinderen voor een belangrijk deel zelf op, we koken voor onszelf en doen ook de boodschappen zelf, hoewel dat niet per se hoeft. Ten slotte reizen we ook vaak dagelijks tussen huis en werk. Dat is niet voor onszelf noch voor een ander; het hoort er gewoon bij. Tel al die uren bij elkaar op en je houdt zo'n tien uur per dag over. Zeventig uur per week. Zonder minstens één vrije dag per week houdt een normaal mens het niet vol en de meesten willen ook nog af en toe sporten of iets leuks doen. Dan hou je zo'n veertig, vijftig of zestig uur per week over. Een beetje afhankelijk van de omstandigheden. En die tijd kun je ter beschikking stellen aan anderen. Oftewel, werken. Bovendien blijft het ook in die robottoekomst handig om veertig in plaats van twintig uur per week te werken. In veertig uur kun je namelijk twee keer zoveel voor anderen betekenen dan in twintig uur, en zo kun je je met veertig uur werk meer huis, meer kleding, fietsen en voedsel permitteren. Daar veranderen die robots niets aan.

Kortom: volgens mij gaan we niets te kort krijgen als de robots komen en blijven we gewoon veertig uur per week werken. Geen jarenlange vakantie zonder geld. Allicht zijn de mensen wier werk door robots overgenomen wordt wel het haasje. Als ze niet iets anders kunnen vinden.

Dit had ik allemaal niet kunnen bedenken als ik me niet was gaan verdiepen in economie.

Al die op het eerste gezicht harde en zakelijke onderwerpen uit de economie gaan eigenlijk over iets anders. Over dingen die er voor ons toe doen. Prijzen drukken uit in hoeverre we iets waarderen. De maat die we daarvoor gebruiken is geld. Rente gaat over onze waardering van de toekomst. Ook markten, groei, kosten en inflatie lijken op het eerste gezicht platte, zakelijke onderwerpen, maar stiekem gaan ze, vind ik, over belangrijke menselijke thema's: een markt is *een* oplossing voor het maken en verdelen van zaken in een samenleving – een oplossing met voor- en nadelen; groei gaat over onze wens het alsmaar beter te maken; kosten zijn alle dingen die we willen vermijden; en inflatie gaat over onze frustratie dat dingen vergaan.

In het vakgebied van de economie gaat het om het zakelijk en rationeel nadenken over uiteindelijk zachte en wezenlijke onderwerpen. En liever rationeel hierover denken, dan irrationeel.

Er zitten wel allerlei haken en ogen aan het vakgebied. Micro-economie – de economie van individuen en organisaties – heeft wel wat van sudoku. Heb je een cijfer in een vakje ingevuld, dan kun je dát cijfer weer gebruiken voor het verder invullen van andere vakjes. Todat je klaar bent. Maak je één keer in het begin een fout, dan strand je onherroepelijk. Ook in de economische wetenschappen geldt dat als je aan het begin van een heel verhaal een fout maakt, de eindconclusie van het verhaal niet klopt. Dat risico is reeel. Een fundamenteel uitgangspunt is bijvoorbeeld dat prijzen een gevolg zijn van waardering, in plaats van andersom. Dat uitgangspunt klopt echter niet altijd. Weg fundament. Dat betekent nog niet dat die hele wetenschap overboord gegooid kan worden, maar het is wel uitkijken met zo'n wankel fundament.

Macro-economie – de economie van landen – heeft z'n eigen problemen. Uiteenlopende verhalen kunnen daar naast elkaar bestaan zonder dat je er goed achter kunt komen welk van die verhalen het beste is. Elkaar tegensprekende macro-economen zullen altijd blijven bestaan.

Toch overheerst een positief gevoel: er is hier veel te leren en die economen zijn zo gek nog niet.

Dankwoord

Om te beginnen wil ik Menno Rol bedanken. Dit boek begon ooit met een serie columns in *de Volkskrant* (die ook bedankt!) en Menno reageerde steevast uitgebreid. Hij veronderstelde dat hij met tientallen anderen zou zijn, maar zo is het niet met columns. Menno is als filosoof én econoom verbonden aan Rijksuniversiteit Groningen en hij heeft me bijzonder geholpen bij het schrijven van dit boek. En ik bedank Jack Vromen, ook filosoof en econoom, maar dan in Rotterdam. Hij adviseerde me om colleges micro-economie te gaan volgen, terwijl ik nog niet eens wist dat er zoiets als micro-economie bestond. Maarten Pieter Schinkel, van de UvA, bij wie ik die colleges micro-economie heb gevolgd. Harro Maas, die me aan Universiteit Utrecht college gaf over de geschiedenis van het economisch denken. Hendrik Vrijburg, van de Erasmus Universiteit, bij wie ik een paar colleges over belastingeconomie gevolgd heb. En Eric Neumayer, Javier Ortega en Barbara Petrongolo, mijn docenten aan de London School of Economics waar ik één zomer gestudeerd heb.

Verder dank ik Lisa Rombout, Tom Rijntjes, Catharina Schilder, Friso de Hartog en Robert Kosters, die delen van dit boek 'voorgelezen' hebben en me hebben geholpen met de redactie. De studenten van Universiteit Leiden die een en ander hebben moeten lezen in het kader van het college dat ik zelf geef. Aafke Oldenbeuving, mijn vrouw, die ik in dit boek steevast 'mijn vriendin' noem. Dat is ze ook. Auke Oldenbeuving, haar vader, die als docent economie een eerste lezer was. Net als mijn collega Max van Duijn. Stephanie Heijtel en Vic van de Reijt van de uitgeverij. Tyra van Mosselvelde, die de illustraties in dit boek heeft gemaakt, en Martijn Engelbregt, die niet alleen het omslag ontworpen heeft, maar met wie ik ook een kunstproject heb kunnen realiseren dat verbonden is aan dit boek. En ten slotte nog de mensen die ik gesproken heb. Hun namen staan in de tekst, tenzij ze liever anoniem wilden blijven. Maar dan noem ik hun namen allicht hier ook niet. Bedankt allemaal!

Literatuurlijst

Ik heb voor dit boek vooral (les)boeken gelezen. En af en toe, als het specialistischer werd, een wetenschappelijk artikel. Ik heb ook een aantal films en documentaires gezien, maar in onderstaande lijst heb ik slechts de boeken opgenomen.

Acemoglu, D. & James A. Robinson (2012), *Why Nations Fail: The Origins of Power, Prosperity, and Poverty*. Londen: Profile Books Ltd.
Achterhuis, H. (2010), *De Utopie van de Vrije Markt*. Rotterdam: Lemniscaat.
Ariely, D. (2008), *Predictably Irrational*. New York: HarperCollins Publishers.
Backhouse, R.E.(1995), *Interpreting Macroeconomics: Explorations in the History of Macroeconomic Thought*. Londen: Routledge.
Backhouse, R.E. (2002), *The Ordinary Business of Life: A History of Economics from the Ancient World to the Twenty-First Century*. Princeton: Princeton University Press.
Backhouse, R.E. (2010), *The Puzzle of Modern Economics, Science or Ideology?* New York: Cambridge University Press
Chang, H. (2011), *23 Things They Don't Tell You About Capitalism*. Londen: Bloomsbury Press.
Chang, H. (2014), *Economics: The User's Guide*. Londen: Bloomsbury Press.
Debreu, G. (1959), *Theory of Value: An Axiomatic Analysis of Economic Equilibrium*. New Haven: Yale University Press.
Ferguson, N. (2008), *The Ascent of Money: A Financial History of the World*. New York: The Penguin Press.
Field, B.C. & Martha K. Field (2012), *Environmental Economics: An Intro-*

duction (ed. 6). Seattle: McGraw-Hill Higher Education.
Fisher, I. (1907), *The Rate of Interest: Its Nature, Determination, and Relation to Economic Phenomena*. New York: The Macmillan Company.
Fullbrook, E. (ed.) (2004), *A Guide to What's Wrong with Economics*. Londen en New York: Anthem Press.
Hayek, F.A. (1944), *The Road to Serfdom*. Londen: Routledge Press.
Hazlitt, H. (1946), *Economics in One Lesson*. New York: Harper & Brothers.
Mankiw, N.G. (2012), *Macroeconomics* (ed. 8). Londen: Worth Publishers
Menger, C. (1976), *Principles of Economics*. New York: New York University Press.
Piketty, T. (2014), *Capital in the Twenty-First Century*. Cambridge: Harvard University Press.
Reiss, J. (2013), *Philosophy of Economics: A Contemporary Introduction*. Londen: Routledge.
Ryan-Collins, J, Tony Greenham, Richard Werner & Andrew Jackson (2012), *Where Does Money Come From*. Londen: New Economics Foundation.
Sandel, M. (2012), *What Money Can't Buy: The Moral Limits of Markets*. New York: Farrar, Straus and Giroux.
Sedlácek, T. (2011), *Economics of Good and Evil*. New York: Oxford University Press.
Sen, A. (1981), *Poverty and Famines: An Essay on Entitlement and Deprivation*. New York: Oxford University Press.
Skidelsky, R. & Edward Skidelsky (2013), *How Much is Enough?: Money and the Good Life*. New York: Other Press.
Smart, W. (1891), *An Introduction to the Theory of Value*. Londen: Macmillan and Co., Limited.
Smith, A. (1776), *The Wealth of Nations*. Londen: W. Strahan and T. Cadell.
Snyder, C. & Walter Nicholson (2007), *Microeconomic Theory: Basic Principles and Extensions*. Mason: South-Western, Cengage Learning.
Stiglitz, J.E. (2000), *Economics of the Public Sector* (ed.3). New York: W.W. Norton & Company.

Stiglitz, J.E. (2012), *The Price of Inequality: How Today's Divided Society Endangers Our Future.* New York: W.W. Norton & Company.
Tinbergen, J. (1946), *Redelijke Inkomensverdeling.* Haarlem: De Gulden Pers.
Wapshott, N. (2011), *Keynes Hayek: The Clash that Defined Modern Economics.* New York: W.W. Norton & Company.